Por mí mism@

Tercera edición

Mina Ogando-Lavín
Melissa D. Murphy
Delia Méndez-Montesinos

University of Texas at Austin

Kendall Hunt
publishing company

Kendall Hunt
publishing company

www.kendallhunt.com
Send all inquiries to:
4050 Westmark Drive
Dubuque, IA 52004-1840

About the book

Por mí mism@ was designed for students of advanced intermediate Spanish. The content areas were selected to raise the learners' proficiency to a level that will enable them to successfully transition to advanced grammar and writing courses.

We have integrated several pedagogical approaches, but our main goal in creating this book was to give students the necessary tools to take responsibility for their own language development. Therefore, *Por mí mism@* encourages learners to discover vocabulary and induce grammatical rules on their own; hence, the title of the book.

Keeping in mind the importance of learning styles, we have incorporated a variety of visual, auditory, and kinesthetic activities to satisfy the needs of a wide range of students. Various sections of *Por mí mism@* have been influenced by Gardner's theory of Multiple Intelligences (1983, 1993, 1999). We have included activities that aim to stimulate learning through the use of senses, emotions, and imagination. Developing interpersonal, intrapersonal, logical-mathematical, visual, and musical intelligence is one of the objectives of the introductory activity of each chapter: "Déjate volar".

Since motivation is an essential factor in successful language learning, we have designed activities that include humor as well as a variety of thought-provoking and controversial topics relevant to life in the 21st century. Students will also encounter a range of discourse genres: interviews, blogs, informative articles, etc. These texts also represent a variety of countries in order to familiarize students with dialectal variation, thus improving their ability to recognize unfamiliar structures and lexicon.

Each chapter contains substantial input and output via both written and oral activities. Students will have an opportunity to work alone, in pairs and in groups, depending on the specific objectives of the task at hand. Simply stated, interaction among classmates is a driving force of *Por mí mism@*.

Acknowledgments

We would like to thank Professor Rafael Salaberry, for the support and encouragement he has shown us during this endeavor; Jorge García and Lydia Huerta, for their willingness to pilot many of these activities in their classes and provide us with very useful feedback; and finally, our colleagues, Celina, Fernanda, Lucía, Silvia and Vivian, who always make our work environment extremely positive and cooperative.

Chapter content and organization

Por mi mism@ is divided into 4 chapters, each of which contains 3 thematic sub-units and corresponding grammatical topics. Each chapter includes the following sections:

Codo a codo con el contenido opens the chapter by providing a brief overview of the chapter content.

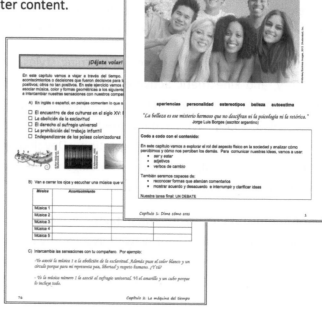

Déjate volar is an introductory activity based on one or more types of intelligence and requires students to use their senses and imagination in order to carry out the task.

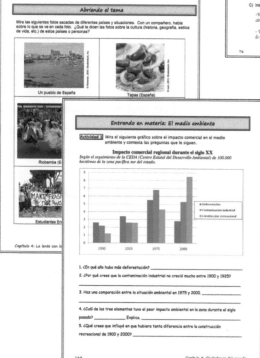

Abriendo el tema elicits students' prior knowledge, thus serving as a point of departure for introducing new material.

Entrando en materia focuses on one of the 3 thematic sub-units and expands students' vocabulary via texts and various activities.

¡Gramaticando! includes new and/or review grammar topics, presented via several steps in order to guide students through the learning process.

Descubriendo la gramática provides students with discourse samples from which they can begin to hypothesize about the target language structure.

Mi regla is a highlighted box in which students are asked to draw their own conclusions and form their own rules based on their observations.

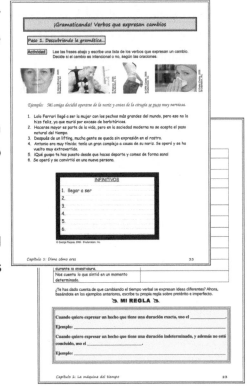

Practicando la gramática includes a broad range of activities to promote internalization and automatization of the target structure, logically ordered from simple to complex, guided to open-ended, and written to oral.

Reflexionando sobre la gramática provides students the opportunity to check their progress and verify comprehension of the new material. It is written in English to facilitate processing of explicit metalinguistic content.

Auto-prueba is a self-test that provides several quick and efficient exercises for students to gauge their mastery of the chapter material after completing all 3 sub-units.

El lenguaje vivo exposes students to a language phenomenon related to sociolinguistics, pragmatics, and/or dialectal variation.

Conferencia is a listening activity related to the chapter theme that includes extended discourse and is accompanied by an activity to keep students actively engaged.

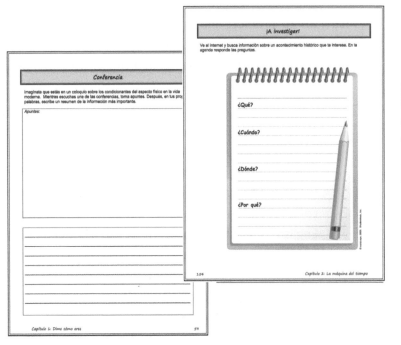

¡A investigar! requires students to research a topic online in order to obtain information that will be used for the final chapter task.

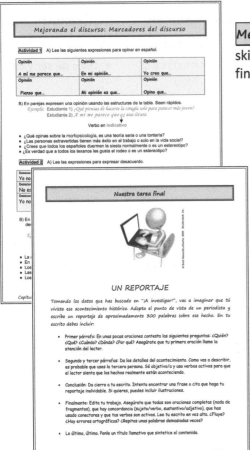

Mejorando el discurso addresses a specific pragmatic skill that will strengthen the students' discourse in the final chapter task.

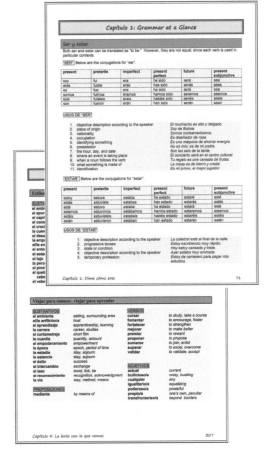

Nuestra tarea final At this point, the students perform a task, demonstrating their mastery of the chapter content, in terms of vocabulary, grammar and pragmatics. Each final task has a unique objective and stresses a different communicative skill.

Grammar at a Glance offers a brief review in English of the grammatical structures covered in the chapter.

Vocabulary at a Glance includes a list of useful vocabulary words and phrases related to the three sub-themes of the chapter.

Capítulo	Contenidos funcionales	Entrando en materia	¡Gramaticando!
Dime cómo eres... 1–74	• Describir personas física y psicológicamente • Expresar cambios y transformaciones • Opinar: Expresar acuerdo y desacuerdo • Interrumpir, clarificar y pensar antes de responder	• Las apariencias y la personalidad • Los estereotipos • La belleza y la autoestima	• Usos de *ser* y *estar* • **Adjetivos** que cambian de significado con *ser* y *estar* • **Verbos** que expresan cambios • **Lo + adjetivo**
La máquina del tiempo 75–164	• Relatar hechos en el pasado • Hablar de hechos acaecidos cerca del presente o en un momento anterior a otro ya mencionado • Enfatizar el paciente	• Acontecimientos que marcaron el mundo • Logros sociales a través de la historia • Rituales festivos	• **Pretérito** e **imperfecto** • **Los pasados compuestos** • **Voz pasiva** y **pasiva refleja**
Ciudadanos del mundo 165–240	• Expresar condiciones reales, posibles e imposibles • Expresar opiniones negativas, deseos, mandatos, recomendaciones y sentimientos • Expresar finalidad	• El medio ambiente • El mercadeo internacional • Los derechos y responsabilidades	• Tres tipos de **cláusulas con <u>si</u>** • Repaso de algunos **usos del subjuntivo:** oraciones adverbiales, sustantivas y adjetivas
La lente con la que vemos 241–314	• Hablar de acciones simultáneas, anteriores o posteriores al momento de habla • Explicar o especificar información de un objeto o una persona • Referir las palabras de otros	• Los estilos de vida • "Viajar para aprender" • Comunicación entre culturas	• **La secuencia de tiempos** en el subjuntivo • **Oraciones de relativo** • **Estilo indirecto**

El lenguaje vivo	Conferencia & ¡A investigar!	Mejorando el discurso	Nuestra tarea final
Atenuadores del discurso: • diminutivos… • *no* + verbo + *mucho*… • verbo + *un poco* + adjetivo…	• El aspecto físico en la vida moderna • Las cirugías más populares en EEUU	**Estructuras** para aumentar la fluidez: • *pues…* • *déjame pensar…* • *perdona, pero…* • *vamos a ver…*	Un **debate**
Los **arcaísmos**: • *cuasi* • *truje* • *antier…*	• La actualidad • Un acontecimiento histórico	**Conectar y ordenar** cronológicamente: • *sin embargo…* • *aunque…* • *aquel día…* • *hace…*	Un **reportaje**
El **lenguaje corporal:** • gestos • expresiones faciales	• La actualidad • Un producto que facilita la vida	**Conectores** que dan coherencia al discurso: • *por una parte…* • *por otra parte…* • *primero…* • *luego…*	Una **presentación**
Las **variaciones dialectales:** • voseo • *usted* en contextos informales • *¿Qué tú dices?*	• Tres lugares en el mundo • Las costumbres	Palabras que ayudan a **referir:** • *exponer* • *declarar* • *recalcar…*	Un **ensayo**

Dime cómo eres...

apariencias   personalidad   estereotipos   belleza   autoestima

"La belleza es ese misterio hermoso que no descifran ni la psicología ni la retórica."
Jorge Luis Borges (escritor argentino)

Codo a codo con el contenido:

En este capítulo vamos a explorar el rol del aspecto físico en la sociedad y analizar cómo percibimos y cómo nos perciben los demás. Para comunicar nuestras ideas, vamos a usar:
- *ser* y *estar*
- adjetivos
- verbos de cambio

También seremos capaces de:
- reconocer formas que atenúan comentarios
- mostrar acuerdo y desacuerdo e interrumpir y clarificar ideas

Nuestra tarea final: UN DEBATE

¡Lo que soy y lo que quiero ser! Piensa en 10 segundos en tres cualidades positivas que crees que tienes y escríbelas en el triángulo de abajo, una en cada esquina (si no sabes las palabras en español, escríbelas en inglés y después pregúntale la traducción a tu profesor/a). Piensa inmediatamente después en una cualidad positiva que no tienes y quieres tener y escríbela en grande en el rectángulo abajo.

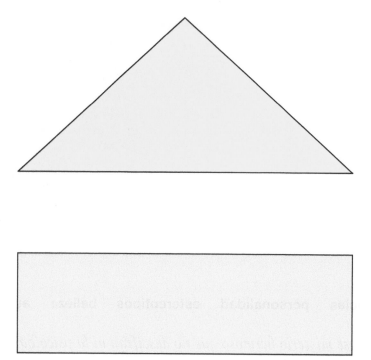

¡Y voy a tener…! A) Escribe la cualidad que has elegido en el rectángulo en un papel con letras grandes. B) Levántate y camina con decisión por la clase mostrando la palabra a tus compañeros. Si ves alguna palabra que no conoces, pregunta a tu compañero qué significa su palabra. Si alguien te pregunta, debes explicar qué significa la tuya.

Ejemplo: *-Kate, ¿qué significa "sabiduría"?*

- Significa "wisdom".

Abriendo el tema

Actividad 1 Este capítulo tiene que ver con el aspecto físico: las apariencias y la personalidad, los estereotipos, la belleza y la autoestima. Hagan una lluvia de ideas de todas las palabras que conocen de este tema.

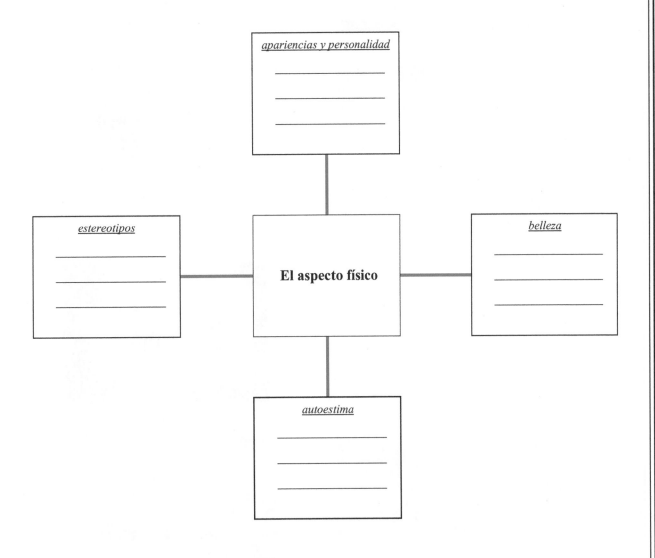

En parejas, hablen sobre los siguientes pares de imágenes. ¿Qué representan para Uds.? ¿Qué imagen prefieren en cada una y por qué?

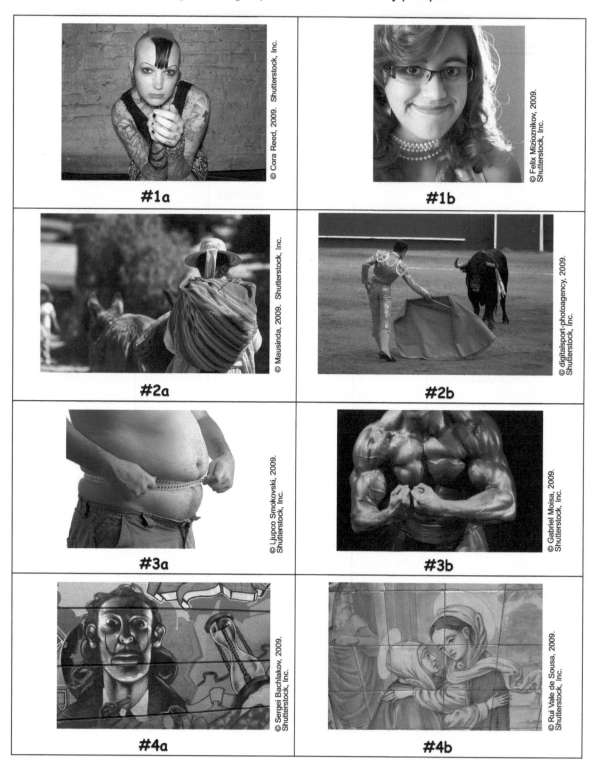

#1a — © Cora Reed, 2009. Shutterstock, Inc.

#1b — © Felix Mizioznikov, 2009. Shutterstock, Inc.

#2a — © Mausinda, 2009. Shutterstock, Inc.

#2b — © digitalsport-photoagency, 2009. Shutterstock, Inc.

#3a — © Ljupco Smokovski, 2009. Shutterstock, Inc.

#3b — © Gabriel Moisa, 2009. Shutterstock, Inc.

#4a — © Sergei Bachlakov, 2009. Shutterstock, Inc.

#4b — © Rui Vale de Sousa, 2009. Shutterstock, Inc.

Entrando en materia: Las apariencias y la personalidad

Actividad 1 Algunas personas que vemos nos caen bien y otras nos caen mal. Si nunca hemos hablado con ellas, ¿por qué crees que nos sucede esto? ¿Cuál de las personas abajo te caería bien? ¿mal?

 © Dhannte, 2009. Shutterstock, Inc.
 © Michael Woodward, 2009. Shutterstock, Inc.
 © Phil Date, 2009. Shutterstock, Inc.
 © Bobby Deal / RealDealPhoto, 2009. Shutterstock, Inc.

 © CREATISTA, 2009. Shutterstock, Inc.
 © Jose AS Reyes, 2009. Shutterstock, Inc.
 © TheSupe87, 2009. Shutterstock, Inc.

 © ardni, 2009. Shutterstock, Inc.
 © Andrey Arkusha, 2009. Shutterstock, Inc.
 © CREATISTA, 2009. Shutterstock, Inc.
 © Mark Stout Photography, 2009. Shutterstock, Inc.

Actividad 2 En parejas, decidan en qué se fijan más cuando conocen a una persona.

_____ los ojos _____ las manos_____ los dientes_____ toda su cara
_____ otros (su forma de hablar, reír...)

Ejemplo: *-Yo me fijo en los ojos de las personas. A mí me dicen mucho. ¿Y tú?*
          -Yo me fijo en las manos, son muy significativas.

Actividad 3 Vas a aprender un poco de **morfopsicología,** una rama de la psicología que estudia la personalidad por la forma de nuestro rostro. Usando palabras de la lista, escribe cada parte en la flecha correspondiente.

barbilla, cejas, pómulos, labios, mandíbula, nariz, pestañas, entrecejo, frente, ojos, piel

Actividad 4 Algunos adjetivos se asocian para describir algunas partes del cuerpo. En cada casilla hay un adjetivo que **NO** se puede usar para describir esa parte del cuerpo. Con la ayuda de un diccionario encuéntralo y subráyalo. En la columna izquierda de la tabla dibuja la parte del cuerpo que se indica.

boca	amplia, morena, pequeña, grande
cejas	finas, carnosas, anchas, pobladas, largas, cortas, próximas, separadas
frente	amplia, despejada, dulce, ancha, recta, convexa, abombada
labios	carnosos, delgados, sensuales, teñidos
mandíbula	prominente, marcada, cuadrada, tatuada

nariz	estrecha, ancha, redondeada, calva, puntiaguda, larga
ojos	grandes, carnosos, saltones, hundidos, pequeños, redondos, almendrados, separados, juntos
piel	rosada, pálida, rizada
rostro	ancho, estrecho, canoso, curvado, carnoso, alargado, redondeado

Actividad 5 Asocia estos rasgos de personalidad a los personajes famosos de la tabla.

La caja de la personalidad

triunfador, constante, infatigable, solitario, amistoso, emprendedor, imaginativo, colérico, combativo, observador, obstinado, afectivo, susceptible, tenaz, autoritario, celoso, torpe, soñador, astuto, sincero, apasionado, inestable, ingenuo, decidido, afectivo, débil

Personajes	Rasgos de personalidad que asocio	Rasgos de personalidad que asocia mi compañero
Superman		
Martin Luther King		
Lara Croft		
Marilyn Monroe		
James Moriarty		
Muhammad Ali		
Sherlock Holmes		
Wile E. Coyote		
Al Capone		
Batman		
Madonna		
Bane		

Actividad 6 Lee las principales características del rostro, según la morfopsicología.

Antes de leer Las palabras en negrita son del texto que leerás. Interpreta cada frase y elige el significado correcto.

1. Algunas culturas tienen la reputación de ser más **afectivas** que otras; por ejemplo las del sur dicen ser más **afectivas** que las del norte.
   a) antipáticos
   b) cariñosos

2. Nunca se levanta del sofá cuando necesita algo; me lo pide a mí. Es un **comodón**.
   a) persona amable que ayuda a los demás
   b) persona que intenta hacer el menor ejercicio físico

3. No quiere decir sus opiniones. Tiene miedo de todo y le falta decisión. Es una persona muy **débil**.
   a) que no tiene fuerza
   b) que no tiene sentido del humor

4. Mi amigo es muy **emprendedor**, ya tiene 3 negocios y solo tiene 25 años.
   a) que tiene mucho dinero
   b) que no tiene miedo del riesgo, especialmente en los negocios

5. Nunca hace sus obligaciones. Es un **indolente**.
   a) persona vaga, perezosa
   b) persona que no tiene una salud muy fuerte

6. En el último maratón un deportista corrió 20 millas; era **infatigable**.
   a) que ganaba a todo el mundo
   b) que no se cansaba

7. Siempre cree todo lo que le dicen. Es muy **ingenuo**.
   a) que tiene confianza en los demás
   b) que no cree todo lo que escucha

8. Siempre tropieza y se cae, rompe cosas y se mueve como un pato. Es un **torpe**.
   a) persona que no tiene mucha habilidad y equilibrio
   b) persona que es rápida para caminar

9. Podemos decir que Bill Gates es un **triunfador** por muchas razones.
   a) persona que tiene éxito en algún campo de la vida
   b) persona que es muy conocida públicamente

8   *Capítulo 1: Dime cómo eres*

Lectura Cada persona lleva escrita en la cara su personalidad. Existen principalmente dos tipos de rostro según la morfopsicología. Lee el texto y di si lo crees o es solo una diversión.

El rostro dilatado

© Jose Elias da Silva Neto, 2009. Shutterstock, Inc.

El rosto dilatado es ancho y carnoso. La sangre le fluye con facilidad por eso la piel tiende a ser rosada y se enrojece con frecuencia. Presenta ojos grandes, nariz voluminosa, boca amplia y labios carnosos. Las personas en este grupo son la imagen del triunfador. Son emprendedoras e infatigables; les cuesta controlar sus instintos; son sensuales y agresivas. No se les hace difícil desenvolverse socialmente. No soportan la soledad.

El rostro retraído

© Jose Elias da Silva Neto, 2009. Shutterstock, Inc.

El rostro retraído es estrecho y alargado. Tiene huesos prominentes y marcados; sus facciones son cerradas. Tiene la piel pálida porque su circulación sanguínea es insuficiente. Los ojos casi siempre están hundidos y juntos, los labios son delgados y la nariz, estrecha. Son más constantes en su esfuerzo que las personas de rostro dilatado, pero no gozan de la misma vitalidad. Controlan sus emociones y son de reacciones lentas. Tienen pocos amigos y prefieren la soledad.

Después de leer Piensa en tu rostro. ¿Se ajusta tu carácter a la descripción? Busca tres famosos en el Internet y mira sus rostros. Luego analiza su personalidad mirando sus rasgos.

1. _____ tiene el rostro _____, así que, según la

morfopsicología, **es** _____.

2. _____ tiene el rostro _____, así que, según la

morfopsicología, **es** _____.

3. _____ tiene el rostro _____, así que, según la

morfopsicología, **es** _____.

Lee la segunda parte del artículo sobre la morfopsicología y subraya todos los cognados que encuentres.

Más características que podemos aprender de nuestro rostro

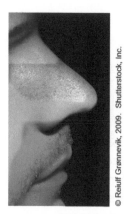

© Reiulf Grønnevik, 2009. Shutterstock, Inc.

La frente y la nariz. La frente nos permite leer el pensamiento y la vida interior. La zona media de la cara entre la nariz y los pómulos representa la parte social y afectiva. En cambio, la zona inferior, formada por la boca y la barbilla, refleja lo instintivo. De esta forma, sabemos que la parte más desarrollada del rostro nos indica la tendencia psicológica de cada persona. Las personas instintivas tienen la mandíbula prominente y, cuando la cara se ensancha en su mitad, hablamos de personas afectivas. Una frente amplia y despejada significa que en la persona predomina lo intelectual y suele ser el atributo de las personas inteligentes. Si se muestra más ancha en la parte superior, señala a personas imaginativas; si es más ancha en la parte inferior, revela un agudo sentido de la observación. La frente recta indica fuerza física; la convexa o abombada es señal de una personalidad obstinada.

La mandíbula y las cejas. Las cejas también tienen mucho que decir. Las finas y escasas expresan falta de voluntad; las gruesas son de personas decididas, activas y autoritarias. Cuando se juntan en el entrecejo hablan de celosos, susceptibles y apasionados. Las cejas largas son de seres equilibrados con capacidad de esfuerzos continuados; las cortas manifiestan inestabilidad y ligereza. Cuando las cejas se encuentran muy próximas a los ojos significa que la persona tiene fuerza de voluntad y tenacidad, mientras que si están muy separadas hablan de un carácter débil, perezoso y algo ingenuo.

Hablar con los ojos. Los ojos son otro reflejo del carácter. Los pequeños delatan a inteligentes y activos; los grandes caracterizan al sincero, soñador, comodón y egoísta; los redondos indican falta de vivacidad y lentitud; los hundidos describen sentido crítico, inteligencia y carácter taciturno; los saltones son de personas receptivas, violentas e irascibles; los muy juntos pertenecen a los tristes, torpes e irritables, mientras que los muy separados revelan a los optimistas, abiertos y de buena memoria.

Después de leer Responde a las preguntas de comprensión de <u>los dos textos</u>.

1. Las personas de rostro retraído
   - a) disfrutan más en actos sociales con mucha gente.
   - b) no soportan la soledad.
   - c) se divierten más leyendo un libro en soledad.
   - d) son activas y exitosas.

2. Las personas de rostro dilatado

      a) no muestran sus emociones libremente.

      b) tienen líneas curvas y redondeadas en el rostro.

      c) no se divierten en una fiesta con mucha gente.

      d) son tranquilas y no muy sociables.

3. Una persona celosa, apasionada y susceptible

      a) tiene la frente amplia y despejada.

      b) tiene unas cejas finas y escasas.

      c) tiene las cejas muy próximas entre sí.

      d) tiene las cejas muy separadas.

4. Según el texto, si eres una persona a la que se le caen las cosas y tropieza a menudo, tus ojos

      a) son almendrados.

      b) están separados.

      c) están muy juntos.

      d) son saltones.

Actividad 7 En parejas decidan cómo son nuestros rostros y cómo somos nosotros. Completa este cuadro escribiendo cómo te ves a ti mismo y cómo ves a tu compañero. Después, intercambien la información.

	Yo	Mi compañero/a
Rostro: dilatado/retraído		
Parte del rostro más notable: superior, media, inferior		
Ojos: redondos, grandes, pequeños, hundidos, saltones, juntos, separados		
Cejas: finas y escasas, gruesas, juntas (con entrecejo), largas, cortas. Están cerca de los ojos. Están lejos de los ojos.		
Frente: despejada y amplia, estrecha, prominente, cóncava, convexa		
Mandíbula: prominente, retraída		

Actividad 8 ¿Han coincidido en la descripción? A veces, no nos vemos como nos ven las otras personas; es curioso. Ahora realiza un perfil psicológico de tu compañero/a según los rasgos de su cara. Intenta ser muy positivo.☺

Creo que _____ es _____

porque _____

Mira las siguientes fotos. Debajo de cada rostro describe cómo es según lo que
has leído de morfopsicología. Sigue el ejemplo.

*Ejemplo: La primera chica tiene los ojos muy grandes y saltones, la frente es la parte de su
cara más desarrollada; eso indica que es…*

_____   _____

_____   _____

_____   _____

_____   _____

_____   _____

_____   _____

¡Gramaticando! Usos de _ser_ y _estar_

Actividad 1   **SER** y **ESTAR** han perdido la identidad. Lee estas frases y colócalas con su función.

Profesión que estudiaste

Apreciación subjetiva sobre un dato o hecho

La localización

Descripción subjetiva de personas u objetos según el hablante
1

Descripción objetiva de personas u objetos según el hablante

1. ¿Pero **estás** tonto hoy o qué te pasa?
2. Los ojos **son** almendrados.
3. **Es** abierto y sincero.
4. **Es** increíble y extraño que no haya venido a la fiesta.
5. **Es** guapo.
6. Es guapo, pero hoy **estaba** muy feo con ese nuevo corte de pelo.
7. Es tímido, pero hoy se tomó unos tragos y **estaba** muy animado.
8. **Es** médico.
9. Es médico, pero **está** de mesero en un bar porque no encontró trabajo.
10. El salón de clase **está** en la primera planta de Benedict.
11. El examen **es** en Mezes.
12. Hoy Ana **está** aburrida, triste y desanimada.
13. La profesora **es** de España.
14. Este libro **es** de Nicolás.
15. **Son** las doce del 3 de agosto.
16. Mira, este **es** mi hermano.
17. ¿**Estás** trabajando en el proyecto?
18. La casa es de madera.
19. Esa **es** la calle Constitución

Localización de un evento

Profesión que practicas temporalmente

Nacionalidad u origen

Estado de ánimo

Material del que está hecho algo

Identidad / Definición

Presente progresivo

Hora y fecha

Posesión

Actividad 2 ¿*Ser* o *estar*? Completa la siguiente tabla basándote en lo que has comprendido de *ser* y *estar*.

🐌 MI REGLA 🐌

Usos de *ser*	Usos de *estar*
Hora y fecha (ej: Son las cinco de la tarde.)	Localización (ej: Estoy en la clase de español.)

Paso 2. Practicando la gramática...

Actividad 1 Lee las siguientes oraciones y elige la opción correcta.

1. Diego (es, está) de Chile pero ahora (es, está) estudiando psicología en Austin.

2. El jefe (es, está) enojado porque su asistente (es, está) perezoso y torpe.

3. (Es, Está) llorando. (Es, está) muy emprendedora, pero su empresa fracasó.

4. La cita con mi psicólogo va a (ser, estar) el lunes. (Es, está) nuevo para mí. (Es, está) peruano.

5. Mi amigo (es, está) muy comodón. Siempre tenemos que llevarle en auto.

6. Este libro (es, está) de Ana. (Es, está) muy desorganizada y siempre pierde cosas.

7. ¿Cómo (es, está) el nuevo novio de María? (Es, está) celoso y posesivo.

8. ¿Alberto encontró trabajo? Solo para este verano, (será, estará) de ayudante en una consulta de psicólogos.

9. No (es, está) una buena idea (ser, estar) la pareja de una persona que tiene los ojos muy grandes porque suelen (ser, estar) muy egoístas.

10. (Es, está) una lástima que Lucía (esté, sea) hoy de tan mal humor.

11. El programa de computadora que usa el psicólogo para hacer test de personalidad (es, está) de una compañía chilena.

12. Ayer los conferenciantes de las ponencias de psicología de la universidad me preguntaron dónde (era, estaba) la calle Guadalupe y cuando les dije que (estaba, era) la siguiente calle a la derecha me dijeron que pensaban que (era, estaba) mucho más lejos.

13. La frente (es, está) la parte del rostro que nos permite leer el pensamiento.

14. La conferencia sobre morfopsicología no (fue, estuvo) el día que la habían planeado. Al final, (estuvo, fue) la semana siguiente.

15. No (es, está) bien que no asistieras a la conferencia. Tu madre decía que desde pequeño (eras, estabas) un indolente y nunca le creí, pero ahora pienso que tiene razón.

16. No creo que los resultados del test de personalidad que hizo el psicólogo (sean, estén) ciertos. Dice que yo (soy, estoy) celosa e inestable emocional. Así que hoy (soy, estoy) un poco deprimida.

17. La clase de ayer (estuvo, fue) un desastre. Ningún estudiante entendía nada y todos (eran, estaban) distraídos y mirando por la ventana.

18. ¡Pero qué alto (es, está) este niño! Lo vi hace dos meses y no me llegaba al hombro y ahora me pasa la cabeza.

19. Este trabajo (está, es) el mejor que he tenido en los últimos años. En el antiguo me (estaba, era) volviendo loco y creí que (era, estaba) lo mejor que podía encontrar.

20. ¿Qué (es, está) ese informe sobre la mesa? (Es, está) el programa de las próximas jornadas de contratación laboral. Tiene como objetivo entrenar a la gente para que (sea, esté) más competitiva en el mercado laboral.

Actividad 2 Pedro Luis tiene una cita a las ocho con una chica, María Vanessa, que ha conocido en Internet. Es muy tímido y para él es un momento muy importante, así que ha decidido grabar en su cámara de vídeo sus sensaciones antes de la cita y lo que va a explicar a su chica para no olvidarse de nada. Está tan nervioso que no puso los verbos (ser, estar). Ayúdale. Primero, mira la foto del chico y responde las preguntas.

1. Guiándote por su aspecto, ¿cuáles crees que son los rasgos de personalidad de este chico?

_____

2. ¿Cuáles crees que son sus gustos y aficiones? ¿Con qué estilo de vida asociarías su aspecto?

_____

_____ las cinco de la tarde y _____ muy nervioso porque me voy a encontrar con una persona que he conocido en el Internet. Me ha enviado una fotografía en la que _____ corriendo un maratón.

En la foto me ha parecido muy guapa. No _____ muy alta, pero tiene una figura muy estilizada. No sé si yo voy a _____ el hombre de su vida. He preparado una presentación de mí mismo para impresionarla: María Vanessa, _____ un hombre muy normal; en ocasiones, especialmente, cuando _____ nervioso, _____ un poco torpe, se me caen las cosas o me tropiezo. Eso _____ mi peor defecto. Los momentos más importantes en mi en mi tranquila vida _____ las ocasiones en las que gana mi equipo favorito de fútbol. Esos días _____ feliz y _____ sonriendo durante horas.

Ahora _____ estudiando economía, pero hasta que me gradúe _____ de portero en el estadio de fútbol. El próximo domingo _____ el partido final de la temporada, así que voy a _____ en el estadio hasta las once de la noche. Te digo todo esto porque creo que tú_____ muy aficionada a los deportes. Yo creo que podemos _____ una pareja con aficiones similares.

Si tú decides que quieres _____ una amiga especial para mí, yo te prometo _____ siempre de buen humor, _____ amable y cariñoso y no cambiar el canal de la televisión sin pedirte permiso. ¿No crees que _____ el hombre ideal?

Actividad 3 Pedro Luis le ha mandado muchos mensajes de texto a María Vanessa, pero algunos no eran para ella. A) Léelos y pon una cruz en los que no son para ella.
B) Cambia los verbos o expresiones subrayadas a *ser* o *estar*.

1. <u>Me quedo</u> en el trabajo hasta las seis cada día. *Estoy en el trabajo...*

2. <u>Trabajo</u> de portero en el estadio de fútbol. _____

3. <u>Me pongo</u> triste cuando pierde mi equipo favorito de fútbol. _____

4. El siguiente partido <u>tiene lugar</u> en el parque el próximo sábado. _____

5. Este libro <u>pertenece a</u> mi hermana. Lleva su nombre. _____

6. <u>Me pongo</u> muy alegre cuando hace sol. _____

7. <u>Me mantengo</u> delgado porque quiero ser árbitro de fútbol. _____

8. Nuestra casa <u>se sitúa</u> al norte de la ciudad. _____

9. <u>Nací en</u> Perú, pero ahora <u>vivo</u> aquí. _____, _____

10. Mi hermana y yo <u>nos encontramos</u> frente al estadio y <u>el reloj marca</u> las 11.00 de la

mañana. ¿Vas a venir? _____, _____

Actividad 4 A) Responde las siguientes preguntas.

1. Estás en la primera cita con alguien que conociste en Internet y te das cuenta de que la persona no te gusta nada. ¿Qué haces o qué le dices?

_____

2. ¿Cuál es el rasgo de personalidad o de comportamiento que te hace decidir que esa persona no es para ti?

_____

B) En grupos de 4 personas intercambien sus respuestas. Usen las siguientes expresiones para expresar sus ideas.

Ejemplo: -A mí me parece que... ¿Y a ti qué te parece?

-No estoy de acuerdo contigo. Estoy de acuerdo contigo.

Actividad 5 Ahora vas a escuchar 10 mini-diálogos. Indica cuál es la función de *ser y estar* que escuchas. Es posible que un diálogo tenga más de una.

	1	2	3	4	5	6	7	8	9	10
descripción física permanente										
descripción psicológica permanente										
localización										
localización de un evento										
profesión temporal										
profesión que estudiaste										
estado de ánimo										
nacionalidad u origen										
posesión										
hora y fecha										

Actividad 6 Lee con atención este texto y corrige las formas de *ser* y *estar* incorrectas.

Image © MaxFX, 2011. Used under license from Shutterstock, Inc.

Estaban las 10.00 de la mañana cuando conocí a Arturo Puertas. Arturo **era** el mejor chef de cocina que había en ese momento en la ciudad de Buenos Aires. Había **sido** de repartidor de pizza durante el tiempo que **fue** en la universidad porque sus padres no podían pagarle los estudios de la famosa escuela de prestigiosos cocineros donde estudió. Yo había quedado con él porque quería contratarlo para hacer una fiesta por la publicación de mi último libro, que había **sido** un éxito de ventas. Cuando vi a Arturo me sentí completamente impactada. **Estaba** el tipo más extravagante que yo había visto en mi vida. **Era** tatuado desde la frente hasta el inicio del cuello, que **era** lo que alcanzaba a ver de su cuerpo. No solo su aspecto físico **era** sorprendente, sino su carácter. En la media hora que **fuimos** charlando para organizar mi fiesta, me di cuenta de que Arturo **estaba** un tipo sorprendentemente inteligente, o yo **era** increíblemente tonta. Durante el diálogo, Arturo se anticipaba a mis deseos, casi a mis palabras. Todo lo que pasó después del día en el que decidí contratar a mi extravagante chef, **es** la experiencia que me ha llevado a girar el rumbo de mi vida en 180° y que me condujo a **ser** encerrada en la cárcel, juzgada y a **ser** la persona más popular del país durante seis meses.

Actividad 7 En este texto explica los usos de *ser* y *estar* que están subrayados.

Yo había elegido a Arturo porque me habían dicho que **era** (1) el mejor chef para lo que yo necesitaba. Básicamente, **era** (2) impresionar a mis editores con mi buen gusto y que vieran la casa que me acababa de comprar y que **estaba** (3) pagando a un tipo de interés que me hacía sufrir penurias económicas a final de mes. Esa mañana elegí una blusa blanca con la que creía que **estaba** (4) guapa y a la vez sencilla, unos jeans y unas botas último modelo de Vera Wang que **estaban** (5) a mitad de precio en un outlet. Subí a mi coche que **estaba** (6) aparcado en la esquina de mi calle, arranqué y puse rumbo a mi cita. Cuando llegué, Arturo aún no **estaba.** (7) Pedí un té que **estaba** (8) horroroso - Nunca he entendido la falta de oferta de tés que hay en esta ciudad. A los diez minutos llegó. Yo **estaba** (9) pensando en cuántas personas irían a la fiesta y cuáles **serían** (10) las opciones gastronómicas más adecuadas. Me miró de arriba abajo y me dio un apretón de manos muy fuerte, indicación de que **era** (11) un hombre fuerte y decidido. Noté aprobación en su mirada y me dije a mí misma que la elección de la blusa había sido adecuada. Empecé a contarle mis ideas y vi como **estaba** (12) perdiendo la atención poco a poco y cómo me miraba aburrido. Entonces, de repente, se levantó y me dijo: "¿Quieres de verdad impresionar a tus editores? Pues deja de repetir esas ideas aburridas y ven conmigo." Yo le miré asombrada y dije: "¿A dónde?" Y él me respondió: "A un lugar que **es** (13) mágico y que **está** (14) oculto para la mayoría de la gente"

1._____
2. _____
3. _____
4._____
5. _____
6._____
7._____
8._____
9._____
10._____
11._____
12._____
13._____
14._____

Actividad 1 Toma la siguiente mini-prueba para comprobar tus conocimientos de los usos de *ser* y *estar*.

1. When I talk about location, I should use the verb   (ser / estar).

2. When I talk about events, I should use the verb   (ser / estar).

3. When I talk about professions, I should use the verb   (ser / estar).

4. When I use progressive form (to talk about things taking place right now), I should use the verb   (ser / estar).

5. When I talk about posession, I should use the verb   (ser / estar).

6. When I talk about permanent traits, I should use the verb   (ser / estar).

7. When I talk about temporary states, I should use the verb   (ser / estar).

8. When I talk about nationality, I should use the verb   (ser / estar).

9. When I tell time, I should use the verb   (ser / estar).

Actividad 2 Basándote en tu rendimiento en la mini-prueba, completa la siguiente auto-evaluación.

	excellent	good	weak
My understanding of the uses of <u>ser</u> covered in this chapter is...			
My understanding of the uses of <u>estar</u> covered in this chapter is...			

Entrando en materia: Los estereotipos

Actividad 1 Muchas veces se crean imágenes mentales de personas o de países y no sabemos si responden a la realidad. En la siguiente tabla expresa tu acuerdo o desacuerdo con algunas opiniones de los estereotipos. Luego, en grupos comenten sus opiniones.

Los estereotipos...	sí	no
se trasmiten como verdades absolutas.		
no respetan las diferencias.		
presentan una visión limitada del mundo.		
motivan actitudes xenófobas y sexistas.		
aceptan principios culturales.		
defienden creencias milenarias.		

Actividad 2 Imagina que viajas en un avión y esta persona es el pasajero que está a tu lado. Basándote en su aspecto, escribe en la agenda las primeras impresiones sobre esta persona. Después tu profesor te va a explicar quién es realmente.

© magicinfoto, 2009.   Shutterstock, Inc.

© Simone van den Berg, 2009.   Shutterstock, Inc.

Actividad 3 Vas a derribar antiguos estereotipos. Mira las siguientes imágenes y, debajo de cada una, escribe:
  A) el estereotipo que representa y
  B) la realidad de hoy en día.

A)_____

B)_____

A)_____

B)_____

A)_____

B)_____

A)_____

B)_____

A)_____

B)_____

A)_____

B)_____

Actividad 4 Lee estas opiniones de un foro sobre estereotipos hispanos. No todas son positivas. En parejas elijan un país de los que se nombran en el foro, nieguen los estereotipos negativos y busquen en el Internet algunos positivos. Preparen una campaña de promoción del país y preséntenla al resto de la clase.

 **we love Latino**   **Foro para opinar sobre temas de actualidad relacionados con América Latina**

© Suzib_100, 2013. Shutterstock, Inc.

Riki Lamar República Dominicana escribió…

Hola a todos:
Quisiera preguntarles cuáles son los estereotipos que la gente de sus países tiene de otros países de Latinoamérica.

Elena Torres Brasil escribió…

Desgraciadamente no todos son buenos. Por ejemplo: Colombia es la imagen de las drogas y la inseguridad, aunque cada vez se la ve como un país que está mejorando estos aspectos. Paraguay es una área donde usted puede obtener algunos bienes ilegales y la falsificación de productos a bajo costo. México es uno de los destinos favoritos de Brasil. Tiene playas limpias y buena comida, música, exquisita selección de fútbol y, lo más importante, ¡tequila!

Joaquín Cantarini Argentina escribió…

Yo vivo en Argentina y acá se ve muy mal a los peruanos, bolivianos y paraguayos. Lamentablemente, mucha gente ignorante los discrimina. A los uruguayos se les ve como los hermanos "menores"… tenemos mucha cultura compartida, pero muchas veces se les subestima. El país más considerado es Brasil. A muchos les gusta vacacionar allá… A Chile se le ve neutro. Venezuela y Colombia se relacionan con drogas. Y México, psss… Hay de todo, tanta gente que lo odia como que lo ama. Los demás países son considerados fantasmas y poca gente los conoce (Nicaragua, Guatemala, Panamá, Cuba…). Aclaro que eso es lo que yo personalmente he observado, y no es lo que pienso.

Sonia Suárez Estados Unidos escribió…

Yo vivo en Estados Unidos pero soy de México y me he dado cuenta de que la gente que nació aquí y es de origen mexicano o latinoamericano piensa que la gente de estos países es ruidosa, se pelea mucho, y otras muchas cosas. Parece que se burlan de su gente y eso me da coraje. No los enseñaron a respetar sus raíces. De México conocen la comida, pero hablan de violencia y narcotráfico en el país y no todo es así.

Joao Figueira escribió…

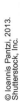

Bueno, soy portugués y desde chico me encanta la cultura hispánica. Cuando tenía cuatro años conocí Argentina y Uruguay, y quiero conocer mucho más. No pienso en viajar a Europa o USA, ¡quiero conocer la América Latina! Algunos de los estereotipos que tengo asimilados son: Venezuela, el petróleo, las MISSES maravillosas, je, je. Chile: el buen vino, los Andes y Salvador Allende. Argentina, tango, Astor Piazzolla, Carlos Gardel… Maradona, fútbol, parrillada, dictadura terrible, la gente bonita y la gente arrogante. Cuba el comunismo, la música de salsa. Perú, el ceviche, las alpacas y el Machu Pichu. República Dominicana salsa, gente perezosa y bonitas playas para tumbarse al sol.

Actividad 5 En el carácter de cada país hay "etiquetas estereotipadas", pero no siempre los habitantes del país en cuestión están de acuerdo. Vas a rellenar este cuestionario pensando en los rasgos de carácter que pueden representar a las personas de tu cultura.

	absolutamente sí	mucho	un poco	nada
Somos orgullosos.				
Somos independientes.				
Somos individualistas.				
Somos ingenuos.				
Somos introvertidos.				
Somos habladores.				
Somos callados.				
Somos verdes (nos interesa mucho la ecología).				
Somos puntuales.				
Para nosotros es importante el contacto físico.				
Somos exigentes cuando viajamos.				
Somos sofisticados.				
Somos aburridos.				

Actividad 6 En grupos de 3 van a intercambiar sus respuestas para comprobar si tienen las mismas opiniones. ¿Coinciden sus valoraciones con las de sus compañeros?

¿Qué ideas parecen estar estereotipadas de su cultura? _____

_____

Actividad 7 En grupos de 3 van a adoptar los siguientes roles y van a defender su opinión durante 3 minutos. Usen algunas de estas expresiones: *Yo creo que…, Estoy totalmente en contra de lo que dices, Yo no creo que tengas razón, Perdona que te interrumpa, pero…, etc.*

Rol A: Eres argentino y estás en tu país. Conoces a un norteamericano/a y en un momento de la conversación le dices que crees que todas las personas en su país son individualistas y un poquito egoístas.

Rol B: Eres norteamericano. Has viajado a Argentina y conoces a un grupo de jóvenes de tu edad. En medio de la conversación te dicen que todos los norteamericanos son individualistas y que sólo actúan en su propio beneficio. No estás de acuerdo en absoluto.

Rol C: Eres argentino y crees que los estereotipos de las nacionalidades son fundamentales: norteamericanos individualistas, argentinos futbolistas, mexicanos quinceañeros, españoles conquistadores.

¡Gramaticando! Adjetivos que cambian de significado con _ser_ y _estar_

Paso 1 Descubriendo la gramática...

Actividad 1 Observa estas oraciones. Nota cómo su significado cambia según se combinen los adjetivos con _ser_ o con _estar_.

Esta clase es muy **aburrida**.	This class is very **boring**.
Estoy **aburrida** en esta clase.	I am **bored** in this class.
El té es **bueno** para la salud.	Tea is **good** for your health.
Este té está muy **bueno**. ¿De dónde es?	This tea is **good**. Where's it from?
Es muy **despierto** para su edad.	He's really **sharp** for his age.
El niño ya está **despierto**.	The baby's **awake**.
Es un hombre muy **interesado**. Solo llama cuando necesita algo.	He's very **selfish**. He only calls when he needs something.
Está **interesado** en la literatura latinoamericana.	He's **interested** in Latin American literature.

Guiándote por el contexto, escribe el adjetivo en inglés debajo de la oración correspondiente.

Es muy tímido y **callado**. _(silent person)_	_silent person / quiet_	¿Puedes estar **callado** un minuto? _(quiet)_
Es **cansado** manejar de noche cuando nieva.	_tired / tiring_	Estoy **cansada** de manejar todo el día.
Hizo muy bien el trabajo. Es muy **listo**.	_ready / clever_	Estoy **listo** para el examen oral.
No hacer deporte es **malo** para la salud.	_bad / sick_	Está **malo** y no vino a clase.
No reconoce sus errores. Es demasiado **orgulloso**.	_proud (of) / proud (with negative connotation)_	La profesora está **orgullosa** de sus estudiantes.
El avión es el transporte más **seguro**.	_sure / safe, reliable_	Estoy **segura** de que pasaré el examen.
La bandera de los ecologistas es **verde**.	_unripe / green in color_	Esta fruta está **verde**.

"Es seguro que..." significa "sure". Ser una persona verde significa ecológico/a.

Actividad 1   Una persona ha viajado a un país extranjero, *"Topicolandia,"* y ha encontrado las siguientes informaciones. Elige *ser* o *estar*, según requiera el significado.

1. En Topicolandia (son/ están) todos muy vivos. Siempre descubren al asesino en las películas de misterio.

2. Cuando viajan los topicolandeses no (están/ son) seguros de si deben decir cuál es su país porque mucha gente no lo conoce y tienen que dar muchas explicaciones.

3. A las 5.00 de la mañana (son/están) despiertos cada día. Son muy trabajadores.

4. (Son/Están) muy orgullosos del traje típico de su país y casi todos lo llevan cada día.

5. Les gusta comprar la fruta cuando (está/ es) verde y la ponen en el microondas para madurarla.

6. (Son#Están) listos siempre para salir de viaje. Les encanta viajar y siempre tienen una maleta preparada.

7. Cuando (son/están) malos, toman medicinas naturales. No les gusta lo químico.

8. Tienen la idea de que en sus restaurantes el pescado siempre (es/está) muy bueno porque su forma de cocinarlo es especial.

9. Si (son/están) callados 5 minutos se deprimen porque normalmente hablan mucho.

10. La capital de Topicolandia (es/está) una ciudad muy segura. No hay violencia.

11. (Son/ Están) interesados en aprender perfectamente a jugar al tenis. Es una obligación; todos juegan.

12. Viajar en tren (es/está) muy aburrido porque no se permite leer.

13. (Están / Son) muy cansados los domingos porque todos deben jugar 4 partidos de tenis.

14. Los niños (son/ están) muy despiertos. Saben leer a los 4 años.

15. Comer dulces (es/está) bueno para la salud porque los hacen con verduras y sin azúcar.

Actividad 2 Expresa la idea subrayada con *ser / estar* y un adjetivo de la Actividad 1, Paso 1 para las siguientes oraciones que representan estereotipos falsos.

Ejemplo: *Las personas de los países nórdicos tienen <u>un cociente de inteligencia muy alto.</u>*
Respuesta: *Son muy listos.*

1. Viajar en auto en algunos países del sur <u>se considera peligroso.</u>

   _____

2. Los habitantes de los lugares fríos <u>hablan menos que los habitantes de los lugares cálidos.</u>

   _____

3. Cada país piensa que su comida <u>tiene muy alta calidad.</u>

   _____

4. Todos los alemanes <u>se preocupan de la ecología.</u>

   _____

5. Las personas de los países nórdicos <u>no saben divertirse.</u>

   _____

Actividad 3 **"TO BE OR NOT TO BE"**. Dividan la clase en tres zonas:
   1. El país de SER
   2. El país de ESTAR
   3. El país de SER Y ESTAR

Su profesor le dará unas fichas con palabras o expresiones a cada uno de Uds. Si tu palabra o expresión de la ficha se asocia con el verbo **ser** debes colocarte en el país de *ser*, si se asocia con **estar**, vas a situarte en el país de *estar*. Si una palabra puede asociarse a los dos, debes permanecer en el medio.

PAIS DE SER:
...las cinco de la tarde.
...el cinco de mayo.
...americano.

PAIS DE ESTAR:
...comiendo.
...en el norte de la ciudad.

SER Y ESTAR:
...verde.
...seguro.
...bueno.

Vas a escuchar unas situaciones descriptivas que usan *ser y estar* con adjetivos. Marca si se trata de *ser* o de *estar*.

	1.callado	2.cansado	3.malo	4.orgulloso	5.seguro	6.verde	7.interesado
SER							
ESTAR							

Actividad 5 Escribe una oración usando *ser o estar* con adjetivos para cada situación. No olvides la concordancia.

1. El año pasado viajé a Topicolandia. La vida allí es pasar mucho tiempo en casa sin relacionarse. (aburrido)

Ejemplo: La vida en Topicolandia es aburrida _____

2. Algunas chicas solo salen conmigo cuando tengo el auto de mis padres. Es un estereotipo, pero a veces, es verdad. A las chicas les gustan los chicos con buenos autos. (interesado)

_____

3. Muchas personas mueren por enfermedades que algunos países no sufren. (malo)

_____

4. Muchos habitantes de Topicolandia tienen interés en la astronomía. Parece que todos son inteligentes. (interesado, listo)

_____

5. Mis amigos están en una huelga de palabras. No piensan hablar en un día completo para protestar por la represión. (callado)

_____

6. Las chicas de Topicolandia siempre tienen la razón. Tienen una personalidad muy fuerte. (seguro)

_____

7. En Topicolandia los niños nunca duermen entre 6.00 y 7.00 de la mañana. (despierto)

_____

Paso 3. Reflexionando sobre la gramática...

Actividad 1   Toma la siguiente mini-prueba para comprobar tus conocimientos de los adjetivos.

1. To describe what something is like I should use: (ser / estar).

2. To describe the condition of a person or thing, I should use: (ser / estar).

Examples to check my understanding:

If I say that I am tired, I should use: (estoy / soy) cansado.

If I say that running laps is tiring, I should use: (está / es) cansado.

If I say that someone is a proud person, I should use: (está / es) orgulloso.

If I say that someone is proud about something, I should use: (está / es) orgulloso.

If I say that you are a quiet person, I should use: (estás / eres) callado.

If I say that you are being quiet, I should use: (estás / eres) callado.

If I say a jacket is green, I should use: (está / es) verde.

If I say the fruit is green [not ripe], I should use: (está / es) verde.

Actividad 2   Basándote en tu rendimiento en la mini-prueba, completa la siguiente auto-evaluación.

	excellent	good	weak
My understanding of using <u>ser</u> + an adjective is...			
My understanding of using <u>estar</u> + an adjective is...			

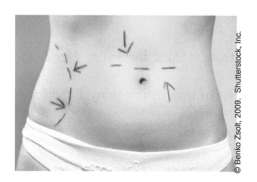

Actividad 1 En parejas, estudien la siguiente tabla de costos de procedimientos estéticos. Luego, contesten las preguntas.

Costo de procedimientos estéticos

- ■ Implantes de silicona
- ■ Trasplantes de pelo
- ■ Inyección de Botox
- ■ Liposucción
- ■ Rinoplastia
- ■ Depilación láser

$380 $387

$4,087

$4,357

$2,920

$5,874

1. ¿Qué procedimiento es el más caro? _____ ¿Cuál es el más barato?_____

2. Si tuvieran $10.000 para gastar en cirugías, ¿cuántas podrían hacerse? _____

Nómbrenlas._____

Actividad 2 Haz las siguientes actividades relacionadas con la cirugía estética.

© Tiplyashin Anatoly, 2009.
Shutterstock, Inc.

Antes de leer Entre los elementos subrayados del texto, encuentra las palabras o expresiones que significan lo mismo que las siguientes:

1) *operaciones pequeñas* 2) *cambiados a guapos y guapas* 3) *famosos*

4) *piel* 5) *pone un material para hacer algo más grande* 6) *fans*

Lectura Lee el siguiente artículo sobre la cirugía estética.

La cirugía estética:
¿Tortura, obsesión o una forma de mejorar nuestra autoestima y nuestra vida?

Datos sobre cirugía estética de los años 2006 y 2007 señalan que la cirugía es un fenómeno que tiene cada vez más <u>seguidores</u>. Estados Unidos está en la primera posición de países donde se realizan operaciones cosméticas, seguido de México, Argentina y España. A estos países les siguen Francia, Alemania y Brasil. Este último ha bajado del segundo al séptimo lugar.

El turismo del bisturí ha convertido a países como Costa Rica o Brasil en lugares donde la gente combina sus vacaciones con algunos "<u>arreglitos</u>" estéticos. Los amigos y los familiares creen que nos vamos de vacaciones y regresamos cambiados, unas veces <u>convertidos en Adonis y Afroditas</u> y otras veces transformados en caricaturas de nosotros mismos. Corregirse uno que otro detalle que no le gusta, para mejorar su imagen, es cuestión de sentirse bien consigo mismo/a; sin embargo, cuando esas correcciones se vuelven una obsesión, ¡mucho cuidado! Un prestigioso cirujano previene contra el peligro de esta obsesión: "actualmente estamos viviendo una dictadura de la belleza. Esta dictadura es más patente en las mujeres".

La cirugía estética debe tener sus límites y es el médico quien debe ponerlos. "La cirugía plástica es para mejorar, no para hacer milagros: el médico mejora, levanta, retira excesos, <u>rellena</u> donde hay falta de <u>tejido</u>, pero la belleza la da el paciente".

Hasta hace pocos años la apariencia física se limitaba al mundo del espectáculo. Hoy en día tanto hombres como mujeres de variadas profesiones cambian algún rasgo de su aspecto físico. Dentro del <u>mundo de la farándula</u> Michael Jackson destaca por sus múltiples cirugías en el rostro. ¿Ha logrado lo que deseaba? Él tiene su propia respuesta. Otros han llegado a morir por el número de cirugías plásticas que se realizaron. Un ejemplo fue la actriz francesa llamada Lolo Ferrari que, obsesionada por tener los pechos más grandes del mundo y animada por su esposo, llegó a hacerse 25 cirugías y casi se convirtió en un monstruo.

Después de leer Busca las oraciones en el texto que significan lo mismo que estas:

a) Hoy en día vivimos con la presión de ser atractivos, especialmente las mujeres.

_____

b) Las operaciones de estética deben ser controladas por el médico.

_____

c) El médico puede ponernos más guapos, quitar grasa y poner tejidos en el interior de nuestro cuerpo.

_____

d) Hay personas que han muerto.

_____

e) Casi se transformó en un monstruo.

_____

Actividad 3 Ve al Internet a buscar fotos de personas famosas a quienes les ha ido muy bien o muy mal con la cirugía estética.

A) Trae dos o tres fotos de antes y después de esas personas.
B) En grupos pequeños, describan cómo era y cómo es cada una.
C) Intercambien sus opiniones.

Mis opiniones   *Las de mis compañeros*

¡Gramaticando! Verbos que expresan cambios

Paso 1. Descubriendo la gramática...

Actividad 1   Lee las frases abajo y escribe una lista de los verbos que expresan un cambio.

Ejemplo: *Mi amiga decidió operarse de la nariz y antes de la cirugía <u>se puso</u> muy nerviosa.*

1. Lolo Ferrari llegó a ser la mujer con los pechos más grandes del mundo, pero eso no la hizo feliz, ya que murió por exceso de barbitúricos.
2. Hacerse mayor es parte de la vida, pero en la sociedad moderna no se acepta el paso natural del tiempo.
3. Después de un lifting, mucha gente se queda sin expresión en el rostro.
4. Antonio era muy tímido; tenía un gran complejo a causa de su nariz. Se operó y se ha vuelto muy extravertido.
5. ¡Qué guapo te has puesto desde que haces deporte y comes de forma sana!
6. Se operó y se convirtió en una nueva persona.

INFINITIVOS

1. llegar a ser
2.
3.
4.
5.
6.

🐦 MI REGLA 🐦

¿Qué expresa cada uno de los verbos de cambio?
Conecta el verbo con el cambio que expresa.

VERBO	IDEA QUE EXPRESA
1. llegar a ser	A. un cambio que está relacionado con la edad, la ideología o la profesión
2. ponerse	B. un cambio en la personalidad o en la actitud de una persona, casi siempre duradero
3. hacerse	C. un cambio que se consigue después de mucho trabajo y esfuerzo
4. quedarse	D. un cambio que está relacionado con el aspecto físico o el estado de ánimo de una persona; se usa con adjetivo(s)
5. volverse	E. un cambio que tiene que ver con magia o transformación
6. convertirse en	F. un cambio que expresa una privación de algo que antes se tenía

👆 PISTA CALIENTE 👆

Todos estos verbos se refieren sobre todo a cambios de

personalidad, profesión, ideología, estado de ánimo y aspecto físico.

Paso 2. Practicando la gramática...

Actividad 1 Escribe debajo de cada verbo las palabras de la columna de la derecha que conectan con él. Puede haber más de una posibilidad.

Verbos	Palabras que se relacionan
hacerse *rico, budista...*	budista
	rico
	nervioso
ponerse	pálido
	de mal humor
	de buen humor
llegar a ser	sin nariz
	sin amigos
	antipático
convertirse en	un actor famoso
	vegetariano
	sin dinero
quedarse	el hombre con más cirugías del mundo
	del Partido Ecologista
	orgulloso
volverse	deportista
	loco

Actividad 2   Elige la opción correcta en estas oraciones.

1. Cuando vi la cara de Michael Jackson después de sus múltiples cirugías (ME QUEDÉ / ME PUSE) sin habla. Estaba horrible.

2. (SE PUSO / SE VOLVIÓ) triste cuando se enteró de que su actor favorito no ganó el Oscar.

3. Le ha cambiado el carácter desde su operación. (SE HA VUELTO / SE HA QUEDADO) más antipático.

4. (SE HA HECHO / SE HA CONVERTIDO EN) la primera mujer con aspecto de hombre que va a tener un bebé.

5. Es muy inteligente; (SE VOLVERÁ / LLEGARÁ A SER) una persona importante.

6. (SE PUSO / SE HIZO) vegetariano después de ver un documental sobre animales.

7. (SE HIZO / SE QUEDÓ) muy deportista después de tener un ataque al corazón.

8. Comió mucho y (SE HIZO / SE PUSO) enferma.

9. (SE CONVIRTIÓ / SE VOLVIÓ) muy amable después de nuestro viaje juntos. Antes de conocernos más, se mostraba muy antipática.

10. (HA LLEGADO A SER / SE HA PUESTO) presidenta de una compañía. Trabaja muy duro.

Actividad 3   Todas estas personas han tenido un cambio en su vida. Completa las frases con las opciones más lógicas.

> se hizo vegetariano - se quedó sin amigos - se puso colorado como un tomate
> se convirtió en la persona más rica de su ciudad - se volvió arrogante y orgullosa
> se puso muy enfermo - se quedó sin habla - se puso de mal humor

1. Le tocó la lotería y

   Se convirtió en la persona

2. Fumaba mucho y nunca hacía deporte, así que

   Se puso muy enfermo

3. Se cambió de ciudad, no llamó a nadie durante meses y

_____

4. Hizo un viaje a la India y

se hizo vegetariano

5. Dijo una tontería, todos se rieron y

_____

6. Se casó con un hombre muy rico y

se volvió arrogante y orgullosa

7. Cuando se enteró de la mala noticia,

se puso de mal humor

8. No le salió bien el trabajo y

_____

Actividad 4 Vas a escuchar a unas personas que explican algún cambio. Pon el número al lado del cambio que corresponda.

Se puso colorado.	4	9	Se quedó sin amigos.
Se hicieron ricos.	3	5	Se puso pálida.
Llegó a ser la primera deportista que subió el Himalaya.	2	7	Se convirtió en un monstruo.
Se volvió loco.	10	6	Se pusieron enfermos.
Se hicieron famosas.	8	1	Se hicieron budistas.

Actividad 5 Escribe dos contextos de cambios para estas fotos y los resultados de ese cambio.

Ejemplo: Ana María comenzó a salir con un chico muy arrogante y <u>se ha vuelto</u> como él. Ya no nos hablamos.

Ana María **Jaime** **Carmen** **Iñaki**

1. _____
   _____
2. _____
   _____
3. _____
   _____

Actividad 6   Seguro que a lo largo de tu vida has sufrido algunos cambios. Expresa dos o tres de ellos, usando las siguientes expresiones

| Me hice... | Me puse... | Me convertí... | Me volví... |

Ejemplo: Me abandonó mi novia y me volví muy solitario.

1. _____
   _____
2. _____
   _____
3. _____
   _____

Actividad 7   En parejas van a explicar cuáles fueron sus cambios. Tomen notas de lo que dice su compañero.

Mis cambios	Los cambios de mi compañero

Actividad 8 Emiliano ha escrito un correo electrónico a su amiga Eleonora. Léelo, subraya los verbos de cambio y escribe una explicación de por qué se usan. En algunos casos es posible que se puedan usar otras opciones. Escríbelas si son posibles.

Fecha: Domingo, 2 de noviembre
De: Emiliano Costeiro
Para: Eleonora
Asunto: La fiesta de ayer

Hola, Eleonora:

Qué pena que ayer te perdieras la fiesta de reunión de antiguos alumnos de la escuela. Pero no te preocupes que te voy a contar qué aspecto tenían todos después de quince años sin habernos visto. Bueno, nada más entrar en el restaurante, me quedé sin habla. Lo primero que vi es a Roberto, el guapo de la clase, el más popular, sentado en la cabecera de la mesa. Pues, no te lo vas a creer, se ha quedado calvo, se ha puesto gordo y tiene una barriga enorme. ¡Qué decepción! A su lado estaba Cristina, ¿te acuerdas de ella?, supongo. Era la niña bonita del profesor de filosofía. Pues la encontré bien; me he enterado de que se ha hecho muy religiosa y dirige un colegio en su ciudad. Después estaba el grupito de las estudiosas aburridas: Rosa, la más gordita, se ha quedado como una sirena, ha perdido mucho peso ¿Te acuerdas de que era muy tímida? Pues ahora se ha vuelto famosa y extravertida. Es relaciones públicas en una discoteca y sale en varios anuncios de la tele local. Las otras siguen como siempre, aburridas y sosas. Ana Marta es médica y quiere llegar a ser la directora del hospital donde trabaja. Un compañero me dijo que en realidad no es muy brillante en su profesión, pero el padre de su esposo es una persona poderosa y la va a convertir en la directora casi seguro. Alfonso tiene un bar, se ha dejado barba y se ha vuelto muy deportista. Se ha puesto muy guapo, atlético y fuerte. Y, por fin, tu ex – novio, ¿tienes curiosidad? Allá va, tu querido Borja, se ha operado. Sí, sí, se ha puesto injertos de pelo y se ha cambiado la nariz. Cuando le dije que le veía muy raro, se puso como un tomate e intentó cambiar de tema. Me preguntó por ti y le dije que te habías hecho diseñadora y que trabajabas en una tienda de decoración. Parece que se puso contento de las buenas noticias. No te quejarás porque te he contado de la mayoría. Te adjunto una foto para que los veas al natural.

Besitos,

Emiliano

© William Perugini, 2013. Shutterstock, Inc.

Verbo	Explicación	¿Se puede cambiar por otro? ¿Cuál?

Actividad 9 Traduce estas oraciones del inglés al español.

1. After several years, he finally became the leader he wanted to be.

_____

2. You should go out more; I don't want you to become a loner.

_____

3. He became serious when he discovered the truth.

_____

4. It's a shame that Martha became a widow so young.

_____

Paso 3. Reflexionando sobre la gramática...

Actividad 1 Toma la siguiente mini-prueba para probar tus conocimientos de los verbos de cambio.

1. True / False   There is no single verb in Spanish that can be used to translate "to become."

2. True / False   The verb I choose for "to become" will usually depend on the sort of change that occurs.

3. True / False   Spanish verbs of becoming may not be interchangeable even when they have the same English translation.

Examples to check my understanding: Write the verb in Spanish.

1. If I want to say that Lolo became an entirely different person, I would use

_____.

2. If I want to say that my friend Bill became a high school teacher, I would use

_____.

3. If I want to say that my friend grew very sad after his dog died, I would use

_____.

4. If I want to say that I became snobby after winning the lottery, I would use

_____.

5. If I want to say that someone worked very hard and became very famous, I

would use _____.

Actividad 2 Basándote en tu rendimiento en la mini-prueba, completa la siguiente auto-evaluación.

	excellent	good	weak
My understanding of verbs of becoming is...			

Actividad 1 Llena los espacios con la mejor opción del banco de palabras. ¡Cuidado con la concordancia!

solitario	hundido	xenófobo	saltón
infatigable	triunfador	dilatado	estético
orgulloso	interesado	tenaz	celoso
débil	sincero	afectivo	torpe

1. Juan es un hombre ___débil___. Nunca puede tomar decisiones porque tiene miedo.

2. Es un ___triunfador___; ha hecho tres negocios con mucho éxito.

3. María es ___torpe___. Siempre que vamos al campo se cae o se pierde.

4. Siempre termina lo que se propone. Es muy _____.

5. María está ___orgulloso___ de sus hijos. Son muy trabajadores y buenas personas.

6. Juan siempre dice la verdad. Es muy _____.

7. Mi hijo pequeño es muy ___solitario___. No le gusta estar con gente y pasa el día solo jugando con su computadora.

Actividad 2 Elige la forma correcta entre *ser / estar*.

1. No quiero salir con María (ES / ESTÁ) orgullosa y arrogante.

2. (ES / ESTÁ) cansado manejar por la noche durante horas.

3. La fruta que compré no la comí porque (ERA / ESTABA) verde.

4. No (ES / ESTÁ) callado nunca. Es muy extravertido.

5. La hamburguesa que comimos en el restaurante de mi barrio (ERA / ESTABA) muy buena.

6. Comió algo en mal estado y (FUE / ESTUVO) enfermo dos días.

7. El festival de música (ES / ESTÁ) en el estadio de deporte.

8. El restaurante (ES / ESTÁ) detrás de mi casa. Está

9. Hay días que mi jefe (ES / ESTÁ) muy contento porque todo nos sale bien.

10. (ES / ESTÁ) seguro que va a tener una A en esta clase.

Actividad 3 Completa todas las formas del pretérito de los verbos de cambio.

llegar a ser	ponerse	hacerse	volverse	convertirse en
lleg _ _	me pu _ _	me hi _ _	me v _ _ _ _	me conv _ _ _ _
lleg _ _ _ e	te pu _ _ _ _ _	te hi _ _ _ _ _	te v _ _ _ _ _ _ _	te conv _ _ _ _ _ _
lle _ _	se pus _	se hi _ _	se _ _ _ _ _ _	se convi _ _ _ _
lleg _ _ _ _	nos pus _ _ _ _	nos hi _ _ _ _ _	nos v _ _ _ _ _ _ _	nos conv _ _ _ _ _ _
lleg _ _ _ _	se pu _ _ _ _ _ _	se hi _ _ _ _ _ _	se v _ _ _ _ _ _ _	se conv _ _ _ _ _ _ _

Actividad 4 Hay un error en cada uno de los párrafos. De las tres opciones, selecciona el error y escribe la forma correcta en el espacio indicado. Abajo explica la corrección.

1. En los años 90 una persona **se quedó** un monstruo operándose 25 veces y cambiándose múltiples partes de su cuerpo. **Se puso** enferma de todos los barbitúricos que consumía. Su esposo **se hizo** rico vendiendo fotos de ella para las revistas y medios de comunicación.

   palabra incorrecta: _Se quedó_   palabra corregida: _Se convirtió_

2. Los estereotipos no responden a la realidad. No podemos decir que todos los nórdicos **son** fríos y serios y los sureños extravertidos y simpáticos. Las personas **son** el resultado de una serie de factores: estos **están** la educación, la familia y el ambiente donde crecen .

   palabra incorrecta: _están_   palabra corregida: _son_

3. No **estar** una persona segura cuando expresamos nuestras ideas puede **ser** interpretado como un símbolo de debilidad. A veces no **es** así, es solo que podemos ponernos nerviosos cuando expresamos nuestras ideas en público.

   palabra incorrecta: _Ser_   palabra corregida: _estar_

4. **Ser** una persona callada es una cualidad en muchas culturas. En otras culturas **ser** orgulloso es un defecto. Pero en todas **ser** interesado en el arte y la ciencia es una virtud.

   palabra incorrecta: _Ser_   palabra corregida: _estar_

Explicación 1: _____

Explicación 2: _____

Explicación 3: _____

Explicación 4: _____

Actividad 5 Este párrafo ha sido escrito por un estudiante. Léelo detenidamente y clasifica los errores subrayados con su tipología.

> Miley Cyrus es una actriz muy famosa. <u>Ella</u> tiene veinte años; <u>está</u> muy joven. <u>Ella</u> tiene un rostro alargado y estrecho. <u>Ella</u> tiene piel <u>pálido</u>. Sus ojos son pequeños y almendrados. También sus cejas son finas y separadas. Miley tiene labios delgados y una boca muy pequeña. Su mandíbula es muy prominente. La nariz es redondeada y estrecha. <u>Ella</u> tiene <u>un</u> frente amplia y recta. A veces ella <u>están</u> torpe. Cuando Miley <u>este</u> en la <u>carpeta</u> roja, <u>la</u> dejo caer un grammy y se rompió. <u>Ella</u> es una joven infatigable en el mundo del cine.

Léxico: una palabra se repite, se omite o no es adecuada al contexto.	
Verbos: conjugación, modo o confusión de *ser* y *estar*.	
Concordancia 1: el sustantivo no concuerda con el adjetivo o con el determinante (artículo, …)	
Concordancia 2: el sujeto y el verbo no concuerdan.	
Acentuación: omisión de acentos, mala colocación.	

Actividad 6 El profesor corrigió el párrafo. Escribe algunos de los errores corregidos al lado de su explicación.

> Miley Cyrus es una actriz muy famosa. <u>Ella</u> tiene veinte años; <u>está</u> muy joven. <u>Ella</u> tiene un rostro alargado y
>   *Tiene*   *es*   *Tiene*
> estrecho. <u>Ella</u> tiene piel <u>pálido</u>. Sus ojos son pequeños y almendrados. También sus cejas son finas y separadas.
>   *Tiene la piel pálida.*
> Miley tiene labios delgados y una boca muy pequeña. Su mandíbula es muy prominente. La nariz es redondeada y
> estrecha. <u>Ella</u> tiene <u>un</u> frente amplia y recta. A veces ella <u>están</u> torpe. Cuando Miley <u>este</u> en la <u>carpeta</u> roja,
>   *Tiene la*   *es/está*   *estaba*   *alfombra*
> <u>la</u> dejo caer un grammy y se rompió. <u>Ella</u> es una joven infatigable en el mundo del cine.
> ✗ *dejó*   *Es*

- Si usas el verbo estar en esta oración significa que es vieja, pero está muy bien para su edad. _____
- La concordancia entre sustantivo y adjetivo no es adecuada _____
- No es necesario nombrar el sujeto cuando no existe un contraste o una falta de información _____
- Te refieres a una cosa específicamente _____
- La concordancia del sujeto y el verbo no es adecuada _____
- El tiempo verbal escrito no existe y estás hablando del pasado _____
- La palabra elegida es un falso cognado_____

Actividad 7 En este texto escrito por un estudiante los errores son de concordancia, uso redundante del pronombre sujeto y elección de *ser* y *estar*. Escribe las correcciones debajo de las palabras subrayadas.

Lady Gaga, aunque no la conozco, ~~ella~~ debe de ser bien inteligente y capaz de compartir sus pensamientos en forma
~~ella~~

de canción. *Ella* tiene una cara muy particular en forma. *Ella* tiene características <u>redonda</u>, lo que significa que

<u>está</u> sincera. Ella tiene los labios <u>pequeño</u> lo que significa que <u>ella</u> no es locuaz. Sus cejas son de grosor uniforme

lo que significa que es una <u>pensador</u> de gran alcance. *Ella* también tiene mejillas grandes lo que significa que tiene

el liderazgo. La nariz es <u>ancho</u> y <u>curvado</u> y también se equilibra con las otras características de su cara.

Actividad 8 El texto es comprensible, pero se puede mejorar el estilo de algunas oraciones. Conecta las oraciones o frases mejoradas con las originales. A veces proponemos más de una opción.

Ella tiene una cara muy particular en forma.	Sus mejillas grandes delatan sus características de líder.
Ella tiene características redonda	lo que indica / lo que nos hace pensar / lo que demuestra…
Ella también tiene mejillas grandes lo que significa que tiene el liderazgo.	La forma de su cara es muy particular.
lo que significa (se repite tres veces en el texto)	Las características de su fisonomía son redondeadas.

Actividad 9 Corrige y mejora el estilo de estas tres oraciones.

1. La verdad es patente que la actriz Penélope Cruz es triunfadora y hay no duda que ella es inteligente y tenaz.

   _____

2. La nariz grande es una facción muy relacionable a muchas mujeres.

   _____

3. Él tiene un rostro joven, un ancho grueso y una mandíbula prominente.

   _____

Estrategia de lectura 1: Predecir palabras por el contexto

Cuando leemos un texto no tenemos que comprender todas las palabras. En ocasiones podemos adivinarlas por el contexto. Adivina todas las palabras que se indican en el siguiente texto. Hay varias opciones válidas.

El pachuleo, pachulear, pachuleadamente

En este texto el escritor se ha olvidado algunas palabras y, en su lugar, ha puesto el verbo **pachulear** (palabra que no existe) o los derivados de ese verbo.

Antes de comenzar con el texto, a partir del infinitivo **pachulear** deriva las categorías que se indica. Sigue los ejemplos.

> **Infinitivo**: *pachulear*
>
> **Presente (yo):** pachuleo
>
> **Pretérito (yo):** pachulé
>
> **Sustantivo masculino y femenino:** el pacchule, la pacula
>
> **Adverbio:** pachulemente
>
> **Adjetivo:** *pachuleado*
>
> **Gerundio:** pachuleando

En parejas van a adivinar las palabras que podrían ir en lugar de los "**pachuleos**" (las formas de *pachulear*). ¡OJO! A veces se repiten.

> **Dos amigas se encuentran en la calle después de 10 años sin verse y charlan de los cambios de su vida.**
>
> **Ángela:** Hola, ¿eres Julia? No me lo puedo (1) **pachulear**. ¿Cuánto tiempo hace que no nos vemos, 8 años?
>
> **Julia:** No, 10. Desde que (2) **pachuleamos** la escuela secundaria.
>
> **Ángela:** Bueno, (3) **pachuléame** qué has hecho con tu vida todos estos años. Te veo cambiada.
>
> **Julia:** ¿Lo has notado? Me operé la (4) **pachulea**. ¿Recuerdas la (5) **pachulea** que tenía? Siempre pensaba que la gente se burlaba de mí porque era lo más grande de mi cara. Un (6) **pachuleador** de una clínica muy buena hizo un trabajo estupendo. Le dije que copiara la de Jennifer Aniston, ¿no te la recuerda?
>
> **Ángela:** La verdad, yo no recuerdo que tuvieras una (7) **pachulea** tan grande. Ahora estás muy bien, pero antes también estabas guapa.
>
> **Julia:** A mí me hacía sufrir y sentirme insegura. Así que tomé la decisión y ya está. ¿Y tú? (8). **Pachuléame** de tu vida.

Ángela: Estudié medicina y me estoy especializando en la rama de (9) **pachulea**, concretamente en personas que han tenido accidentes relacionados con el fuego y sufren (10) **pachuleas** graves en la cara. Ahora hay avances científicos que pueden ayudar mucho en técnicas de cirugía de piel.

Julia: Yo estudié (11) **pachulea**, y trabajo en una clínica que ayuda a personas que han sufrido traumas por accidentes.

Ángela: ¡Qué (12) **pachulea**! Podríamos trabajar juntas con las personas accidentadas. Tú les ayudas con su mente y yo con su físico. Bueno, Julia. Estoy encantada de haberte encontrado. Dame tu número de celular y te llamo un día de estos.

Julia: Bueno, pero llámame seguro.

(1) _Creer_   (2) _asistimos s_   (3) _háblame_

(4) _estica_   (5) _nariz_   (6) _cirujano_

(7) _nariz_   (8) _dígame_   (9) _estetica_

(10) _quemaduras_ (11) _medicina_   (12) _loca_

Actividad Vas a leer un artículo periodístico sobre las relaciones humanas.

Antes de leer Haz las siguientes actividades antes de leer el artículo.

1. Marca cuáles de estos comportamientos en tu opinión nos ayudan a comunicarnos mejor con los demás.

- [x] sonreír
- [x] hablar con un tono de voz variado
- [x] ser educados
- [x] escuchar con atención a los demás
- [ ] no discutir nunca con nuestros interlocutores
- [ ] ir bien vestidos

2. Busca estas palabras en el diccionario y escribe su definición. A continuación, escribe una oración con cada una basándote en el significado que encontraste.

poseer   _to have; to possess_

blando   _soft; tender_

portar   _to carry_
          to bear arms

encoger   _to shrink_
          I shrunk the fabric

Lee el siguiente artículo y haz las actividades correspondientes.

Dime cómo te relacionas con los demás y te diré cómo te va en la vida

¿Conoces a alguien que le <u>caiga bien</u> a todo el mundo <u>a pesar de que</u> siempre dice lo que piensa? Además, esta persona transmite la imagen de juiciosa, persuasiva y segura de sí misma, así como de falta de autoritarismo, y se muestra sensible a las opiniones de los demás.

A todos nos gustaría <u>poseer</u> estas cualidades, pero pocas veces tenemos éxito en este objetivo: somos demasiado exigentes o pecamos de <u>blandos</u>. Algunos privilegiados poseen estas habilidades sociales de forma natural, <u>como si las portaran</u> genéticamente, y las aplican sin trabajo. No debemos perder la esperanza porque todos los seres humanos podemos aprender a ser así, o sea, a comunicarnos con éxito.

Sin obviar o infravalorar nuestra personalidad, todos podemos mejorar nuestras relaciones con los demás. Nuestra salud mental depende en gran medida de la forma en la que vivimos las relaciones interpersonales. La convivencia con nuestros semejantes puede ser un placer o convertirse en una pesadilla. Si no tenemos el arte de vivir en sociedad, la buena noticia es que podemos aprenderlo mejorando nuestra integración social, clave para nuestro bienestar emocional.

1. En la oración, "Conoces a alguien que le <u>caiga bien</u> a todo el mundo", el verbo aparece en subjuntivo y no en indicativo porque:
   a) el antecedente es una persona que no conocemos o no existe.
   b) el antecedente es una persona que sí conocemos o sí existe.
   c) es una hipótesis.
   d) es un deseo.

2. ¿Cuál es un conector intercambiable de "<u>a pesar de</u>"?
   a) porque
   b) sin embargo
   c) aunque
   d) a causa de

3. En estas oraciones del texto "A todos nos gustaría <u>poseer</u> estas cualidades", "...somos demasiado exigentes o pecamos de <u>blandos</u>", "... como si las <u>portaran</u> genéticamente...", las palabras subrayadas son las que buscaste en el diccionario antes de leer. Ahora que aparecen en su contexto, compáralas con tus oraciones anteriores. Escribe una oración con **poseer**, **blando** y **portar** para cada una con el contexto de nuestra lectura.

   • _____

   • _____

   • _____

4. En esta oración: "<u>como si las portaran</u> genéticamente, y las aplican sin trabajo", podemos traducir la expresión subrayada por:
a) as if they carried them
b) how they carried them
c) if they carried them
d) as they carried them

Las habilidades sociales que debemos dominar <u>para que los demás nos quieran y nos aprecien</u> son las siguientes:

El lenguaje no verbal

El rostro expresa las seis emociones fundamentales: miedo, rabia, desprecio, alegría, tristeza y sorpresa. Las tres zonas de la cara que representan estas emociones son: la frente con las cejas, los ojos y la zona inferior de la cara. La forma de mirar es el reflejo de nuestras emociones. Las personas que establecen contacto visual se consideran más cercanas a su interlocutor, pero, cuidado, no se puede mirar de manera fija y dominante. Las personas que no miran a los ojos son consideradas tímidas. Nuestro interlocutor creerá más nuestras palabras si lo miramos a los ojos cuando hablamos.

La sonrisa casi siempre implica proximidad, alivia tensiones y facilita la comunicación. Pero si expresa ironía o escepticismo puede manifestar rechazo, indiferencia o incredulidad.

La postura corporal. Los gestos del cuerpo expresan cómo se siente interiormente la persona, dependiendo de cómo sea su manera de sentarse, de caminar… Una persona que <u>encoge los hombros</u> nos transmite escepticismo; si se sienta casi tumbada expresa indiferencia. Si nos situamos cerca de otra persona cuando interactuamos, denotamos proximidad afectiva. Cada gesto <u>que realicemos</u>, tendrá una reacción inconsciente en nuestro interlocutor.

5. ¿Por qué se usa el subjuntivo en la oración subrayada "Las habilidades sociales que debemos dominar <u>para que los demás nos quieran y nos aprecien</u>"?
a) Porque hay una conjunción de tiempo.
b) Porque hay una conjunción de contingencia.
c) Porque hay una conjunción de propósito y dos sujetos, uno en la oración principal y uno diferente en la subordinada.
d) Porque hay un antecedente inexistente en la oración subordinada.

6. En esta oración del texto, "Una persona que <u>encoge los hombros</u>", la palabra <u>encoger</u> la buscaste en el diccionario. Ahora que aparece en su contexto, compárala con tus oraciones anteriores. Escribe otra oración usando este nuevo verbo basándote en el contexto de la lectura.

Shrugs their shoulders

7. ¿Por qué aparece el subjuntivo en esta oración: "Cada gesto <u>que realicemos</u>, tendrá una reacción inconsciente en nuestro interlocutor"?
   a) Es una hipótesis.
   b) Es un deseo.
   c) Es una acción habitual.
   d) Es una acción que se refiere al futuro.

La voz es la música que acompaña a nuestra palabra. Dependiendo de la entonación transmitimos sentimientos como ironía, ira, sorpresa o desinterés. <u>**Es posible que deprimamos**</u> a nuestros amigos si les hablamos con un tono de voz monótono y aburrido. Por el contrario, un tono vivo hace que nos escuchen con atención. Un tono excesivamente alto provoca rechazo en los que nos escuchan. Titubear, repetirse y usar frases hechas dan impresión de inseguridad.

El comportamiento

El arte de convivir con los demás consiste en no quedarse corto y en no pasarse. Es un equilibrio entre ambos extremos, lo que se conoce como asertividad: ser nosotros mismos y resultar convincentes sin incomodar a los demás, al menos no más de lo imprescindible. La persona persuasiva, eficaz en su comunicación y agradable a sus interlocutores puede considerarse asertiva. ¿Pero qué es quedarse corto y qué es pasarse?

Quedarse corto. Si nos mostramos pasivos, no expresamos con libertad nuestras opiniones, pedimos disculpas constantemente, no respetamos nuestras necesidades. Una persona pasiva trata de evitar conflictos, <u>al precio que sea</u>. <u>Quien</u> tiene este comportamiento provoca que la sociedad no le <u>respete</u> y acabará con una carga de frustración excesiva. A sus interlocutores <u>les molesta que el pasivo no muestre sus deseos</u> y necesidades y termina considerándolo una persona molesta.

Pasarse. Si somos agresivos, inadecuados, pisamos los derechos de los demás en defensa de los nuestros, nos estamos pasando. En ocasiones estos excesos suelen consistir en insultos, amenazas, humillaciones y ataques físicos. Otro tipo de abusos son la ironía y el sarcasmo despectivo que pretenden descalificar a nuestros semejantes. Las personas que se pasan <u>quieren que los demás sean sumisos</u>; les niegan la capacidad de defenderse. Estas personas <u>se quedan</u> sin amigos, aunque hayan ganado esclavos.

8. ¿Por qué aparece el subjuntivo en esta oración? "<u>**Es posible que deprimamos**</u> a nuestros amigos si les hablamos con un tono de voz monótono y aburrido."
   a) Expresa una duda.
   b) Expresa un deseo.
   c) Expresa un sentimiento.
   d) Tiene una conjunción de propósito.

9. En la oración, "<u>quien</u> tiene este comportamiento provoca que la sociedad no le respete", podemos traducir <u>quien</u> como
   a) who
   b) whom
   c) whoever
   d) whose

10. Traduce esta oración al inglés: "<u>al precio que sea</u>".

   at the prie that is

11. ¿Por qué aparece el subjuntivo en esta oración: "Quien tiene este comportamiento provoca que la sociedad no le <u>respete</u>"?
   a) Tiene una conjunción de tiempo.
   b) Tiene una conjunción de propósito.
   c) "Provocar" es un verbo de influencia.
   d) Se refiere a un antecedente definido.

12. ¿Por qué aparece el subjuntivo en esta oración: "A sus interlocutores <u>les molesta que el pasivo no muestre sus deseos</u>"?

   deseo

13. ¿Por qué aparece el subjuntivo en esta oración: "Las personas que se pasan <u>quieren que los demás sean sumisos</u>"?
   a) Es una recomendación.
   b) Es un deseo y tiene dos sujetos.
   c) Es una emoción.
   d) Es una reacción.

14. ¿Qué tipo de verbo es "se quedan" y qué expresa en esta oración: "Estas personas <u>se quedan</u> sin amigos"?

   These people are left w/ no friends

15. Escribe otra oración con el verbo "quedarse" con el mismo significado que el ejemplo.

   ¿Quedan asientos para nosotros?

La conducta asertiva es la más hábil socialmente porque implica la expresión abierta de los sentimientos, deseos y derechos pero sin agredir a nadie. Expresa el respeto hacia uno mismo y hacia los demás. Pero aclaremos que <u>ser</u> asertivo no significa la ausencia de conflicto con otras personas, sino el saber gestionar los problemas <u>cuando surgen</u>.

¿Qué podemos hacer para resultar más asertivos? Una serie de comportamientos nos conducirán al éxito en la andadura de la asertividad: cultivar un buen concepto de nosotros mismos, no enojarnos por tonterías, evitar amenazar, pedir disculpas <u>cuando sea</u>

necesario, no gratuitamente, y siempre considerar a los demás escuchando y mostrando interés en opiniones ajenas. Admitir nuestros errores no es una muestra de debilidad; al contrario, es una muestra de humildad. Todos estos comportamientos facilitarán nuestra convivencia y permitirán que los demás nos vean como personas respetables y útiles en la sociedad.

16. En tus propias palabras explica por qué se usa el infinitivo después de **que** en la oración: "Pero aclaremos que ser asertivo no significa...".

Clarifying people in general

17. ¿Por qué se usa el indicativo después de "cuando" en esta oración: "el saber gestionar los problemas cuando surgen"?
    a) Porque se refiere a una acción habitual.
    b) Porque se refiere a una acción en el futuro.
    c) Porque se refiere a una acción en el pasado.
    d) Porque "cuando" se usa siempre con los verbos en presente.

18. ¿Por qué se usa el subjuntivo después de "cuando" en esta oración: "pedir disculpas cuando sea necesario"?
    a) Porque se refiere a una acción habitual.
    b) Porque se refiere a una acción en el futuro.
    c) Porque se refiere a una acción en el pasado.
    d) Porque "cuando" se usa siempre con los verbos en presente de subjuntivo.

19. ¿Por qué se usa el subjuntivo en esta oración: "permitirán que los demás nos vean como personas respetables y útiles en la sociedad"?
    a) Porque es una condición.
    b) Porque se refiere a una acción pendiente.
    c) Porque una entidad quiere influir en otra entidad.
    d) Porque expresa duda.

Después de leer Haz las siguientes actividades basándote en lo que leíste.

¿Cuál es en tu opinión el comportamiento humano más importante para tener éxito en las relaciones sociales? Explica por qué.

Imagina que eres el director de una compañía y estás entrevistando a una persona para un puesto de trabajo. Haz una lista de las características en las que te vas a fijar durante la entrevista. Escribe al menos tres.

Ejemplo: Me voy a fijar si la persona mantiene contacto visual conmigo.

El tema en la literatura

Con mucha frecuencia aparecen descripciones en la literatura. Al hablar de los personajes, se hacen comentarios para que el lector se imagine cómo es esa persona. En las siguientes selecciones de textos literarios vas a leer dos descripciones de personajes. Una obra es de la Edad Media; otra del Romanticismo del siglo XIX. Se te ofrece información sobre los autores y actividades para ayudarte a lograr un buen entendimiento de la lectura.

© Matt Antonino, 2013.
Shutterstock, Inc.

Antes de leer ¿Sabes lo que es un *shrew*? _____ ¿Conoces "The Taming of the Shrew" de Shakespeare? _____ Esta obra de teatro gira en torno al noviazgo entre Petrucchio, un caballero, y Katherine, una mujer muy obstinada y violenta a quien Petrucchio trata de convertir en una novia sumisa.

Shakespeare escribió su comedia alrededor de 1590, pero ya antes, en 1335, había aparecido el libro *El conde Lucanor* que contiene una historia muy similar. El autor, un noble castellano llamado Don Juan Manuel, pretende dar lecciones de la vida en 35 *enxiemplos* o historias que componen su libro. El *enxiemplo* "De lo que aconteció a un mozo que casó con una mujer fuerte y brava" contiene los personajes que anteceden a los de Shakespeare. Abajo leerás una selección de esa historia en que se describe al mozo y a su vecina, la "mujer fuerte y brava".

Lectura (…) En un pueblo había un hombre honrado que tenía un hijo que era muy bueno, pero que no tenía dinero para vivir como él deseaba. Por ello andaba el mancebo (*young man*) muy preocupado, pues tenía querer, pero no el poder.

En aquel mismo pueblo había otro vecino más importante y rico que su padre, que tenía una sola hija, que era muy contraria del mozo, pues todo lo que éste tenía de buen carácter, lo tenía ella de malo, por lo que nadie quería casarse con aquel demonio. Aquel mozo tan bueno vino un día a su padre y le dijo que bien sabía que él no era tan rico que pudiera dejarle con qué vivir decentemente, y que, pues tenía que pasar miserias o irse de allí, había pensado, con su beneplácito (*approval*), buscarse algún partido (*someone to marry*) que le conviniera. Entonces le dijo el mancebo que, si él quería, podría pedirle a aquel honrado vecino su hija. Cuando el padre lo oyó se asombró (*was astounded*) mucho y preguntó que cómo se le había ocurrido una cosa así, que no había nadie que la conociera que, por pobre que fuese, se quisiera casar con ella.

Después de leer

Actividad 1 Elige la mejor respuesta según la información en "Antes de leer" y el contenido de la selección de "Lectura".

1. El autor de *El conde Lucanor*
a. se hacía pasar por conde.
b. pertenecía a la aristocracia.
c. escribió historias personales.

2. Lo que tienen en común *The Taming of the Shrew* y *El conde Lucanor* es que ambas
a. se escribieron en el siglo XVII.
b. tienen como protagonista a una mujer terrible.
c. fueron escritas por hombres de la nobleza.

3. El mozo era un muchacho que
a. quería llevar una vida mejor de la que tenía.
b. estaba enfadado con su padre por no darle dinero.
c. tenía buen carácter porque tenía una novia muy dulce.

4. Al decirle el mozo a su padre que se quería casar con la vecina este
a. se alegró porque sabía que la mujer tenía mucho dinero.
b. fue corriendo a casa del vecino para darle las buenas noticias.
c. se sorprendió mucho de que su hijo quisiera casarse con ella.

5. En este cuento la palabra "brava" significa que la persona es
a. valiente.
b. escandalosa.
c. terrible.

Actividad 2 Imagina cómo sería físicamente la mujer con quien se piensa casar el mozo. En el recuadro de la izquierda, escribe adjetivos que describan sus rasgos físicos y coméntalos con tus compañeros. Luego, en el recuadro de la derecha dibuja a la mujer o pega una imagen del Internet que la represente.

© Ellerslie, 2013. Shutterstock, Inc.

© Ellerslie, 2013. Shutterstock, Inc.

Antes de leer Gustavo Adolfo Bécquer, poeta español, pertenece al Romanticismo tardío. Aunque fue conocido en su época, no fue hasta después de su muerte cuando realmente ganó verdadero prestigio al publicarse muchas de sus obras. Sus *Rimas y leyendas* son una colección de poemas e historias que tuvieron un impacto en la literatura hispana posterior. Murió de tuberculosis en 1870 a los 36 años. En gran parte la fama de Bécquer se debe al pintor Casado del Alisal que tras la muerte de su amigo propuso que se publicaran las obras del poeta. En sus setenta y dos *Rimas* cortas Bécquer ofrece una lírica intimista, sincera, de forma sencilla y facilidad de de estilo.

Lectura

Lira XI

—Yo soy ardiente, yo soy morena,
yo soy el símbolo de la pasión,
de ansia de goces mi alma está llena.
¿A mí me buscas?
                —No es a ti, no.
—Mi frente es pálida, mis trenzas de oro,
puedo brindarte dichas sin fin.
Yo de ternura guardo un tesoro.
¿A mí me llamas?
                —No, no es a ti.
—Yo soy un sueño, un imposible,
vano fantasma de niebla y luz.
Soy incorpórea, soy intangible,
no puedo amarte.
                —¡Oh ven, ven tú!

ansia de goces longing for pleasure

brindarte offer you

niebla fog

Después de leer

Actividad 1   Contesta las preguntas.

1. ¿Cómo describirías a la primera mujer? _____

_____

2. ¿Cómo describirías a la segunda mujer? _____

_____

3. ¿Cómo describirías a la última mujer? _____

_____

4. ¿Por qué crees que la voz poética prefiere a la última? _____

_____

5. Un rasgo del Romanticismo es la preferencia de muchos de los escritores por amores difíciles o imposibles. ¿Cómo relacionarías el poema de Bécquer con el Romanticismo? Explica.

_____

_____

_____

6. Uno de los escritores más famosos del Romanticismo en Estados Unidos es Edgar Allan Poe. En 1849 escribió su último poema "Annabel Lee". Ve al Internet, lee el poema y escribe un breve resumen abajo. ¿Crees que Poe y Bécquer podrían ser almas gemelas?

_____

_____

_____

_____

| Actividad 2 | **La poesía: Rima**. Encontrar la rima de los versos (*lines*) en español es muy sencillo. Simplemente se toma en cuenta desde la sílaba tónica (fuerte) de la última palabra del verso.

A. Lee el poema de Bécquer en voz alta. Luego vuélvelo a leer fijándote en las sílabas subrayadas. (Ojo: En este poema los versos 4 y 5, 9 y 10 se leen como un solo verso para la rima.)

B. Ahora, usando la primera estrofa (*strophe*) como ejemplo, completa la rima de las dos siguientes. Debes usar letras consecutivas para indicar la rima. Al pie de la página, tienes el esquema de la rima de todo el poema.

		Rima
Verso	—Yo soy ardiente, yo soy mor**ena**,	A
	yo soy el símbolo de la pasi**ón**,	B
	de ansia de goces mi alma está ll**ena**.	A
	¿A mí me buscas?	
5	—No es a ti, n**o**.	B
	—Mi frente es pálida, mis trenzas de **oro**,	_c_
	puedo brindarte dichas sin f**in**.	___
	Yo de ternura guardo un tes**oro**.	___
	¿A mí me llamas?	
10	—No, no es a t**i**.	___
	—Yo soy un sueño, un impos**ible**,	___
	vano fantasma de niebla y l**uz.**	___
	Soy incorpórea, soy intang**ible**,	___
	no puedo amarte.	
	—¡Oh ven, ven t**ú**!	___

Rima por estrofas: A B A B / C D C D / E F E F

Capítulo 1: Dime cómo eres

El lenguaje vivo: Atenuadores del discurso

A veces, para hablar, necesitamos usar estrategias para suavizar nuestras palabras y no ofender. Los atenuadores del discurso son palabras o estructuras que se usan para minimizar la connotación negativa de una palabra. Ejemplos: "*No es muy alta*" en lugar de "*Es baja*" es como "*She's not the tallest person*" en vez de "*She's really short*". Hay varios tipos de atenuadores, por ejemplo:

a) Una palabra que se emplea en vez de otra que tiene una connotación dura o inapropiada socialmente. "*Me cachis*" o "*Chihuahua*" son como "*Oh, fudge*", o decir "*Es una persona mayor*" en vez de "*Es viejo*".

b) Diminutivos (*-ito, -ita*). Cuando hay un examen, para no asustar tu instructor te dice que vas a tener "*una pruebita*".

c) "*No*" + verbo + "*mucho*". "*No trabaja mucho*" en vez de "*Es perezoso*".

d) Verbo + un poco + adjetivo. "*Es un poco lento*" en vez de "*Es lento*".

e) "*No*" + *ser* + "*muy*". "*No es muy grave*" en vez de "*Es grave*".

Mira esta foto. En vez de "Mi novia es perezosa", escribe tres expresiones para suavizar esta oración.

1. _____

_____

2. _____

_____

3. _____

_____

Actividad 1 Vas a escuchar una conversación en la que aparecen palabras u oraciones con connotaciones negativas. Toma nota de ellas.

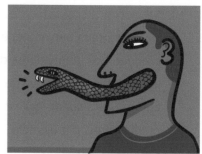

1._____

2._____

3._____

4._____

5._____

6._____

Actividad 2 En parejas atenúen las oraciones o palabras con los recursos que hemos estudiado. En la última línea escribe alguna palabra u oración que tú conozcas que sea "negativa".

1._____

2._____

3._____

4._____

5._____

6._____

7._____

Conferencia

Imagínate que estás en un coloquio sobre los condicionantes del aspecto físico en la vida moderna. Mientras escuchas una de las conferencias, toma apuntes. Después, en tus propias palabras, escribe un resumen de la información más importante.

Apuntes:

¡A investigar!

Ve al Internet, busca cuáles son las cirugías más populares para las personas de los EEUU. Mira la edad, el nivel social y cultural y el sexo de las personas que se operan y escríbelo en la agenda de abajo. Esos datos te servirán para nuestro debate final.

Cirugías más populares:

Edad:

Nivel social:

Sexo:

Mejorando el discurso: Marcadores del discurso

Actividad 1 A) Lee las siguientes expresiones para opinar en español.

Opinión	Opinión	Opinión
A mí me parece que...	En mi opinión...	Yo creo que...
Opinión	Opinión	Opinión
Pienso que...	Mi opinión es que...	Opino que...

B) En parejas expresen una opinión usando las estructuras de la tabla. Sean rápidos.

Ejemplo: Estudiante 1) *¿Qué piensas de hacerse la cirugía solo para parecer más joven?*
Estudiante 2) *A mí me parece que es una locura.*

Verbo en **indicativo**

- ¿Qué opinas sobre la morfopsicología, es una teoría seria o una tontería?
- ¿Las personas extravertidas tienen más éxito en el trabajo o solo en la vida social?
- ¿Crees que todos los españoles duermen la siesta normalmente o es un estereotipo?
- ¿Es verdad que a todos los texanos les gusta el rodeo o es un estereotipo?

Actividad 2 A) Lee las expresiones para expresar desacuerdo.

Desacuerdo	Desacuerdo
Yo no creo que + subj.	A mí no me parece que + subj.
Desacuerdo	Desacuerdo
No estoy de acuerdo contigo.	Yo no creo que tengas razón.
Desacuerdo	Desacuerdo
Yo no estoy de acuerdo con lo que dices.	Estoy totalmente en contra de lo que dices.

B) En parejas una persona expresa las siguientes afirmaciones y la otra persona expresa desacuerdo. Háganlo rápido y usen todas las expresiones posibles.

Ejemplo: Estudiante 1) *Todos los argentinos bailan el tango.*
Estudiante 2) *Yo no creo que todos bailen el tango.*

Verbo en **subjuntivo**

- La mayoría de los mexicanos saben cantar canciones de mariachis.
- En muchos países las chicas reciben de regalo en su cumpleaños una operación de estética.
- Los personas extravertidas tienen más éxito socialmente.
- Las niños deben jugar con autos y las niñas con muñecas.
- Los hombres gastan más en cirugía que las mujeres.

Actividad 3 A) Lee las expresiones que expresan acuerdo.

Acuerdo **Estoy de acuerdo contigo.**	Acuerdo **Es verdad.**
Acuerdo **Tienes razón**	Acuerdo **Estoy completamente de acuerdo contigo.**

B) En parejas muestren acuerdo con estas opiniones.

Ejemplo: Estudiante 1) *Los estereotipos conducen a malentendidos.*

Estudiante 2) *Estoy completamente de acuerdo contigo.*

- Todas las personas que se operan deben pasar un test psicológico.
- Antes de viajar a un país debemos informarnos de su cultura.
- La belleza es un concepto subjetivo.
- Todas las personas son bellas.

Actividad 4 A) Lee las instrucciones para interrumpir.

Interrumpir **Perdona que te interrumpa, pero...**	Interrumpir **Perdona por interrumpirte, pero...**
Interrumpir **Te interrumpo un segundo para decir...**	Interrumpir **Perdona, pero...**

B) En parejas una persona empieza a hablar y la otra la interrumpe.

Ejemplo: Estudiante 1) *Yo creo que en algunos países las personas están obsesionadas con su aspecto físico...*

Estudiante 2) *Perdona que te interrumpa, pero...*

- Todas las personas que se operan deben pasar un test psicológico.
- Antes de viajar a un país debemos informarnos de su cultura.
- La belleza es un concepto subjetivo.
- Todas las personas son bellas.

Actividad 5 A) A veces quieres pensar o no sabes bien qué responder. Lee las estructuras que se usan en esas ocasiones.

Pensar antes de responder **Bueno, pues...**	Pensar antes de responder **Es una buena pregunta...**
Pensar antes de responder **Ummm, muy interesante...**	Pensar antes de responder **Déjame pensar, no lo tengo muy claro.**
Pensar antes de responder **Qué bueno que me preguntes...**	Pensar antes de responder **Vamos a ver...**

No tener una opinión muy clara	No tener una opinión muy clara
Pues, no sé, la verdad.	**La verdad es que no lo tengo muy claro.**
No tener una opinión muy clara	No tener una opinión muy clara
Creo que es un tema muy complejo.	**Creo que es una mezcla de todo.**
No tener una opinión muy clara	No tener una opinión muy clara
Depende.	**Depende de muchas cosas.**

B) Practica las estructuras con tu compañero. Uno hace preguntas y el otro responde con las expresiones de las tablas.

> *Ejemplo:* Estudiante 1) *¿Qué opinas de la morfopsicología?*
> Estudiante 2) ***Pues no sé ,la verdad,*** *pero* ***qué bueno que me preguntes*** *porque después de lo que hemos aprendido* ***yo creo que*** *tiene su fundamento.*

- ¿Qué opinas de los estereotipos?
- ¿Crees que todas las personas son bellas?
- ¿Qué te parece que haya viajes de turismo de cirugía?
- ¿Qué opinas de la gente que cambia de personalidad cuando tiene mucho dinero?

Actividad 6

Lo + adjetivo

Cuando queremos destacar una característica de otra, podemos usar el pronombre LO+ADJETIVO. Equivale a "the good thing...", "the bad thing..." No debes decir "la cosa buena", "la cosa mala", sino "lo bueno...", "lo malo".

Ejemplo: Lo malo de operarse es la recuperación. Es muy lenta.

Haz frases como el ejemplo anterior:

1. Interesante: ___lo bueno___ de los estereotipos es saber lo que la gente piensa de otros lugares.

2. Arriesgado: ___lo malo___ de operarse es que no salga bien.

3. Bonito: ___lo bueno___ de las personas es aceptarse como son.

4. Estereotipado: ___lo malo___ de los países puede crear malentendidos.

5. Mejor: ___lo bueno___ de operarse es el aumento de autoestima.

Actividad 7 Vas a ver un fragmento de video en el que se desarrolla un debate. Responde las preguntas.

© AlexRoz, 2013. Shutterstock, Inc.

1. ¿Dónde están las personas?

_____

2. ¿Qué tipo de interactuación se produce entre ellas, formal o informal?

_____

3. Fíjate en los gestos, la velocidad del habla, la ropa que llevan y toma notas.

_____

_____

4. Anota las expresiones que escuches relacionadas con opiniones, acuerdo y desacuerdo.

_____

5. ¿Interrumpen a sus interlocutores? ¿Cómo lo hacen? Anota una expresión que escuches.

_____

6. Escribe las diferencias que encuentres entre un debate en tu lengua y un debate en español. Fíjate especialmente en todos los elementos no verbales.

Debate en español	Debate en inglés

7. ¿Cuál es el tema del debate y con qué posición te identificas más?

_____

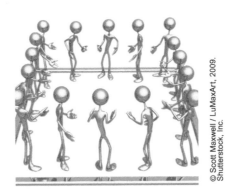

© Scott Maxwell / LuMaxArt, 2009.
Shutterstock, Inc.

UN DEBATE

Vuelve a leer el texto "La cirugía estética: ¿Tortura, obsesión o una forma de mejorar nuestra autoestima y nuestra vida?" sobre la cirugía y después responde a estas preguntas tú solo. En grupos van a compartir sus opiniones en un debate. Para ello necesitan ser objetivos y tener datos que apoyen sus ideas. No se olviden de usar las expresiones que han aprendido en la sección de "Mejorando el discurso".

1. ¿Qué opinas de la cirugía estética?

2. Según tu opinión, ¿cuáles son las razones por las que la gente se opera?

3. ¿Las personas que desean una operación de cirugía deberían pasar un test psicológico?

4. ¿Crees que el gobierno debería proteger a las mujeres para que no sufran presión psicológica sobre su aspecto físico? Si piensas que sí, ¿qué podría hacer?

5. ¿Te operarías solo para estar más guapo/a o para parecerte a tu estrella favorita? ¿Operarse realmente mejora nuestra estima?

6. De los famosos operados, nombra dos que crees que tuvieron buenos resultados y nombra otros dos que crees que ahora están peor que antes de operarse.

7. ¿Vivimos bajo la dictadura del aspecto? Los guapos, ¿tienen más suerte en la vida que los menos guapos?

En preparación para el debate y para organizar tus ideas, completa esta tabla. No olvides de usar tu información de "¡A investigar!".

Pregunta	Mi opinión	Datos / Razones de apoyo
1		
2		
3		
4		
5		
6		
7		

Tarjetas para recortar

Tarjetas de opinión

Opinión	Opinión	Opinión
A mí me parece que...	En mi opinión...	Yo creo que...
Opinión	Opinión	Opinión
Pienso que...	Mi opinión es que...	Opino que...

Acuerdo

Acuerdo	Acuerdo
Estoy de acuerdo contigo.	Es verdad.
Acuerdo	Acuerdo
Tienes razón.	Estoy completamente de acuerdo contigo.

Desacuerdo

Desacuerdo	Desacuerdo
Yo no creo que + subj.	A mí no me parece que + subj.
Desacuerdo	Desacuerdo
No estoy de acuerdo contigo.	Yo no creo que tengas razón.
Desacuerdo	Desacuerdo
Yo no estoy de acuerdo con lo que dices.	Estoy totalmente en contra de lo que dices.

Interrumpir

Interrumpir	Interrumpir
Perdona que te interrumpa, pero…	Perdona por interrumpirte, pero…

Pensar antes de responder

Pensar antes de responder	Pensar antes de responder
Bueno, pues…	Es una buena pregunta…
Pensar antes de responder	Pensar antes de responder
Ummm, muy interesante…	Vamos a ver…

No tener una opinión muy clara

No tener una opinión muy clara	No tener una opinión muy clara
Pues, no sé, la verdad.	La verdad es que no lo tengo muy claro.
No tener una opinión muy clara	No tener una opinión muy clara
Creo que es un tema muy complejo.	Depende (de muchas cosas).

Pedir la opinión a otra persona

Pedir la opinión a otra persona	Pedir la opinión a otra persona
¿Y a ti qué te parece?	¿Tú qué piensas?
Pedir la opinión a otra persona	Pedir la opinión a otra persona
¿Cuál es tu opinión?	¿Cuál es tu opinión sobre este tema?
Pedir la opinión a otra persona	Pedir la opinión a otra persona
Me gustaría escuchar tu opinión	Me gustaría escuchar lo que piensas.

Capítulo 1: Grammar at a Glance

Ser y estar

Both *ser* and *estar* can be translated as "to be." However, they are not equal, since each verb is used in particular contexts.

"SER" Below are the conjugations for "ser".

present	preterite	imperfect	present perfect	future	present subjunctive
soy	fui	era	he sido	seré	sea
eres	fuiste	eras	has sido	serás	seas
es	fue	era	ha sido	será	sea
somos	fuimos	éramos	hemos sido	seremos	seamos
sois	fuisteis	erais	habéis sido	seréis	seáis
son	fueron	eran	han sido	serán	sean

USOS DE "SER"

1.	objective description according to the speaker	*El muchacho es alto y delgado.*
2.	place of origin	*Soy de Bolivia.*
3.	nationality	*Somos norteamericanos.*
4.	occupation	*Es diseñador de ropa.*
5.	definition	*Es una máquina de ahorrar energía.*
6.	possession	*No es mío; es de mi padre.*
7.	the hour, day, and date	*Son las seis de la tarde.*
8.	where an event is taking place	*El concierto será en el centro cultural.*
9.	when a noun follows the verb	*Tu regalo es una canasta de frutas.*
10.	what something is made of	*La mesa es de hierro y cristal.*
11.	identity	*Es mi primo, el mejor jugador.*

"ESTAR" Below are the conjugations for "estar".

present	preterite	imperfect	present perfect	future	present subjunctive
estoy	estuve	estaba	he estado	estaré	esté
estás	estuviste	estabas	has estado	estarás	estés
está	estuvo	estaba	ha estado	estará	esté
estamos	estuvimos	estábamos	hemos estado	estaremos	estemos
estáis	estuvisteis	estabais	habéis estado	estaréis	estéis
están	estuvieron	estaban	han estado	estarán	estén

USOS DE "ESTAR"

1.	location	*La catedral está al final de la calle.*
2.	progressive tenses	*Estoy escribiendo muy rápido.*
3.	state or condition	*Hoy estoy cansada y triste.*
4.	subjective description according to the speaker	*Ayer estaba muy animada.*
5.	temporary profession	*Estoy de camarero para pagar mis estudios.*

Ser y estar con adjetivos

"To be" in English is used to talk about the **essence** of something (what it is) and its **condition** (how it is). Use *ser* to talk about <u>what</u> something is; use *estar* to talk about <u>how</u> something is. Using *ser* or *estar* can essentially change the meaning of the adjective.

Las peras **son** verdes.	*Pears are green. (That's their color.)*
Las peras **están** verdes.	*The pears are green. (They aren't ripe.)*
Carlos **es** impaciente.	*Carlos is impatient. (He's impatient, by nature.)*
Carlos **está** impaciente.	*Carlos is impatient. (He's anxious about something.)*

Colocación de adjetivos

DESPUÉS DEL SUSTANTIVO

Adjectives that follow the noun normally distinguish the object we speak of from other objects. **Certain adjectives can only go after the noun**:

color	*Me gusta tu chaqueta roja.*
form	*Compré una mesa ovalada.*
state	*Lo dejó en una caja abierta.*
tipo	*Es una clínica internacional.*

ANTES DEL SUSTANTIVO

Adjectives that go in front of the noun usually highlight a quality of an object, but not to distinguish it from other objects. **Adjectives that indicate a quality, quantity, or the order in a series are placed before the noun.**

quality	*Es mi mejor amigo.*
quantity	*Ayer gasté cuarenta dólares en libros.*
order	*Fue la última vez que lo vi.*

Lo + adjetivo

To say 'the nice thing is ...', 'the sad thing is ...', etc., you can use *lo* followed by a masculine singular adjective.

Lo importante es llegar a tiempo.	*What's important is to arrive on time.*

Verbos de cambio

There is no single verb in Spanish that can be used to translate "to become." The choice of verb will usually depend on the sort of change that occurs, for instance involuntary or unexpected. Spanish verbs of becoming may not be interchangeable even when they have the same English translation.

<u>Se hizo</u> famoso con esa canción.	*That song made him famous.*
Eventualmente <u>llegó a ser</u> famoso.	*Eventually he became famous.*
<u>Se puso</u> triste.	*He became sad.*
<u>Se volvió</u> loco.	*He went crazy.*
<u>Se convirtió</u> en hombre lobo.	*He turned into a werewolf.*
<u>Se quedó</u> sin un centavo.	*He ended up broke.*

Capítulo 1: Vocabulary at a Glance

Las apariencias y la personalidad

SUSTANTIVOS
la barbilla	chin
la ceja	eyebrow
las facciones	features
la frente	forehead
la morfopsicología	morphopsychology
la mandíbula	jaw
el pecho	breast
el pómulo	cheekbone
el rostro	face
el /la triunfador/a	winner
la voluntad	willpower

VERBOS
delatar	to give away, to snitch
desenvolverse	to interact, to come across
disfrutar	to enjoy
enrojecerse	to blush
parecer	to seem
soportar	to bear

ADJETIVOS
abombado/a	convex
afectivo/a	affective
alargado/a	elongated
almendrado/a	almond-shaped
amplio/a	ample
ancho/a	wide
calvo/a	bald
canoso/a	gray-haired
celoso/a	jealous
carnoso/a	fleshy
comodón/a	lazy
cuadrado/a	square
curvado/a	curved
débil	weak
despejado/a	open
emprendedor/a	enterprising
hundido/a	sunken
infatigable	tireless
ingenuo/a	naïve
marcado/a	marked
moreno/a	dark
pálido/a	pale
perezoso	lazy
poblado/a	thick (eyebrows)
prominente	prominent
próximo/a	near; next
puntiagudo/a	pointed
recto/a	straight
redondeado/a	rounded
retraído/a	thin (face); introverted
rizado/a	curly
rosado/a	rosy (complexion); pink
saltón/a	bulging (eyes)
separado/a	wide-set
sincero/a	sincere
solitario/a	solitary (a "loner")
tenaz	tenacious
torpe	clumsy

Los estereotipos

ADJETIVOS
despierto/a	awake, alert
exigente	demanding
interesado/a	interested, selfish
listo/a	ready, clever
orgulloso/a	proud
vivo/a	alive, astute
xenófobo/a	xenophobic

SUSTANTIVOS
la cercanía	proximity
las costumbres	customs
la creencia	belief
la visión (limitada)	perspective (limited)

VERBOS
deprimir	to depress
derribar	to tear down (destroy)
madurar	to mature
prejuzgar	to prejudge

La belleza y la autoestima

SUSTANTIVOS
el bisturí	scalpel
la cirugía	surgery
la dictadura	dictatorship
la farándula	show biz
el milagro	miracle
el mundo	world
el rasgo	trait
el/la seguidor/a	follower
el tejido	tissue

ADJETIVOS
estético/a	aesthetic
físico/a	physical
patente	evident

VERBOS
animar	to encourage
convertirse en	to become
corregirse	to correct
destacar	to emphasize
hacerse	to become
llegar a ser	to become
mejorar	to improve
ponerse	to become
prevenir	to prevent
quedarse	to become
rellenar	to fill
retirar	to remove
volverse	to become

ADVERBIOS
actualmente	currently

Palabras y expresiones útiles

PARA EXPRESAR DESACUERDO
discrepar	to disagree
estoy totalmente en contra	I'm completely against
no digo que	I'm not saying that
no estoy de acuerdo	I don't agree
no me parece	I don't think

PARA EXPRESAR ACUERDO
estoy de acuerdo	I agree
es verdad	it's true
tiene razón	you're right

PARA INTERRUMPIR
interrumpo un segundo para	allow me to interrupt
no es que	it's not that
perdona	forgive me
siento	I regret

PARA PENSAR ANTES DE HABLAR
bueno, pues	well, then
depende de	that depends on
es una buena pregunta	that's a good question
la verdad	to be honest
no lo tengo muy claro	I'm not real sure
vamos a ver	let's see

Mis propias palabras

_____   _____

_____   _____

_____   _____

_____   _____

La máquina del tiempo

© Ladislav Biha-ri, 2009. Shutterstock, Inc.

acontecimientos   logros sociales   ritos   costumbres

"Historia es, desde luego, exactamente lo que se escribió,
pero ignoramos si es exactamente lo que sucedió."
Enrique Jardiel Poncela (dramaturgo español)

Codo a codo con el contenido:

En este capítulo vamos a considerar los acontecimientos que marcaron la historia y los logros sociales que han convertido el mundo en lo que es. Asimismo, conoceremos algunos ritos y costumbres que perviven hasta la actualidad. Para ello vamos a usar:

- los pasados simples
- los pasados compuestos
- la voz pasiva y la pasiva refleja

También seremos capaces de:

- reconocer algunos arcaísmos
- conectar adecuadamente nuestras ideas y ordenar cronológicamente

Nuestra tarea final: UN REPORTAJE

En este capítulo vamos a viajar a través del tiempo. Vamos a conocer y relatar algunos acontecimientos o decisiones que fueron decisivos para la historia del mundo: muchos de ellos positivos; otros no tan positivos. En este ejercicio vamos a jugar con las sensaciones. Vamos a asociar música, color y formas geométricas a los siguientes hechos históricos. Después, vamos a intercambiar nuestras sensaciones con nuestros compañeros.

A) En inglés o español, en parejas comenten lo que saben de estos hechos.

☐ El encuentro de dos culturas en el siglo XV: los indígenas y los europeos
☐ La abolición de la esclavitud
☐ El derecho al sufragio universal
☐ La prohibición del trabajo infantil
☐ Independizarse de los países colonizadores

© Petr Vaclavek, 2009. Shutterstock, Inc.

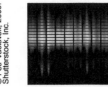
© italianestro, 2009. Shutterstock, Inc.

© keyplacement, 2009. Shutterstock, Inc.

© Hywit Dimyadi, 2009. Shutterstock, Inc.

B) Van a cerrar los ojos y escuchar una música que van a asociar con cada hecho.

Música	Acontecimiento	Color	Figura geométrica: triángulo, óvalo, cuadrado, círculo, rombo, cubo
Música 1			
Música 2			
Música 3			
Música 4			
Música 5			

C) Intercambia las sensaciones con tu compañero. Por ejemplo:

-Yo asocié la música 1 a la abolición de la esclavitud. Además puse el color blanco y un círculo porque para mí representa paz, libertad y respeto humano. ¿Y tú?

- Yo la música número 1 la asocié al sufragio universal. Vi el amarillo y un cubo porque lo incluye todo.

Abriendo el tema

Actividad ¿Qué sabes de la historia? Abajo hay dos tablas. En parejas van a hacerse las preguntas para conseguir las respuestas que completan su tabla. No olvides conjugar los verbos entre paréntesis en pretérito.

Estudiante A

¿Quién (ser) la primera mujer elegida presidenta en Latinoamérica? *¿Quién fue la primera mujer elegida presidenta en Latinoamérica?*	(Ser) Violeta Chamorro en Nicaragua en 1990 *Fue Violeta Chamorro en Nicaragua en 1990.*
¿En que año se (elegir) en México al primer presidente de origen indígena?	
¿Qué colonias caribeñas (conseguir) la independencia de España en 1898?	Puerto Rico y Cuba
¿En que año (llegar) los árabes a la península ibérica?	
¿Cuántos viajes (hacer) Colón a América en toda su vida?	4 en un intervalo de 10 años en total
¿Qué documento se (firmar) en 1989 en la ONU?	
¿En qué año se (abolir) el apartheid en Sudáfrica?	En 1991 y también Nelson Mandela (ser liberado).

Estudiante B

¿Quién (ser) la primera mujer elegida presidenta en Latinoamérica? *¿Quién fue la primera mujer elegida presidenta en Latinoamérica?*	*Fue Violeta Chamorro en Nicaragua en 1990.*
¿En que año se (elegir) en México al primer presidente de origen indígena?	En 1858
¿Qué colonias caribeñas (conseguir) la independencia de España en 1898?	
¿En que año (llegar) los árabes a la península ibérica?	En el 711
¿Cuántos viajes (hacer) Colón a América en toda su vida?	
¿Qué documento se (firmar) en 1989 en la ONU?	La Convención sobre los Derechos del Niño
¿En qué año se (abolir) el apartheid en Sudáfrica?	

Entrando en materia: Acontecimientos que marcaron el mundo

Actividad 1 Has llegado a tu casa y te has encontrado una extraña máquina que dice que puedes viajar donde tú quieras hacia el pasado. Tiene muchos botones. Tú no sabes cuál tocar. Te pones nervioso y tocas 3 veces. Después de tocar, aparecen estos tres textos. La máquina te pide que adivines qué acontecimiento trata cada texto. Pide ayuda a tu amigo y entre los dos decidan cuáles son los que has pulsado en la máquina.

© Perov Stanislav, 2009.
Shutterstock, Inc.

Antes de leer Para entender los textos debes conocer algunas palabras que quizás son nuevas para ti. Conecta la palabra con su definición.

Texto 1

_____1. acercarse   **a**. salir de un barco
_____2. amanecer   **b**. adivinar
_____3. desembarcar   **c**. daños en una parte del cuerpo
_____4. rogar   **d**. pedir o rezar
_____5. naturales   **e**. esclavos
_____6. deducir   **f**. tener similitudes con algo o alguien
_____7. parecer   **g**. parte del día en que sale el sol
_____8. cola   **h**. prisioneros
_____9. azagayas   **i**. personas originarias de un lugar
_____10. heridas   **j**. ponerse cerca de algo o alguien
_____11. cautivos   **k**. un tipo de arma primitiva
_____12. siervos   **l**. parte posterior de un animal;
                                      continuación de la columna

Texto 2

_____1. mulos   **a**. muy nuevo
_____2. a nado   **b**. casi no
_____3. harapos   **c**. comidas de los militares
_____4. impecable   **d**. nadando
_____5. agotarse   **e**. parásitos que están dentro de la piel
_____6. apenas   **f**. ropas muy viejas
_____7. ranchos   **g**. animales entre caballo y burro
_____8. repugnantes   **h**. explotar
_____9. piojos   **i**. muy desagradables
_____10. gusanillos   **j**. terminarse completamente
_____11. desarraigar   **k**. arrancar, sacar de la piel
_____12. reventar   **l**. objeto de acero para pinchar
_____13. alfiler   **m**. animales que viven en el pelo y pican

78   *Capítulo 2: La máquina del tiempo*

Lectura Lee los tres textos y adivina el acontecimiento que se trata.

Texto 1

El capitán **se acercó** a tierra al **amanecer** de un día de octubre buscando un lugar para **desembarcar**. Fue aproximándose a una isla en su lado occidental. Allí encontró un lugar adecuado junto a un poblado. Era cerca del mediodía. Pidió la barca con armas y **rogó** a los otros capitanes que le acompañaran. Cuando llegaron a tierra, tomó posesión de ella en nombre de los Reyes Católicos. Luego españoles y **naturales** se miraron con muestras de asombro y empezó un absurdo diálogo (cada cual en su lengua), del que **dedujeron** que estaban en una isla llamada Guanahaní ("isla de la iguana"). La bautizaron como San Salvador y parece (todavía no lo sabemos con exactitud) que es la misma que los ingleses nombraron luego "Watling", una de las Lucayas. Las personas naturales de aquella isla no **parecían** indios, ni chinos, ni japoneses. Iban desnudos "como su madre los parió"; con estas palabras aparece en el Diario de a bordo. Los miraron y remiraron y concluyeron que eran "de la color de los canarios, ni negros, ni blancos", y observaron que eran "de muy hermosos cuerpos y muy buenas caras. Los cabellos (tienen) cortos, casi como sedas de **cola** de caballos". Les sorprendió mucho su pobreza, pues iban a un país riquísimo y encontraron unos indios pobrísimos que solo parecían tener algodón, papagayos y **azagayas**. No sabían nada de armas. Dedujeron que probablemente estaban en alguna isla del continente asiático. Al comprobar que algunos indios tenían señales de **heridas** escribió: "y creo que aquí vienen de tierra firme a tomarlos por **cautivos**". En cualquier caso, el capitán pensó que los indios resultarían buenos **siervos** y podrían convertirse fácilmente al catolicismo, ya que estaba seguro de que no tenían ninguna religión.

ACONTECIMIENTO: _____

Texto 2

Desde las 10 de la mañana hasta las 6 de la tarde 6.000 hombres del Ejército norteamericano desembarcaron en Cuba.

El desembarco se hizo de forma muy lenta por falta de medios adecuados, y tuvieron que echar a los **mulos** y caballos al agua para que ganasen la costa **a nado**. Cuando los primeros norteamericanos llegaron a tierra, se encontraron con las fuerzas de Demetrio Castillo que ya habían tomado la plaza. Ambos ejércitos, el cubano con **harapos** y el estadounidense de **impecable** uniforme, se miraron con asombro.

Un soldado español ejerció de reportero ofreciendo el siguiente relato: «Transcurrieron más de cuatro semanas, durante las cuales se **agotaron** casi totalmente las subsistencias. Nuestra alimentación se componía de un poco de café aguado por las mañanas, que **apenas** sabía a café, y los dos **ranchos**, consistentes en arroz blanco, cocido con agua, sin grasa alguna y sin sal. A veces nos daban una mazorca cruda o bien cocida entre el arroz... abundaba la miseria... Bastaba meter la mano por entre el cuello abierto de la camisa para sacar uno de esos **repugnantes piojos** de entre las uñas... otro de los martirios parasitarios, a consecuencia de estar constantemente tirados por los suelos. Se trataba de una especie de **gusanillos** diminutos que se introducían entre las uñas de los pies, formando bolsas, que nos producían gran dolor y **apenas** nos dejaban andar, difíciles de **desarraigar**, a pesar de **reventarlas** frecuentemente con un **alfiler**».

El Ejército español, enfermo y con hambre fue derrotado, perdiendo así los dos últimos países que permanecían bajo su dominio.

ACONTECIMIENTO: _____

Texto 3

Martin Luther King, Jr., tuvo un sueño que se hizo realidad: un país para todos, blancos, negros, y, por agregar, latinos.

Fue un hecho histórico. 145 años después de la abolición de la esclavitud, por primera vez una persona de raza negra controla el destino de un país donde el racismo fue una presencia muy fuerte en otras décadas.

El triunfo del presidente, hijo de un padre negro, proveniente de Kenia, y de una madre blanca, de Kansas, marcó un hito en la historia de los Estados Unidos. La victoria se produjo 45 años después del nacimiento del movimiento por los derechos civiles liderado por Martin Luther King, Jr., a partir del cual las personas de raza negra pudieron realizar hechos cotidianos tan simples que les tenían prohibido realizar, como viajar en ómnibus en los mismos sitios de los blancos, ir a los mismos baños de los blancos, o conseguir que los niños de raza negra pudieran educarse en los colegios de los blancos.

Este éxito será muy beneficioso para otras zonas del mundo en donde el racismo todavía es un mal de la sociedad.

La victoria del senador demócrata se produjo con 338 votos de los colegios electorales, aunque solo se necesitaban 270 para asegurar el triunfo.

Después de recibir las felicitaciones del ex-presidente y de su oponente republicano, John McCain, el nuevo líder pronunció un emotivo discurso en el parque Grant de Chicago, donde 65.000 seguidores esperaron hasta la medianoche para escuchar a su nuevo jefe del estado.

El nuevo presidente recibió un país con dos guerras en marcha: en Iraq y en Afganistán, además de una severa crisis financiera.

Según una joven entrevistada: "Los jóvenes que queremos vivir en un mundo sin discriminaciones, nos alegramos y deseamos que el nuevo presidente de la nación más influyente del mundo cumpla con sus promesas de recuperar la paz y ayudar a las naciones más necesitadas".

ACONTECIMIENTO: _____

¿A cuál de los tres acontecimientos quieres viajar?

_____

Si la máquina te ofreciera viajar al pasado a la época que quisieras, ¿cuál elegirías?

_____

¿Por qué elegiste ese momento?

_____

Después de leer Imagina que viviste el acontecimiento elegido. Con los datos que tienes y un poco de tu imaginación, completa esta tabla.

¿Qué pasó?	
¿Dónde pasó?	
¿Qué personas estaban?	
¿Qué pensaban?	
¿Cómo terminó todo?	
¿Por qué fue importante para la historia?	

Actividad 2 Desafortunadamente la máquina se desprogramó. Ayúdala a poner estas palabras en el lugar correcto.

se acercaban - desembarcar - impecable - a nado - amanecer - parecían - siervos - se agotaron

1. Los soldados españoles perdieron la guerra, entre otras cosas, porque
   _____ las provisiones.

2. Colón pensó que los indios serían buenos _____.

3. Después de _____, los americanos vieron a un ejército
   sucio y con ropa vieja y miserable.

4. Los animales de los militares tuvieron que pasar _____ hasta
   la isla.

5. Los indios no _____ ricos como había pensado Colón.

6. Cuando _____ a tierra, los marineros pensaron que estaban
   en la India.

7. Al _____ del 12 de octubre los hombres de la nave vieron
   tierra.

8. El uniforme de los soldados americanos estaba _____.

¡Gramaticando! Pretérito e imperfecto

Paso 1. Descubriendo la gramática...

Actividad 1 Un testigo ha escrito estas informaciones de los tres acontecimientos históricos. Escribe al lado de cada información la letra del hecho al que pertenece.

a) el descubrimiento del Nuevo Mundo
b) la Guerra Hispano-Estadounidense
c) el primer presidente afro-americano en EEUU

_____ Cuando el nuevo presidente **vio** la multitud en su investidura, se **sorprendió**.

_____ Cuando el nuevo presidente **veía** la multitud, **se emocionaba**.

_____ Colón **se dio cuenta** de que los habitantes de aquella isla podían ser siervos de la religión católica.

_____ Colón no **se daba cuenta** de que no estaba en la India.

_____ **Explotaron** dos bombas y mataron a 20 soldados.

_____ Las bombas **explotaban** cada tres horas.

_____ El nuevo presidente **conoció** a otros mandatarios el día de su investidura.

_____ El presidente no **conocía** a su secretaría.

_____ La guerra **duró** 2 años.

_____ La guerra **duraba** demasiado y los soldados estaban muertos de hambre.

_____ El presidente no **supo** que había ganado hasta las seis de la tarde.

_____ El presidente no **sabía** que había ganado hasta las seis de la tarde.

Courtesy of Library of Congress.

© 2jenn, 2009. Shutterstock, Inc.

© Randall Schwanke, 2009. Shutterstock, Inc.

Fíjate en los verbos en negrita de las oraciones anteriores y coloca el verbo correspondiente a la explicación.

Colón inmediatamente tuvo una idea.	*se dio cuenta*
Colón no entendió inmediatamente algo y no sabemos cuándo lo comprendió.	
Había bombas continuamente.	
Hubo dos bombas y murió mucha gente.	
El nuevo presidente no había visto antes a una persona y eso es lo que nos dice la oración.	
El nuevo presidente vio a nuevas personas un día.	
La duración de la guerra se presenta como una descripción más.	
La duración de la guerra es exacta.	
La noticia llegó al presidente en un momento exacto.	
La oración nos indica lo que no sabía el presidente hasta ese momento.	
Nos describe lo que sentía el presidente durante la investidura.	
Nos cuenta lo que sintió en un momento determinado.	

¿Te has dado cuenta de que cambiando el tiempo verbal se expresan ideas diferentes? Ahora, basándote en los ejemplos anteriores, escribe tu propia regla sobre pretérito e imperfecto.

🐟 MI REGLA 🐟

Cuando quiero expresar un hecho que tiene una duración exacta, uso el _____.

Ejemplo: _____

Cuando quiero expresar un hecho que tiene una duración indeterminada, y además no está concluido, uso el _____.

Ejemplo: _____

Actividad 2 Por su significado, todos estos verbos tienen una idea de duración o, al contrario, de una acción rápida. Los no durativos generalmente se asocian al pretérito; los durativos, al imperfecto. Clasifícalos según su significado durativo o no durativo.

darse cuenta – ver – empezar – perder – explotar – llegar – ser – estar – morir – olvidarse de – soler tener – vivir – caerse – resbalar – terminar – querer – trabajar – mirar – llevar – necesitar – parecerse a

Durativos	No durativos
Ser	*Darse cuenta*

Actividad 3 Lee los siguientes ejemplos con los verbos durativos de la actividad 2. Completa la tabla siguiendo el ejemplo. Elige tiempo o veces.

- Trabajé en París 2 años.

- Colón en sus cuatro viajes quiso hacer católicos a los naturales de la isla.

- Durante el viaje estuve enfermo dos días.

- Tuvimos hambre y sed durante toda la guerra.

- El hijo del soldado y la princesa azteca nunca se pareció a su padre y toda su vida llevó la ropa típica de su país.

- Durante el tiempo que viví en París nunca necesité tomar un autobús.

Capítulo 2: La máquina del tiempo

verbo	¿Cuánto tiempo?	¿Cuántas veces?
Trabajé	*2 años*	
Quiso		
Estuve		
Tuvimos		
Se pareció		
Llevó		
Viví		
Necesité		

Aunque los verbos los asociamos a duración, podemos conjugarlos en el pretérito porque lo que queremos decir se refiere a (elige una):

A) *una duración exacta o a un número concreto de veces*

B) *un tiempo ilimitado*

Actividad 4   Lee los siguientes ejemplos con los verbos no durativos de la actividad 2. Completa la tabla siguiendo el ejemplo.

- Las bombas <u>explotaban</u> todas las tardes.

- Cada vez que <u>llegaban</u> a América los exploradores se hacía una fiesta de bienvenida.

- Mi amiga <u>se olvidaba</u> las llaves en casa todos los días y nunca <u>se daba cuenta</u> hasta que volvía a casa.

- Cada vez que <u>veía</u> las películas de humor, se <u>moría</u> de risa.

- Siempre que le contaban la historia de los niños huérfanos, <u>empezaba</u> a llorar.

Verbo	¿Cuánto se repite la acción?	¿Sabemos el número exacto de veces?
Explotaban	*todas las tardes*	*No*
Llegaban		
Se olvidaba		
Se daba cuenta		
Veía		
Moría		
Empezaba		

Aunque los verbos los asociamos a no duración, podemos conjugarlos en el imperfecto porque lo que queremos decir se refiere a (elige una):

A) *una duración exacta a un número concreto de veces*

B) *un tiempo repetido o ilimitado*

Ahora, basándote en los ejemplos anteriores, escribe tu propia regla sobre el significado durativo o no durativo de los verbos o lo que queremos expresar según elegimos pretérito o imperfecto.

⚑ MI REGLA ⚑

Cuando el significado de un verbo no tiene duración, generalmente lo conjugamos en

_____.

Ejemplo: _____

Cuando el significado de un verbo tiene duración, generalmente lo conjugamos en

_____.

Ejemplo: _____

¿Podemos expresar duración con un verbo de significado no durativo?   Sí   No

Ejemplo: _____

¿Podemos expresar tiempo limitado o un número concreto de veces con un verbo de significado durativo?   Sí   No

Ejemplo: _____

Paso 2. Practicando la gramática...

Actividad 1 Escribe una oración en el pasado para estas situaciones con los verbos que se indica. Pon tres oraciones en pretérito y tres en imperfecto. Ten en cuenta las reglas anteriores. Debes añadir un contexto.

© photobank.ch, 2009. Shutterstock, Inc.

© Pshek, 2009. Shutterstock, Inc.

llevé zapatos ayer

Empezar: *Empezó a llorar cuando vio un perro.* **Llevar:** _____

llevaba zapatos cuando
montaba mi bicicleta

© Ljupco Smokovski, 2009. Shutterstock, Inc.

© Mudassar Ahmed Dar, 2009. Shutterstock, Inc.

me caí ayer a las once.
Caerse: Me caía cuando

Darse cuenta: _____

© Chistoprudov Dmitriy Gennadievich, 2009. Shutterstock, Inc.

© Gary Paul Lewis, 2009. Shutterstock, Inc.

Perdí mis llaves en.
Perder: el restaurante.

Soler: _____

Perdía mis llaves cuando bebía

mucho.

Actividad 2 Dependiendo de lo queremos decir, usamos el pretérito o el imperfecto con cualquier verbo. Lee estas situaciones y haz una oración con el verbo indicado, según el contexto.

1. La ropa de los soldados era siempre el uniforme. (llevar)

Los soldados llevaban siempre uniforme

2. Dos años no usaron uniforme. (llevar)

No llevaron uniforme

3. Los marineros de Colón tardaron en comprender que los indios no hablaban su lengua. (No darse cuenta)

los m deco no se daba

4. Los indios comprendieron inmediatamente que los soldados no hablaban su lengua. (darse cuenta)

5. Para navegar eran obligatorios los conocimientos de astronomía. (necesitar)

6. Colón estudió astronomía durante cinco años. (tener que)

7. El presidente no recordó sus promesas. (olvidar)

8. Los soldados tuvieron su residencia en Cuba 2 años. (vivir)

9. El ejército americano pisó Cuba un amanecer de 1898. (llegar)

10. Cuando el presidente estaba cerca del pódium, resbaló y se cayó. (llegar)

11. En las guerras normalmente pasaban mucha hambre. (soler)

12. Colón viajó cuatro veces a América durante su vida. (estar)

Capítulo 2: La máquina del tiempo

Actividad 3 Completa los espacios según la interpretación que se indica.

Oración	Forma verbal	Interpretación
La mañana del 13 de octubre **estaba / estuve** en la playa pescando	(___estaba___) (___estuve___)	El hablante lo percibe como una situación en la que sucede una acción (pescar) El hablante lo percibe como una acción cerrada (ese día)
de repente, **vi / veía** unas embarcaciones diferentes	(_____)	El hablante lo percibe como la acción principal de su historia y sucede rápidamente.
a las que **usábamos / usamos** nosotros	(_____) (_____)	Las utilizábamos todos los días (una acción rutinaria) Las utilizamos un número concreto de veces o ese día
Asombrado **corría / corrí** a llamar a mis compañeros	(_____)	El hablante lo percibe como una acción cerrada y completa.
Agarrábamos / agarramos nuestras armas (azagayas)	(_____)	El hablante lo percibe como una acción única.
...**fuimos / íbamos** a la playa	(_____)	El hablante lo percibe como una acción única.
...para ver qué **pasó / pasaba**	(_____) (_____)	La acción está terminada y cerrada. La acción está en proceso.
En la playa **veíamos / vimos** a los hombres más extraños de nuestras vidas	(_____) (_____)	La acción es un proceso completo. La acción está en proceso.
Llevaron / llevaban mucha ropa y algunos de ellos las caras...	(_____)	Describe una situación. Es un verbo durativo.
Nos **miraron / miraban** con extrañeza	(_____) (_____)	La acción es un proceso completo. La acción está en proceso.
...**produjeron / producían** extraños sonidos para comunicarse	(_____) (_____)	La acción es un proceso completo. La acción está en proceso.
En seguida nos **dábamos cuenta / dimos cuenta**	(_____)	La acción sucede en un momento.
de que **venían / vinieron** de muy lejos	(_____) (_____)	La acción es un proceso completo. La acción está en proceso.
El hombre que **parecía / pareció** el jefe nos enseñó un símbolo	(_____)	Describe y es un verbo durativo.
que **llevó / llevaba** colgado de su cuello	(_____)	Describe y es un verbo durativo.
... **decidíamos / decidimos** llevarlos junto a nuestro jefe	(_____) (_____)	La acción es un proceso completo. La acción está en proceso.
En ese momento no **podíamos / pudimos** imaginar	(_____) (_____)	La acción es un proceso completo. La acción está en proceso.
lo que **significó / significaba** ese encuentro	(_____) (_____)	La acción es un proceso completo. La acción está en proceso.

Actividad 4 Lee esta historia sobre los acontecimientos anteriores y decide cuál es el verbo adecuado en cada caso. Ten en cuenta la actividad anterior. Recuerda que el punto de vista del narrador cambia.

La mañana del 13 de octubre **estaba / estuve** en la playa pescando y, de repente, **vi / veía** unas embarcaciones diferentes a las que **usábamos / usamos** nosotros. Asombrado **corría / corrí** a llamar a mis compañeros. **Agarrábamos / agarramos** nuestras armas (azagayas) y **fuimos / íbamos** a la playa para ver qué **pasó / pasaba**.

En la playa **veíamos / vimos** a los hombres más extraños de nuestras vidas. **Llevaron / llevaban** mucha ropa y algunos de ellos las caras llenas de pelo. Nos **miraron / miraban** con extrañeza y **produjeron /producían** extraños sonidos para comunicarse. En seguida nos **dábamos cuenta /dimos cuenta** de que **venían /vinieron** de muy lejos.

El hombre que **parecía /pareció** el jefe nos enseñó un símbolo que **llevó / llevaba** colgado de su cuello. Al cabo de una hora aproximadamente, **decidíamos /decidimos** llevarlos junto a nuestro jefe para invitarlos a comer. En ese momento no **podíamos / pudimos** imaginar lo que **significó / significaba** ese encuentro para las futuras generaciones.

Actividad 5 Piensa en un contexto que justifique el pretérito o imperfecto de estas oraciones. Añade una explicación.

Oración	Contexto	Explicación
1. Llevó un traje militar.	*Ejemplo: En las 6 batallas llevó el mismo traje militar.*	*Verbo durativo que expresa una acción cerrada que dura un número limitado de veces.*
2. Quiso saber la verdad.		
3. Se daba cuenta del problema.		
4. No necesitaban matar a sus enemigos.		
5. Fue un buen hombre.		
6. Se llamó Alberto.		
7. Llegó a San Antonio		
8. Llegaba a San Antonio		

Actividad 6 Vas a escuchar unas oraciones. Primero, marca con una cruz si el verbo está en pretérito, imperfecto o ambos. Después, escribe la oración completa.

	Pretérito	Imperfecto	Oración completa
1.			
2.			
3.			
4.			
5.			

Actividad 7   A) En grupos de 4 personas van a pensar en dos acontecimientos que desde su punto de vista fueron muy importantes para la historia.

Acontecimiento 1: _____

Acontecimiento 2: _____

B) Den cuatro informaciones de cada acontecimiento a sus compañeros para que puedan adivinarlo. No les den informaciones muy obvias para hacerlo más difícil.

Ejemplo: *Acontecimiento: La batalla del Álamo*

1. *La batalla duró 12 días.*
2. *Los mexicanos luchaban contra los texanos.*
3. *El jefe era el coronel Travis.*
4. *Murieron todos los texanos.*

¿De qué acontecimiento estamos hablando?
_____

Actividad 8 En este texto hay 6 errores en los usos del pretérito o imperfecto. Identifícalos y corrígelos.

Cuando **era** joven **participaba** en seis batallas importantes de la independencia de mi país. En la primera **perdía** a mi mejor amigo. **Estuvimos** durmiendo en las tiendas que habíamos montado cerca de un lago, cuando, de repente, **escuchábamos** un ruido y **salimos** corriendo con nuestras armas para protegernos. Mi amigo, sin darse cuenta, **llevaba** su linterna encendida. En ese momento **empezábamos** a recibir disparos. El **fue** el primer blanco, ya que **llevaba** la luz y **era** la persona más visible del grupo. Me **tomaba** un mes recuperarme de la tristeza de su pérdida.

Actividad 9 Transforma estas oraciones usando el verbo "soler". Sigue el modelo.

1. Cuando vivía en Perú iba frecuentemente a conferencias históricas.

Cuando vivía en Perú solía ir a conferencias históricas .

2. Cuando tenía quince años la gente normalmente pensaba que el rey se parecía mucho a su padre. Hacían los mismos gestos. Luego cambió mucho.

_____

3. Los soldados españoles tenían como costumbre obligar a los indígenas a bautizarse en su religión.

_____

4. Era frecuente que un soldado europeo tuviera hijos con mujeres indígenas.

_____

5. Durante el apartheid en Sudáfrica era frecuente que los deportistas que participaban en los Juegos Olímpicos fueran blancos.

_____

6. El gobierno frecuentemente trataba de abolir las libertades en algunos países con dictaduras.

_____

7. Cuando los marineros se aproximaban a tierra desde el barco frecuentemente gritaban: "Tierra a la vista".

_____

8. Los indígenas frecuentemente llevaban armas como parte de su vestimenta.

_____

9. Los marineros que remaban en los barcos en el siglo XVIII frecuentemente eran cautivos.

_____

10. Cuando viajaban mucho tiempo en los barcos, los pasajeros a menudo tenían escorbuto, una enfermedad causada por falta de vitamina C.

_____

Actividad 10 ¿Recuerdas nuestra máquina del tiempo? Te ha permitido viajar para ver por ti mismo el momento histórico que quieras elegir.

A) Elige el momento: _____

B) Consulta en Internet si necesitas información.

C) Imagina que lo viste y ahora debes escribir un reportaje de 10 líneas para la revista de la universidad con lo que pasó y lo que sentiste.

D) Sigue la guía de ayuda.

© Perov Stanislav, 2009. Shutterstock, Inc.

Cuando llegué a _____

_____

_____

Lo que más me sorprendió fue _____

_____

_____

Después de un tiempo en el lugar _____

_____

_____

Al final, antes de irme _____

_____

_____

Puedo decir que ha sido la experiencia más _____

_____

_____

Actividad 1   Lee este texto sobre un descubrimiento científico y subraya los verbos en pasado.

A finales del siglo XIX (1891) se matriculó en el curso de ciencias de la Universidad parisiense de la *Sorbona* una joven de origen polaco llamada *Marie Sklodowska*. Marie al inicio de su vida en París se sintió totalmente aislada y se refugió dentro del círculo de sus compatriotas. En 1894 conoció a Pierre Curie, científico francés y se casaron poco tiempo después. La joven pareja estableció su hogar en un diminuto apartamento. Durante el segundo año de su matrimonio nació la primera hija, Irene. Marie terminó su carrera y buscó un tema para su tesis. Retomó un tema que había estudiado el sabio francés Becquerel. Empezó sus estudios en lo que ella llamó radioactividad. Sus esfuerzos se concentraron en descubrir un nuevo elemento químico hasta entonces desconocido. Marie y su esposo Pierre comenzaron separando y midiendo pacientemente la radiactividad de todos los elementos que contiene la pecblenda (mineral de uranio), pero a medida que fueron limitando el campo de su investigación sus hallazgos indicaron la existencia de dos elementos nuevos en vez de uno. El mes de julio de 1898 los esposos Curie pudieron anunciar el descubrimiento de una de estas sustancias. Marie le dio el nombre de polonio en recuerdo de su amada Polonia. En diciembre del mismo año revelaron la existencia de un segundo elemento químico nuevo en la pecblenda, al que bautizaron con el nombre de radio, elemento de enorme radiactividad. En noviembre de 1903, el Real Instituto de Inglaterra confirió a Pierre y a Marie una de sus más distinguidas condecoraciones: la Medalla de Davy. El siguiente reconocimiento público a su labor vino de Suecia. El 10 de diciembre de 1903, la Academia de Ciencias de Estocolmo anunció que el Premio Nobel de Física correspondiente a aquel año se dividiría entre Antoine Henri Becquerel y los esposos Curie, por sus descubrimientos relacionados con la radiactividad.

¿Cuál es el tiempo del pasado que se usa en esta narración? _____

¿Qué función tienen los verbos de la historia?
a) Cuentan algo que sucedió en un momento concreto.
b) Describen cómo eran los personajes, qué pensaban, etc.
c) Describen las situaciones en las que se produjeron los hechos.

Actividad 2 Lee la segunda versión del texto y pon entre corchetes [ ] todos los elementos nuevos.

A finales del siglo XIX (1891) se matriculó en el curso de ciencias de la Universidad parisiense de la *Sorbona* una joven de origen polaco llamada *Marie Sklodowska*. [*La joven poseía una bonita cabellera rubia que era su rasgo más distintivo.*] Marie al inicio de su vida en París se sintió totalmente aislada y se refugió dentro del círculo de sus compatriotas, que formaban una especie de isla polaca en medio del Barrio Latino. En 1894 conoció a Pierre Curie, científico francés. Pierre tenía treinta y cinco años, era soltero y, al igual que Marie, estaba dedicado en cuerpo y alma a la investigación científica. Era alto, tenía manos largas y sensitivas y una barba pobladísima; la expresión de su cara era tan inteligente como distinguida. Unos meses después se casaron. La joven pareja estableció su hogar en un diminuto apartamento. Estanterías de libros decoraban las desnudas paredes; en el centro de la habitación tenían dos sillas y una gran mesa blanca, de madera. Sobre la mesa había tratados de física, una lámpara de petróleo y un ramo de flores. Eso era todo. Durante el segundo año de su matrimonio nació la primera hija, Irene. En ese tiempo Marie cuidaba de su casa, atendía a su hijita y preparaba la comida, sin descuidar por ello el trabajo en el laboratorio. Terminó su carrera y buscó un tema para su tesis. Retomó uno que había estudiado el sabio francés Becquerel. Empezó sus estudios en lo que ella llamó radioactividad. Sus esfuerzos se concentraron en descubrir un nuevo elemento químico hasta entonces desconocido. Ese elemento dejaba una impresión en la placa a través del papel. Marie y su esposo Pierre comenzaron separando y midiendo pacientemente la radiactividad de todos los elementos que contiene la pecblenda (mineral de uranio), pero a medida que fueron limitando el campo de su investigación sus hallazgos indicaron la existencia de dos elementos nuevos en vez de uno. El mes de julio de 1898 los esposos Curie pudieron anunciar el descubrimiento de una de estas sustancias. Marie le dio el nombre de polonio en recuerdo de su amada Polonia. En diciembre del mismo año revelaron la existencia de un segundo elemento químico nuevo en la pecblenda, al que bautizaron con el nombre de radio, elemento que tenía una enorme radiactividad. En noviembre de 1903, el Real Instituto de Inglaterra confirió a Pierre y a Marie una de sus más distinguidas condecoraciones: la Medalla de Davy. Todo Londres quería conocer a los esposos y eran invitados a numerosas cenas. El siguiente reconocimiento público a su labor vino de Suecia. El 10 de diciembre de 1903, la Academia de Ciencias de Estocolmo anunció que el Premio Nobel de Física correspondiente a aquel año se dividiría entre Antoine Henri Becquerel y los esposos Curie, por sus descubrimientos relacionados con la radiactividad.

¿Cuál es el tiempo del pasado que se usa en las nuevas oraciones? _____

¿Qué funciones tienen los verbos de las nuevas oraciones de la historia?
 a) Cuentan algo que sucedió en un momento concreto.
 b) Describen cómo eran los personajes, qué pensaban, etc.
 c) Describen las situaciones en las que se produjeron los hechos.

Unas de las oraciones representan "la columna" (backbone) y las otras "la carne" (flesh) de la historia.

Basándote en estas dos preguntas, completa la tabla.

⊰ MI REGLA ⊱

¿Cómo se usa el pretérito y el imperfecto en una narración?

Se usa el pretérito para (la columna / la carne) de una narración.

Se usa el imperfecto para (la columna / la carne) de una narración.

(El pretérito / el imperfecto) sirve para avanzar la historia en el tiempo.

Actividad 3 En el proceso de descubrimiento del radio Marie y su esposo tenían episodios buenos y malos en sus días de trabajo. Lee y subraya los verbos.

Quería aislar un elemento y no lo conseguí. ¡Mal día!

Algo similar me sucedió a mí ayer: estaba esperando un resultado y se arruinó el experimento porque no tuve paciencia y lo terminé antes de tiempo.

Pues yo estaba mezclando dos elementos y se me rompió una de las probetas.

Pues yo salía del laboratorio, no me di cuenta de que había viento, se abrió una ventana y se apagó el mechero Bunsen. Hay días en los que es mejor quedarse en la cama.

Capítulo 2: La máquina del tiempo

¿Qué funciones cumplen el imperfecto o el verbo *estar* en imperfecto + gerundio en las oraciones anteriores? Elige más de una.

a) Circunstancias en las que se desarrolla una acción.

b) Intenciones que normalmente no se cumplen.

c) Acciones que se repiten todos los días.

Basándote en la pregunta anterior, completa la tabla.

✎ MI REGLA ✎

Mas usos del imperfecto en contraste con el pretérito

Se usa el imperfecto para expresar:

1. _____

Ejemplo: _____

2. _____

Ejemplo: _____

Paso 2. Practicando la gramática...

Actividad 1 Haz oraciones con estos elementos relacionando circunstancias y acciones o intenciones. Añade los artículos y conectores necesarios. Usa *estar* + gerundio si es posible.

1. El Sr. Curie trabajar en un proyecto / irse la luz / perder el trabajo.

_____

2. El matrimonio Curie querer viajar a Londres/ no tener dinero para hacerlo.

_____

3. Salir de casa/ venir su madre a visitarla / quedarse para tomar café con ella.

_____

4. La Sra. Curie intentar integrarse en París/ no conseguirlo.

_____

Elige los tiempos del pasado adecuados.

Después de recibir el premio Nóbel, el matrimonio Curie se hacía / **hizo** muy famoso. Los telegramas de felicitación se **apilaban** / apilaron sobre su gran mesa de trabajo; los periódicos publicaron / **publicaban** miles de artículos acerca de ellos, llegaron / **llegaban** centenares de peticiones de autógrafos y fotografías, cartas de inventores e incluso poemas sobre el radio. Un norteamericano **llegó** / llegaba a solicitar permiso para bautizar a una yegua de carreras con el nombre de Marie. Pero para los esposos Curie su misión no había terminado; su único deseo **era** / fue continuar trabajando.

El jueves 19 de abril de 1906, era / **fue** un día opaco y lluvioso. Pierre se **despidió** / despedía de los profesores de la Facultad de Ciencias, con quienes había almorzado, y **salió** / salía bajo la lluvia. Al atravesar la calle Dauphine, **pasó** / pasaba distraído delante de un coche de caballos y **resbaló** / resbalaba sobre el pavimento húmedo; la rueda izquierda trasera del carro **pasó** / pasaba por encima de Pierre. **Murió** / moría en el acto.

En mayo de 1934 Marie, víctima de un ataque de gripe, se **vio** / veía obligada a guardar cama. Ya **no volvía** / volvió a levantarse. Cuando al fin **falló** / fallaba su vigoroso corazón, la ciencia **pronunció** / pronunciaba su fallo: los síntomas anormales, los extraños resultados de los análisis de sangre, que no **tenían** / tuvieron precedente, acusaban al verdadero asesino: el radio.

Actividad 3 Esta historia consta solo de acciones, enriquécela con situaciones o descripciones en los espacios que están en blanco.

Desgraciadamente los esposos Curie, aunque eran científicos brillantes, tuvieron muchos otros problemas en una época de su vida. El salario _____*era muy reducido*_____ y por eso se vieron obligados a usar otros recursos para vivir. Pierre aceptó un puesto de profesor en la Sorbona. El trabajo _____.

Marie encontró otro puesto en un colegio de Señoritas de Versailles que _____
_____

Los esposos Curie continuaron su labor docente con buena voluntad y cariño, sin amargura. Apremiados por sus dos ocupaciones, la enseñanza y la investigación científica, a menudo
_____. En varias ocasiones

Pierre tuvo que guardar cama con fuertes dolores en las piernas. Los nervios sostenían a Marie en pie, pero sus amigos _____
por la palidez y delgadez de su rostro. Mientras la investigación de la radiactividad progresaba, la pareja de sabios que le había dado vida se iba agotando poco a poco porque _____
_____.

Paso 3. Reflexionando sobre la gramática...

Actividad 1 Toma la siguiente mini-prueba para probar tus conocimientos del imperfecto y del pretérito.

1. True / False   If verbs are durative, we normally conjugate them in the preterit.

2. True / False   If verbs are non-durative, we normally use the imperfect.

3. True / False   We use the preterit and imperfect depending on the perspective of the speaker.

4. If we want to say "I was walking, and...", we use the (preterit / imperfect).

5. If we want to say "I studied for 3 hours", we use the (preterit / imperfect).

6. If we want to say "In high school, I always realized my mistakes right after taking exams", we use the (preterit / imperfect).

Actividad 2 Basándote en tu rendimiento en la mini-prueba, completa la siguiente auto-evaluación.

	excellent	good	weak
My mastery of preterit conjugations is...			
My mastery of imperfect conjugations is...			
My understanding of the concepts "durative" and "non-durative" is...			
My understanding of preterit and imperfect usage is...			

Entrando en materia: Logros sociales a través de la historia

Actividad 1   Mira las siguientes fotos que representan aspectos reales de nuestra historia. Ponle un título a cada una y escribe 4 palabras que asocias con la imagen.

1861

Título: _____

1. _____
2. _____
3. _____
4. _____

1917

Título: _____

1. _____
2. _____
3. _____
4. _____

1942

Título: _____

1. _____
2. _____
3. _____
4. _____

Capítulo 2: La máquina del tiempo

Durante los últimos dos siglos, hemos presenciado varios logros sociales. Haz las siguientes actividades relacionadas con estos logros.

Antes de leer En cada grupo de 5 palabras, hay una que no está relacionada con las demás. Identifícala y explica por qué no forma parte del grupo.

voto   jefe de estado   sufragio   presidente   soldado

¿Por qué? _____

eliminar   construir   abolir   restringir   desmantelar

¿Por qué? _____

amistad   perjuicio   raza   segregación   apartheid

¿Por qué? _____

mejorar   desarrollar   destruir   reformar   modernizar

¿Por qué? _____

seguro   enfermedad   salud   apariencia   cobertura

¿Por qué? _____

Lectura Lee los siguientes datos sobre algunos de los logros sociales más importantes de los últimos tres siglos.

PRIMERA MUJER PRESIDENTA

Aunque ha habido muchas mujeres que sirvieron como jefas de estado desde Cleopatra, la primera mujer presidenta fue Khertek Achimaa-Toka en 1940. En América Latina, María Estela Martínez de Perón fue la primera mujer en tener una presidencia no provisional en un gobierno no provisional. Sin embargo, el honor de ser la primera mujer elegida presidenta en América Latina fue Violeta Chamorro de Nicaragua en 1990. Desde entonces ha habido otras mujeres en ese cargo en Centroamérica y Sudamérica, pero no en España ni en EEUU.

PRIMER PRESIDENTE MINORITARIO

Courtesy of Library of Congress.

Benito Juárez

A pesar del perjuicio que sufrió por ser de pura sangre india, en 1858 se nombró a Benito Juárez (1806-72) presidente mexicano interino. En 1867 se convirtió en el primer presidente indígena electo de México. A poco más de un siglo, Evo Morales (Juan Evo Morales Ayma) ganó más de un cincuenta por ciento del voto boliviano, convirtiéndose así en la primera persona de ascendencia indígena elegida como presidente de Bolivia.

ESCOLARIZACIÓN OBLIGATORIA

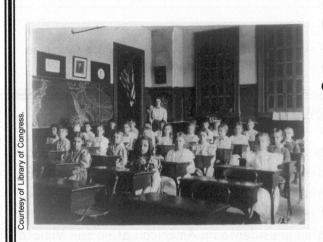

Courtesy of Library of Congress.

El derecho a la educación no tiene una historia muy larga. Aparece reflejado en el Pacto Internacional de Derechos Económicos, Sociales y Culturales de las Naciones Unidas.
Todos los humanos tienen el derecho de recibir una educación obligatoria. Hay que conseguir logros que incluyan a aquellos a los que se les había negado anteriormente una educación digna como indígenas o no ciudadanos.

INTEGRACIÓN RACIAL

Courtesy of Library of Congress.

La integración racial, particularmente de las escuelas y las fuerzas armadas, fue el foco del Movimiento Americano por los Derechos Civiles, antes y después de la famosa decisión de _Brown v. Board of Education_. Pero un hecho más significativo ocurrió en Sudáfrica. Entre 1990 y 1991 se desmanteló el sistema legal que apoyaba el apartheid, una política que segregaba a cada individuo de acuerdo a su supuesta raza. Además obligaba a las personas de raza negra a llevar documentos de identidad en todo momento y les estaba prohibido quedarse o entrar en algunas ciudades sin permiso.

ATENCIÓN MÉDICA UNIVERSAL

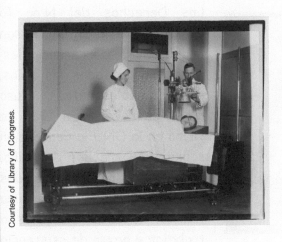

Courtesy of Library of Congress.

La cobertura universal médica procura acceso igualitario y cobertura para todos. Los programas varían, pero en general el costo se cubre con un seguro nacional de salud. El sistema universal se ha implementado en todas las naciones ricas industrializadas menos una, EEUU. También se ofrece en muchos países en vías de desarrollo. En su día el presidente mexicano, Felipe Calderón, anunció que para el 2011 todo mexicano tendrá un médico y un hospital a su alcance.

SUFRAGIO FEMENINO

Courtesy of Library of Congress.

Courtesy of Library of Congress.

En el siglo XVIII surgió un movimiento reformista social, económico y político internacional que promovía el derecho al voto de las mujeres. En 1776 en Nueva Jersey se autorizó accidentalmente el primer sufragio femenino al usarse la palabra «personas» en vez de «hombres», pero se abolió en 1807. No fue hasta 1920 que las mujeres estadounidenses pudieron votar. En 1861 Australia reconoció un tipo de sufragio femenino restringido. La primera mujer votó formalmente en América Latina en 1924 en Ecuador.

DERECHOS DEL NIÑO

Courtesy of Library of Congress.

Los Derechos del Niño (o Derechos de la Infancia) son inalienables, irrenunciables, innatos para todos los niños, niñas y adolescentes, incluso antes de nacer. En 1989 se firmó en la ONU la Convención sobre los Derechos del Niño. Entre los más reconocidos están la educación, tener una familia, no estar obligados a trabajar y gozar de asistencia médica.

A) Lee las cuatro citas y asócialas con las personas en las fotos y con los logros que aparecen en la lectura.

"Soy mucho más optimista que mis padres. Como maestra, siempre trato de convencer a los niños de que no hay límites a lo que pueden hacer."

¿Quién lo dijo? _____ **Logro:** _____

"Mi familia es la cosa más importante de mi vida. Tengo tres hijas y estoy muy orgullosa de ellas. Son independientes e inteligentes y les interesa muchísimo la política. ¡Qué bueno que puedan votar y participar en nuestro gobierno! Mi madre no tuvo la misma oportunidad."

¿Quién lo dijo? _____ **Logro:** _____

"Soy muy ambiciosa y trabajadora, pero vengo de una familia sin muchos recursos económicos. Sin embargo, el mundo en el que vivimos ha cambiado mucho. Mis abuelos tuvieron que comenzar a trabajar a los 10 años, pero yo he podido seguir mis sueños."

¿Quién lo dijo? _____ **Logro:** _____

"Me alegro mucho de vivir en un país que cuida a sus ciudadanos. Me encanta no tener que preocuparme por la salud de mis hijos o el costo de mantenerlos sanos."

¿Quién lo dijo? _____ **Logro:** _____

Inés

María

Laura

Teresa

B) De la lectura, elige el logro que crees que ha tenido mayor impacto en nuestra sociedad. Escribe una descripción de la vida antes de este logro y nuestra vida ahora con respecto a esta situación.

Logro =
Antes de este logro social, . . .
_____
_____
_____
_____
_____
_____
_____
_____
Hoy en día, . . .
_____
_____
_____
_____
_____
_____
_____
_____
_____
_____

Actividad 3 En parejas, hablen sobre las imágenes en las siguientes fotos. ¿Qué cambios sociales representan? Incluye algunos conectores para expresar causa / efecto.

debido a... ya que... a causa de... como consecuencia de... por consiguiente...

Ejemplo: Como consecuencia de la Convención de los Derechos del Niño ahora pueden disfrutar de la vida.

#1

© Jacek Chabraszewski, 2009. Shutterstock, Inc.

#2

© kristian sekulic, 2009. Shutterstock, Inc.

#3

© Anne Kitzman, 2009. Shutterstock, Inc.

#4

© Zsolt Nyulaszi, 2009. Shutterstock, Inc.

#5

© Chad McDermott, 2009. Shutterstock, Inc.

#6

© Lisa F. Young, 2009. Shutterstock, Inc.

¡Gramaticando! Los pasados compuestos

Paso 1. Descubriendo la gramática...

Actividad 1 Lee el siguiente artículo sobre un día en la vida de la mujer que más luchó por instaurar el derecho al voto para las mujeres y fíjate en los verbos subrayados. Luego tradúcelos al inglés.

Diario de Clara Campoamor (abogada y defensora del voto femenino en España)

1 de octubre de 1931.

Hoy <u>ha sido</u> un día muy duro en mi vida profesional. <u>He defendido</u> en el Congreso de los Diputados de Madrid el derecho al voto femenino.

Durante los últimos años <u>he mantenido</u> mis ideas frente a las personas que no creen lo mismo que yo y hoy <u>he tenido</u> la oportunidad de argumentarlas por primera vez frente a los políticos de este país.

Las reacciones que <u>he escuchado</u> han sido muy diversas. Victoria Kent, una de las tres mujeres políticas en este momento, <u>ha manifestado</u> su oposición a mi teoría sosteniendo la ideología conservadora de las mujeres de este país debido a la Iglesia Católica. Cree que si las mujeres votan, perderá la República. ¿Cómo nosotras, mujeres, <u>hemos permitido</u> que nos crean tan influenciables?

Pero ese comentario de Victoria no es el que más me <u>ha sorprendido</u>, sino el de mi compañero Ayuso que <u>ha dicho</u> que las mujeres hasta los 45 años tienen reducida la voluntad y la inteligencia. ¿De dónde habrá sacado esa teoría?

Finalmente, mi compañera Margarita <u>ha votado</u> en contra del voto femenino.

Este último hecho me <u>ha puesto</u> en una situación de tristeza y desánimo que no sé si lograré superar.

Toda mi vida <u>he luchado</u> por lo que considero justo. Espero que algún día nuevas generaciones de mujeres me reconozcan mis esfuerzos.

Mis compañeras que hoy no me <u>han apoyado</u> reconocerán su error algún día y se preguntarán: ¿por qué <u>has votado</u> en contra de tu mismo sexo?

Mañana me gustaría poder escribir algo más optimista.

verbo	traducción al inglés
ha sido	has been
he defendido	I have defended
he mantenido	I have maintained
he tenido	I have had
hemos permitido	we have permitted
has votado	have you voted

- ¿Cuántas palabras son necesarias para formar el presente perfecto? __2__
- ¿Qué verbo se usa como el verbo auxiliar? __haber__
- La segunda palabra se llama un "participio pasado". ¿Cómo se dice esto en inglés? __past participle__

Actividad 2 Ahora, lee y asómbrate con los siguientes comentarios personales sobre las mujeres que eran de creencia general a principios del siglo pasado. Luego completa la tabla de abajo.

"Yo siempre **he creído** que las mujeres son histéricas por naturaleza."

"Siempre **hemos estado** dirigidas por la iglesia. No hemos podido sostener nuestras opiniones."

"¿Cómo **has podido** votar en contra de tu propio sexo?"

"Las mujeres no **han tenido** nunca la oportunidad de expresar sus ideas, porque, en realidad, no tienen nada que decir."

"¿Qué se puede esperar de una mujer si no **ha recibido** educación? Primero habrá que educarlas.

	verbo auxiliar	participio pasado
yo	he	
tú	has	__ado__ (verbos en "-ar")
él/ella/usted	ha	
nosotros	hemos	__ido__ (verbos en "-er"/"-ir")
ellos/ellas/ustedes	han	

Actividad 3 Piensa que has viajado en el tiempo y estás en este momento en el día 1 de octubre de 1931 por la noche, el día que Clara escribió su diario. Lee las oraciones y completa la actividad.

- o Hoy <u>ha sido</u> un día muy duro en mi vida profesional. <u>He defendido</u> en el Congreso de los Diputados de Madrid el derecho al voto femenino.
- o Durante los últimos años y hasta ahora <u>he mantenido</u> mis ideas frente a las personas que no creen lo mismo que yo.
- o Hoy <u>he tenido</u> la oportunidad de argumentarlas por primera vez.
- o Toda mi vida hasta el presente <u>he luchado</u> por lo que considero justo.
- o ¿Por qué <u>has votado</u> hoy en contra de tu propio sexo?

Según estos ejemplos, el presente perfecto se refiere a una acción que ha sucedido…(Elige una.)

a) Lejos del presente

b) Cerca del presente

Actividad 4 Todas estas oraciones tienen una expresión de tiempo. Subráyala.

- o Esta semana <u>han votado</u> en el congreso el derecho al voto femenino.
- o Este año <u>ha sido</u> el más polémico en todo el gobierno de la República.
- o Las mujeres este mes <u>han tenido</u> la oportunidad de entrar en el congreso para debatir la ley del voto.
- o Esta tarde <u>he llorado</u> escuchando a Clara Campoamor.

Según estos ejemplos, el presente perfecto se refiere a una acción que ha sucedido…(Elige una.)

a) En un tiempo cronológico que no ha terminado.

b) En un tiempo cronológico terminado.

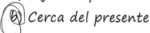

🐬 MI REGLA 🐬

> **A. El presente perfecto se usa cuando se habla de una acción pasada sucedida LEJOS / CERCA del presente del hablante.**
>
> **B. El presente perfecto se usa cuando hay una expresión temporal en la oración que se refiere a un tiempo NO / SÍ terminado.**
>
> **Algunas expresiones temporales: Hoy, esta mañana, esta semana, este año, este mes, hace un rato, ya, todavía…**
>
> **Todas estas expresiones temporales también se usan con el pretérito.**
>
> **Ejemplo: Hoy <u>desayuné</u> en un restaurante = Hoy <u>he desayunado</u> en un restaurante**

Actividad 5

Las siguientes 5 personas han hecho comentarios sobre diferentes épocas de la historia. ¿Qué crees que significan los verbos subrayados en inglés?

"Habría preferido vivir a finales del siglo XIX porque las Guerras Mundiales todavía no **habían comenzado**."

"Ojalá hubiera podido vivir en el siglo XVIII. Los científicos todavía no **habían inventado** las bombas atómicas y la tecnología no **había llegado** a considerarse la cosa más importante del mundo."

"Estoy contentísima de no haber crecido en el siglo XVIII. Fíjate que Edison ni siquiera **había descubierto** la electricidad. ¡Qué barbaridad! Ahora estaríamos con velas."

"¡No me habría gustado vivir en el siglo XIX para nada! En esa época, las mujeres todavía no **habíamos conseguido** el derecho a votar."

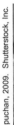

"Qué lástima que no creciera en el siglo XVII. Mis antepasados todavía no **habían contaminado** el medio ambiente y los bosques no **se habían destruido**."

verbo	traducción al inglés
habían comenzado	they had started
habían inventado	the had invented
había llegado	had arrived
había descubierto	had discoverd
habíamos conseguido	had achieveds
habían contaminado	
habían destruido	

- ¿Cuántas palabras son necesarias para formar el pluscuamperfecto? __2__
- ¿Qué verbo se usa como el verbo auxiliar? __haber__
- ¿Cuál es la diferencia entre el presente perfecto y el pluscuamperfecto?

  _____

- ¿Cómo se conjuga el verbo auxiliar para el pluscuamperfecto? yo
  _____, tú _____, él/ella/Ud. _____, nosotros _____,
  ellos/ellas/Uds. _____.

Ahora, basándote en los ejercicios anteriores, escribe tus propias reglas sobre los pasados compuestos.

✈ MI REGLA ✈

El verbo auxiliar que se usa para formar los tiempos compuestos es __ha__.

Para el presente perfecto, debo conjugar el verbo auxiliar en el __presente__.

Para el pluscuamperfecto, debo conjugar el verbo auxiliar en el __imperfecto__.

Para formar el participio pasado: comienzo con el infinitivo, quito __ar__ y añado __ado__ para los verbos en "-ar" e __ido__ para los verbos en "-er" e "-ir".

Ejemplo de presente perfecto: _____

Ejemplo de pluscuamperfecto: _____

Actividad 6

Antes las mujeres **habían votado** debido a un error.

El voto femenino **fue** legalizado en EEUU en 1920.

¿Cuál de las dos acciones sucede antes? _habían votado_

¿Por qué se usa el pluscuamperfecto en una de las oraciones anteriores? Elige una.

A) Porque expresa acciones sucedidas en un pasado lejano.

(B) Porque expresa acciones terminadas antes de un punto de un pasado específico.

Cuando un hablante usa el pretérito cuenta una historia desde su presente sin relacionarlo con otro momento. Cuando se usa el pluscuamperfecto, el hablante… (Elige una.)

A) cuenta una acción con referencia a otro momento del pasado.

B) cuenta una acción que sucedió en un pasado lejano.

Actividad 7 Lee estos ejemplos y después en esta línea cronológica coloca las oraciones desde la más cercana al presente a la más lejana.

Hoy las mujeres <u>votan</u> en todos los países.
Durante el siglo XXI las mujeres casi se <u>han igualado</u> a los hombres, aunque no en todos los países.
A principios del siglo pasado un grupo de mujeres <u>murió</u> por defender sus derechos.
Cuando murieron esas mujeres, todavía <u>no se había instaurado</u> una ley de igualdad de sexos.

Presente   Futuro

Para usar el pluscuamperfecto siempre debemos tener… (Elige una.)

A) un referente temporal anterior.

B) una expresión temporal de tiempo no terminado.

Paso 2. Practicando la gramática...

Actividad 1   Imagínate que tienes que escribir un reportaje sobre las cosas más interesantes e importantes que han pasado en el siglo XXI. Prepara una lista de 4 cosas.

- _____
- _____
- _____
- _____

Actividad 2   Con un compañero/a, hablen sobre lo que han hecho esta semana las personas en las fotos.

 Tomás	 Ernesto y Silvia
mis amigos y yo	 mis padres
 José	Lorna

Tomas ha votado este mañana

verbos en el presente perfecto

©adam.golabek, 2009.
Shutterstock, Inc.

...rbos en el pluscuamperfecto	punto de referencia

...ad 11 Debajo hay varios datos sobre la historia de Europa. Llena los espacios con los verbos apropiados del banco, usando el presente perfecto o el pluscuamperfecto, según sea necesario. Sobra un verbo.

aceptar – comenzar – perjudicar – establecerse
disminuir – haber – debilitarse – aumentar – vivir

...romanos conquistaron a los celtas, quienes _____

...en Hispania y la Galia por mucho tiempo.

...de el siglo XIX, _____ muchos conflictos

...rmados en Europa.

...ante este siglo, la Unión Europea (UE) _____

...arios nuevos países, tales como Estonia, Lituania, Polonia y Hungría.

...tribus germánicas pudieron penetrar fácilmente en el Imperio Romano en el

...iglo V porque el ejército romano _____ en los

...ños precedentes.

...que en el siglo XVIII el proceso de industrialización en Europa Occidental

...a _____, en Japón no se inició hasta finales del

...iglo XIX.

...unos proponentes dicen que el proceso de globalización _____

... prosperidad económica y las libertades civiles; sin embargo, los críticos

...severan que la globalización _____ el medio

...mbiente y _____ los controles migratorios.

Actividad 3 Con un compañero/a intercambien la información de lo que han hecho estas personas. Pregunten la información que no tienen y conjuguen los verbos en presente perfecto.

Estudiante A		
1. Esta semana Antonio y su novia		Poner un video en Facebook sobre una injusticia mundial
2. Este año Gloria	Colaborar en un proyecto social	
3. Esta mañana Eduardo		Leer un artículo sobre atención médica universal
4. Este mes mis padres	Ir a una conferencia sobre los derechos de los niños	
5. Hace un rato Silvia		Casarse

(Estudiante B — tabla invertida):

Estudiante B		
1. Esta semana Antonio y su novia	Casarse	
2. Este año Gloria		
3. Esta mañana Eduardo		Leer un artículo sobre atención médica universal
4. Este mes mis padres		
5. Hace un rato Silvia		Poner un video en Facebook sobre una injusticia mundial

Actividad 4 Unas personas están explicando sus últimas aventuras. Escribe en la tabla quién, qué y cuándo lo han hecho.

Persona	Actividad	Tiempo
1.		
2.		
3.		
4.		
5.		

Actividad 5 Explica a tu compañero cuatro actividades que han sido importantes para ti este año. Una debe ser una mentira. Tu compañero debe adivinar cuál es falsa. Toma notas para no olvidar lo que te dijo.

1. _____

2. _____

3. _____

4. _____

Su mentira es _____

Actividad 6 Completa este texto con los verbos adecuados en <u>pluscuamperfecto</u>.

Aunque uno de los logros de la sociedad sea la prohibición del trabajo infantil, en muchos países, incluidos los industrializados, hay millones de niños que trabajan. Este es el relato de lo que le pasó la semana pasada a Ángel, un niño que trabaja paseando los perros de sus vecinos cada día para ayudar a su mamá con la economía doméstica.

Image © Kitch Bain, 2011. Used under license from Shutterstock, Inc.

El lunes me levanté al amanecer. A las 7.00 yo ya *había desayunado* (desayunar), *había me duchado* (ducharse) y *había sacado* (sacar) la bicicleta del garaje para ir a casa del Sr. Montero que tiene un bulldog francés. El Sr. Montero esa mañana *había salido* (salir) de su casa antes de la hora habitual y se *había dejado* (dejar) la ventana abierta, así que su bulldog francés *había escapado* (escapar) de casa. Tuve que buscar a Pituco, que así se llama el bulldog francés, por todo el barrio. Finalmente, lo encontré en el jardín de otro vecino. Se *había quedado* (quedarse) dormido después de haberse comido toda la comida de la perrita del vecino. La pobre perrita, que es muy pequeña, *se había escondido* (esconderse) debajo de la mesa de la cocina y estaba muy asustada.

Actividad 7 Cambia estas oraciones a un momento anterior. No todas cambian a pluscuamperfecto.

Un momento pasado	Un momento anterior a ese pasado
1. Lo siento, la secretaria no está. Salió hace un rato.	Corrí mucho, pero cuando llegué la secretaria *ya había salido.*
2. Vamos al museo de historia. Inauguraron una exposición ayer y queremos verla.	Fuimos al museo de historia. _____ una exposición el día anterior y _____ verla.
3. El soldado me contó la batalla ayer.	Mi padre me dijo que el soldado le _____ la batalla.
4. La semana pasada conseguí mi primer salario de soldado del ejército.	Estaba orgulloso porque la semana anterior _____ su primer salario de soldado del ejército.
5. Colón y sus marineros estuvieron en América cuatro veces.	Ya conocían el camino porque _____ _____ en América dos veces.
6. Son las 9.30 y los estudiantes no han llegado a su clase de historia	Ayer a las 9.30 los estudiantes todavía no _____ a su clase de historia.
7. En 1883 Edison patentó su descubrimiento.	Antes de 1883 se alumbraban con velas porque Edison aún no _____ su descubrimiento.

Actividad 8 Para cada año, menciona una cosa que ya ha todavía no había ocurrido. Después, elige u unos compañeros para que adivinen la fecha

1800	*Los EEUU ya había conseguido la independencia de In Todavía no se había fabricado ningún automóvil*_____
1900	_____
1950	_____
2000	_____

Actividad 9 En grupos, hablen sobre el año en que nacier cosas verdaderas y otras falsas. El resto del adivinar si las descripciones son ciertas o fals

Sigue los modelos:

estudiante: *Cuando yo nací, mis padres todavía no se habían*
el grupo: *¡Falso!*

estudiante: *Cuando yo nací, ya habían inventado los teléfonos*
el grupo: *¡Cierto!*

estudiante: *Los EEUU ya habían invadido Irak antes de que*
el grupo: *¡Falso!*

Actividad 10 Van a escuchar un reportaje sobre un aconteci historia de España. Mientras escuchas, haz u que oigas en el presente perfecto, 2) los verbo y 3) los puntos de referencia para los verbos e **¡Ojo!** Recuerda que el pluscuamperfecto descri ocurrieron ANTES de otro punto de referencia

Paso 3. Reflexionando sobre la gramática...

Actividad 1 Toma la siguiente mini-prueba para probar tus conocimientos de los pasados compuestos.

1. True / False   The present perfect and pluperfect are both used to talk about events that occurred in the past.

2. True / False   The present perfect is made up of the present tense of "haber" plus a past participle.

3. The pluperfect is made up of the _____ tense of "haber" plus a past participle.

4. True / False   These past participles agree in gender and number with the subject.

5. The (present perfect / pluperfect) is used to talk about events that took place before other events in the past.

6. Pronouns (direct object, indirect object and reflexive) are placed...
   a) before the auxiliary verb
   b) between the auxiliary verb and the past participle
   c) after the past participle

Actividad 2 Basándote en tu rendimiento en la mini-prueba, completa la siguiente auto-evaluación.

	excellent	good	weak
My understanding of past participles is...			
My mastery of the present perfect conjugation is...			
My mastery of the pluperfect conjugation is...			
My understanding of how these tenses are used in past narration is...			
My understanding of pronoun placement with these tenses is...			

Entrando en materia: Rituales festivos

Actividad 1 Escucha la siguiente conversación sobre festividades. Junto a cada festividad, escribe el orden según aparecen en la conversación.

_____Navidad   _____ Cumpleaños   _____ 5 de mayo   _____ Día de la Raza

Actividad 2 Haz las siguientes actividades relacionadas a rituales festivos.

Antes de leer Mira las siguientes fotos e identifica las fiestas o ritos que representan. Abajo explica por qué son rituales y por qué son festivos.

#1

#2

#3

#4

1. _____

2. _____

3. _____

4. _____

Actividad 3 Con un compañero/a intercambien la información de lo que han hecho estas personas. Pregunten la información que no tienen y conjuguen los verbos en presente perfecto.

Estudiante A	
1. Esta semana Antonio y su novia	
2. Este año Gloria	Colaborar en un proyecto social
3. Esta mañana Eduardo	
4. Este mes mis padres	Ir a una conferencia sobre los derechos de los niños
5. Hace un rato Silvia	

	Estudiante B
Casarse	1. Esta semana Antonio y su novia
	2. Este año Gloria
Leer un artículo sobre atención médica universal	3. Esta mañana Eduardo
	4. Este mes mis padres
Poner un vídeo en Facebook sobre una injusticia mundial	5. Hace un rato Silvia

Actividad 4 Unas personas están explicando sus últimas aventuras. Escribe en la tabla quién, qué y cuándo lo han hecho.

Persona	Actividad	Tiempo
1.		
2.		
3.		
4.		
5.		

Actividad 5 Explica a tu compañero cuatro actividades que han sido importantes para ti este año. Una debe ser una mentira. Tu compañero debe adivinar cuál es falsa. Toma notas para no olvidar lo que te dijo.

1. _____

2. _____

3. _____

4. _____

Su mentira es _____

Actividad 6 Completa este texto con los verbos adecuados en <u>pluscuamperfecto</u>.

Aunque uno de los logros de la sociedad sea la prohibición del trabajo infantil, en muchos países, incluidos los industrializados, hay millones de niños que trabajan. Este es el relato de lo que le pasó la semana pasada a Ángel, un niño que trabaja paseando los perros de sus vecinos cada día para ayudar a su mamá con la economía doméstica.

El lunes me levanté al amanecer. A las 7.00 yo ya *había desaynudo* (desayunar), *había me duchada* (ducharse) y *había sacado* (sacar) la bicicleta del garaje para ir a casa del Sr. Montero que tiene un bulldog francés. El Sr. Montero esa mañana *había salido* (salir) de su casa antes de la hora habitual y se *había dejado* (dejar) la ventana abierta, así que su bulldog francés *escapado* (escapar) de casa. Tuve que buscar a Pituco, que así se llama el bulldog francés, por todo el barrio. Finalmente, lo encontré en el jardín de otro vecino. Se *había quedao* (quedarse) dormido después de haberse comido toda la comida de la perrita del vecino. La pobre perrita, que es muy pequeña, *se había escondido* (esconderse) debajo de la mesa de la cocina y estaba muy asustada.

Actividad 7 Cambia estas oraciones a un momento anterior. No todas cambian a pluscuamperfecto.

Un momento pasado	Un momento anterior a ese pasado
1. Lo siento, la secretaria no está. Salió hace un rato.	Corrí mucho, pero cuando llegué la secretaria *ya había salido.*
2. Vamos al museo de historia. Inauguraron una exposición ayer y queremos verla.	Fuimos al museo de historia. _____ _____una exposición el día anterior y _____ verla.
3. El soldado me contó la batalla ayer.	Mi padre me dijo que el soldado le _____ la batalla.
4. La semana pasada conseguí mi primer salario de soldado del ejército.	Estaba orgulloso porque la semana anterior _____su primer salario de soldado del ejército.
5. Colón y sus marineros estuvieron en América cuatro veces.	Ya conocían el camino porque _____ _____ en América dos veces.
6. Son las 9.30 y los estudiantes no han llegado a su clase de historia	Ayer a las 9.30 los estudiantes todavía no _____ a su clase de historia.
7. En 1883 Edison patentó su descubrimiento.	Antes de 1883 se alumbraban con velas porque Edison aún no _____ su descubrimiento.

Actividad 8 Para cada año, menciona una cosa que ya había ocurrido y una cosa que todavía no había ocurrido. Después, elige una de tus entradas y dísela a unos compañeros para que adivinen la fecha aproximada.

1800 *Los EEUU ya había conseguido la independencia de Inglaterra.*_____
*Todavía no se había fabricado ningún automóvil*_____

1900 _____

_____

1950 _____

_____

2000 _____

_____

Actividad 9 En grupos, hablen sobre el año en que nacieron. Mencionen algunas cosas verdaderas y otras falsas. El resto del grupo tiene que adivinar si las descripciones son ciertas o falsas. ¡Sean creativos!

Sigue los modelos:

estudiante: *Cuando yo nací, mis padres todavía no se habían conocido.*
el grupo: *¡Falso!*

estudiante: *Cuando yo nací, ya habían inventado los teléfonos celulares.*
el grupo: *¡Cierto!*

estudiante: *Los EEUU ya habían invadido Irak antes de que yo naciera.*
el grupo: *¡Falso!*

Actividad 10 Van a escuchar un reportaje sobre un acontecimiento importante en la historia de España. Mientras escuchas, haz una lista de 1) los verbos que oigas en el presente perfecto, 2) los verbos en el pluscuamperfecto y 3) los puntos de referencia para los verbos en el pluscuamperfecto. **¡Ojo!** Recuerda que el pluscuamperfecto describe eventos que ocurrieron ANTES de otro punto de referencia en el pasado.

verbos en el presente perfecto	

verbos en el pluscuamperfecto	punto de referencia

Actividad 11   Debajo hay varios datos sobre la historia de Europa. Llena los espacios con los verbos apropiados del banco, usando el presente perfecto o el pluscuamperfecto, según sea necesario. Sobra un verbo.

> **aceptar – comenzar – perjudicar – establecerse**
> **disminuir – haber – debilitarse – aumentar – vivir**

1. Los romanos conquistaron a los celtas, quienes _____ en Hispania y la Galia por mucho tiempo.

2. Desde el siglo XIX, _____ muchos conflictos armados en Europa.

3. Durante este siglo, la Unión Europea (UE) _____ varios nuevos países, tales como Estonia, Lituania, Polonia y Hungría.

4. Las tribus germánicas pudieron penetrar fácilmente en el Imperio Romano en el siglo V porque el ejército romano _____ en los años precedentes.

5. Aunque en el siglo XVIII el proceso de industrialización en Europa Occidental ya _____, en Japón no se inició hasta finales del siglo XIX.

6. Algunos proponentes dicen que el proceso de globalización _____ la prosperidad económica y las libertades civiles; sin embargo, los críticos aseveran que la globalización _____ el medio ambiente y _____ los controles migratorios.

Actividad 1 Toma la siguiente mini-prueba para probar tus conocimientos de los pasados compuestos.

1. True / False   The present perfect and pluperfect are both used to talk about events that occurred in the past.

2. True / False   The present perfect is made up of the present tense of "haber" plus a past participle.

3. The pluperfect is made up of the _____ tense of "haber" plus a past participle.

4. True / False   These past participles agree in gender and number with the subject.

5. The (present perfect / pluperfect) is used to talk about events that took place before other events in the past.

6. Pronouns (direct object, indirect object and reflexive) are placed...
   a) before the auxiliary verb
   b) between the auxiliary verb and the past participle
   c) after the past participle

Actividad 2 Basándote en tu rendimiento en la mini-prueba, completa la siguiente auto-evaluación.

	excellent	good	weak
My understanding of past participles is...			
My mastery of the present perfect conjugation is...			
My mastery of the pluperfect conjugation is...			
My understanding of how these tenses are used in past narration is...			
My understanding of pronoun placement with these tenses is...			

Entrando en materia: Rituales festivos

Actividad 1 Escucha la siguiente conversación sobre festividades. Junto a cada festividad, escribe el orden según aparecen en la conversación.

_____Navidad _____ Cumpleaños _____ 5 de mayo _____ Día de la Raza

Actividad 2 Haz las siguientes actividades relacionadas a rituales festivos.

Antes de leer Mira las siguientes fotos e identifica las fiestas o ritos que representan. Abajo explica por qué son rituales y por qué son festivos.

© Bochkarev Photography, 2009. Shutterstock, Inc.

#1

© Melanie Taylor, 2009. Shutterstock, Inc.

#2

© hxdbzxy, 2013. Shutterstock, Inc.

#3

© BlueOrange Studio, 2009. Shutterstock, Inc.

#4

1. _____

2. _____

3. _____

4. _____

Lectura "Diario de un investigador": Un estudiante graduado, Ricardo Ruiz, decidió estudiar cómo una fiesta española, *Los Moros y Cristianos*, llegó hasta América. Lee algunos de los apuntes que tomó.

La propuesta. Creo que voy a dividir mi trabajo en (1) la historia de este ritual festivo (aparentemente se empezó a representar en el siglo XII, cuando los moros todavía dominaban la península), (2) su expansión a América y (3) una comparación de las representaciones y/o de algunos protagonistas.

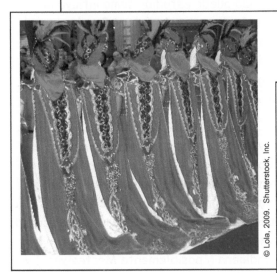

© Lola, 2009. Shutterstock, Inc.

© Mircea BEZERGHEANU, 2009. Shutterstock, Inc.

Datos de la fiesta en España. En 711 los árabes (moros) invadieron España y gobernaron gran parte de la Península Ibérica hasta 1492, cuando los Reyes Católicos (Fernando e Isabel) tomaron Granada. Durante esa época convivieron árabes y cristianos, pero también hubo grandes batallas. Las fiestas de moros y cristianos, que conmemoran la "reconquista" de la localidad en un momento de la Edad Media, expresan el combate entre el bando de los héroes (los cristianos) y los enemigos (los moros) pero hay variaciones según la zona donde se representa. A medida que he ido profundizando en mi estudio, me he dado cuenta que casi hay tantas variaciones como ciudades o pueblos donde se celebran las fiestas de "Moros y Cristianos" y de que hay muchos investigadores que se han interesado por este tema. Creo que me enfocaré en la fiesta en la Comunidad Valenciana (quizás en Alcoy, que es una de las más famosas y que se viene celebrando desde 1668).

La fiesta en México. He encontrado datos que hablan de una representación en Tlaxcala alrededor de 1538. Los misioneros franciscanos la representaron con luchas, cautiverios, apariciones celestiales y al final, el bautismo de muchos turcos o indios adultos. Con este tipo de espectáculo los franciscanos querían que los indios integraran sus diversiones tradicionales con las de los conquistadores para aprender mejor los Evangelios. También me interesó ver cómo se trajo a América la idea de las "danzas de moros y cristianos" con palos o espadas, igual como se celebraban en pueblos españoles que no tenían dinero suficiente para montar una obra teatral. (Quizás para un artículo puedo estudiar cómo influyó la falta de dinero para usar este tipo de representaciones en América.) Igual que en España, 1) todavía son muy populares y se han modificado en cada región y 2) tienen como tema el enfrentamiento del bando cristiano contra el bando de los moros. La ropa que llevan es muy llamativa, igual que en España, pero en algunas ocasiones los cristianos llevan vestimenta de charros. Es posible que investigue los moros y cristianos en Papantla, Veracruz .

La representación en EEUU. Creo que voy a investigar "los Matachines" en el estado de Nuevo México en el "Upper Rio Grande Valley". Es una celebración tanto de los indios Pueblo como de la comunidad hispana. Igual que en España y México, hay muchas variaciones. No se sabe seguro cuándo o dónde los indios "Río Grande Pueblos" incorporaron el baile, pero se supone que fue más o menos cuando se convirtieron al cristianismo (debo investigar esto). Algunos Pueblos dicen que su baile se originó con un rey mexicano/indígena (¿posiblemente Moctezuma?) y por eso aparece en sus danzas. Algo muy curioso es que este rey aparece con una niña conocida como Malinche que lleva un traje de primera comunión—es el único personaje femenino y también el único que no lleva máscara. Aunque hay una diferencia significativa con las representaciones en España y México, no faltan el encuentro, la lucha y la transformación de los personajes. ¡Oye! Creo que acabo de dar con un posible enfoque y título para mi tesis. ¡Qué fenomenal!

Después de leer El estudiante piensa enfocarse en el encuentro, la lucha y la transformación. Completa la siguiente tabla con datos de sus apuntes que puede incluir.

encuentro	lucha	transformación

¡Gramaticando! Voz pasiva y la pasiva refleja

Paso 1. Descubriendo la gramática (1)...

Actividad 1 Mira el dibujo. ¿Quiénes son y dónde están? Identifica a los "agentes", o sea, los que hacen la acción. Y el "paciente", ¿Dónde está?

En las siguientes oraciones, determina los elementos que se refieren al agente, a la acción y al paciente. Sigue el ejemplo:

En 711 los árabes invadieron la Península Ibérica.
Agente: *los árabes*   **Acción**: *invadieron*   **Paciente**: *la Península Ibérica*

1. Las fiestas de moros y cristianos expresan el combate entre los dos grupos.
Agente:
Acción:
Paciente:

2. Durante unos meses voy a estudiar la fiesta en la Comunidad Valenciana.
Agente:
Acción:
Paciente:

3. Los españoles trajeron a América la idea de las "danzas de moros y cristianos".
Agente:
Acción:
Paciente:

4. Los ejércitos de Isabel y Fernando vencieron a los árabes en Granada.
Agente:
Acción:
Paciente:

5. Los indios Pueblo celebran las fiestas con un baile llamado "los Matachines".
Agente:
Acción:
Paciente:

Actividad 2 Ahora,

a) fíjate en cómo se convierte la siguiente oración de voz activa a voz pasiva.
b) Luego rellena las etiquetas en las oraciones que siguen al ejemplo.
c) Finalmente, traduce las oraciones.

agente   acción   paciente

voz activa

Una niña lleva un traje de primera comunión.

paciente   acción   agente

voz pasiva

Un traje de comunión es llevado por una niña.

1. Los turistas que van a Valencia toman muchas fotos.   voz _____

Traducción: _____

Muchas fotos <u>son tomadas</u> por los turistas que van a Valencia.   voz _____

Traducción: _____

2. A veces los cristianos usan ropa de charro.   voz _____

Traducción: _____

A veces ropa de charro <u>es usada</u> por los cristianos.   voz _____

Traducción: _____

Actividad 3 Contesta las preguntas.

a. Cuando la voz activa se convierte en pasiva, ¿hay un agente diferente?   Sí   No

b. Cuando la voz activa se convierte en pasiva, ¿hay un paciente diferente?   Sí   No

c. En la voz pasiva, el verbo se forma con el verbo _____ y un participio pasado.

d. En la voz activa, ¿hay concordancia entre el agente y el verbo?   Sí   No

e. En la voz pasiva, hay concordancia entre el _____ y el verbo.

f. En la voz pasiva, hay concordancia entre el participio pasado y el: agente   paciente

g. En la voz pasiva, la palabra **por** se pone delante del agente: Sí   No

Actividad 4   Cambia los verbos según se indica en los tiempos correspondientes. Fíjate en la concordancia de sujeto verbo.

Voz activa	Voz pasiva
1. Los Matachines **llevan** tambores.	Los tambores _son llevados_ por los Matachines.
2. Los Matachines **han llevado** tambores.	Los tambores _____ por los Matachines.
3. Los Matachines **llevaron** tambores.	Los tambores _____ por los Matachines.
4. Los Matachines **llevaban** tambores.	Los tambores _____ por los Matachines.
1. La niña **lleva** una máscara.	La máscara es lleva___ ___ por la niña.
2. La niña **ha llevado** una máscara.	La máscara _____ por la niña.
3. La niña **llevó** una máscara.	La máscara _____ por la niña.
4. La niña **llevaba** una máscara.	La máscara _____ por la niña.
5. La niña **llevará** una máscara.	La máscara _____ por la niña.
1. En el 711 los árabes **invadieron** España.	En el 711 _____
2. Los Reyes Católicos **tomaron** Granada.	Granada _____
3. **He encontrado** datos.	
4. Los franciscanos **trajeron** la idea.	

¿Cuáles son las dos características del verbo que debes tener en cuenta para pasar de voz activa a voz pasiva con *ser*? Elige dos.

    A) El modo verbal   C) La concordancia del participio con el sujeto.

    B) El tiempo verbal   D) Los pronombres

Actividad 1 Las siguientes oraciones están en la voz activa. Cámbialas a la voz pasiva, manteniendo el tiempo del verbo. No olvides poner **_por_** delante del agente.

1. Los pueblos sin dinero usaban danzas con palos o espadas.

   _____

2. En Papantla los habitantes celebran una fiesta de moros y cristianos muy interesante.

   _____

3. Los indios Pueblo crearon un baile con un rey mexicano.

   _____

4. Los indios llevan máscaras en sus bailes.

   _____

5. Los europeos trajeron la idea de moros y cristianos a América.

   _____

6. En Texas y Kansas los matachines también hacen danzas.

   _____

Actividad 2 Forma oraciones completas combinando un elemento de cada columna para formar oraciones en voz pasiva. ¡Ten cuidado con la concordancia entre sujeto ("paciente") y el participio pasado!

las primeras fiestas	expandir	en el siglo XII
la fiesta moderna	expresar	por los frailes
la representación	integrar	a América
la reconquista	celebrar	en las fiestas
las diversiones	modificar	por los pueblos

1. _Las primeras fiestas fueron creadas en el siglo XII_____

2. _____

3. _____

4. _____

5. _____

Actividad 3 Lee otros apuntes que hizo Ricardo, el estudiante graduado, y en grupos cambien las oraciones subrayadas a voz pasiva.

> El verano pasado **vi unas danzas** muy diferentes de los matachines en Zacatecas. No había ni monarca ni Malinche. Tampoco **bailaron una historia** como la de los indios Pueblo. La música era totalmente rítmica y la coreografía, más simple. Un abuelo **mantenía el orden entre los bailadores.** En la Basílica de la Virgen los asistentes **observaron diferentes versiones** de danzas típicas. Estos bailes son más parecidos a los de los matachines en Texas y Kansas, pero no se parecen a los de los indios Pueblo.

_____

_____

_____

_____

Paso 1. Descubriendo la gramática (2)...

Actividad 1 Subraya el agente y la acción en cada una de las siguientes oraciones y luego conéctalas a la estructura correspondiente. Después contesta las preguntas.

____ 1. Los habitantes modifican las fiestas en cada región.

____ 2. Las fiestas son modificadas por los habitantes en cada región.

____ 3. Se modifican las fiestas en cada región.

ESTRUCTURA

a. agente + acción + paciente

b. paciente + acción + agente

c. **se** + acción   [no hay agente]

a. ¿Cuáles de las oraciones no usan el verbo *ser* + participio pasado?   1   2   3

b. Las oraciones 2 y 3 están en voz pasiva, pero hay una diferencia en cuanto al agente. ¿Cuál es esa diferencia? _____

La forma de voz pasiva que se usa en la oración 3 se llama "pasiva refleja".

Actividad 2 Fíjate en las oraciones y conéctales las características correspondientes

voz pasiva

_____ 1. Las costumbres **fueron adaptadas** por los habitantes.

pasiva refleja

_____ 2. **Se adaptaron** las costumbres.

a. Usa *ser* + participio pasado
b. Usa *se* + un verbo
c. No hay un participio pasado.
d. No hay un agente.
e. El agente va después de *por*

Actividad 3 En las siguientes oraciones, rellena las etiquetas encima de cada verbo con "*ser* + participio pasado" o "*se* + un verbo". Luego indica si las oraciones están en voz pasiva o pasiva refleja.

1. pasiva / pasiva refleja   Los trajes fueron expuestos por las autoridades en el museo local.

2. pasiva / pasiva refleja   Se entregaron premios a las vestimentas más bellos.

3. pasiva / pasiva refleja   Varias ceremonias se celebraron para reconocer a los ganadores.

4. pasiva / pasiva refleja   Los premiados fueron llevados a Nueva York para bailar.

Actividad 4 Para reflexionar en la voz pasiva y la pasiva refleja, completa las siguientes afirmaciones con la mejor opción.

1. Para formar la voz pasiva, uso…
      a. un agente y una acción pero no un paciente.
      b. un paciente y una acción pero nunca un agente.
      c. un paciente, una acción y un agente (aunque no es necesario mencionarlo).

2. Para las oraciones pasivas reflejas, uso…
      a. un agente y una acción pero no un paciente.
      b. un paciente y una acción pero nunca un agente.
      c. un paciente, una acción y un agente (aunque no es necesario mencionarlo).

3. Se forman las oraciones en voz pasiva con…
      a. una forma de *ser* + participio pasado que concuerda con el agente.
      b. una forma de *ser* + participio pasado que concuerda con el paciente.
      c. se + un verbo activo que concuerda con el paciente.

4. Se forman las oraciones pasiva reflejas con…
      a. una forma de *ser* + participio pasado que concuerda con el agente.
      b. se + un verbo activo que concuerda con el agente.
      c. se + un verbo activo que concuerda con el paciente.

Ahora, basándote en los ejemplos anteriores, escribe tu propia regla sobre las estructura de las dos formas pasivas.

☙ MI REGLA ☙

Formo la voz pasiva con la estructura_____ + _____ + _____

Ejemplo:_____

Formo la pasiva refleja con la estructura_____ + _____ + _____

Ejemplo:_____

Paso 2. Practicando la gramática...

Actividad 1   Cambia las oraciones de voz pasiva a pasivas reflejas con _se_. Cuidado con el agente: ¿debes incluir u omitirlo?

1. Los nuevos bailes fueron creados por los jóvenes.

   Se crearon nuevos bailes

② Ese artículo fue escrito por un profesor de la universidad.

   Se escribió ese artículo

③ El interés en estos rituales festivos fue aumentado por los programas en la tele.

   Se aumentó el interés en esto

4. Los hoteles en Papantla fueron ocupados por turistas que querían ver los bailes.

   _____

⑤ Los personajes de las danzas son basados en los de España.

   Se basan los personajes de las danzas

⑥. Los trajes son hechos con mucho tiempo de antelación.

   _____

Actividad 2 Primero, con un compañero oralmente forma oraciones lógicas con las frases de los recuadros.

1. Las tradiciones 2. Este tipo de baile 3. La máscara 4. Los trajes 5. Los participantes	fue traído serán pasados son elegidos es hecha son preservadas	por los jóvenes y ancianos. por el bailador mismo. por los europeos. por los habitantes del lugar. por los padres a sus hijos.

A) Ahora, escribe las oraciones.
B) Luego, cambia las oraciones a pasiva refleja.
C) Finalmente, cambia las oraciones a voz activa.

1. _____

Pasiva refleja→ _____

Voz activa → _____

2. _____

Pasiva refleja→ _____

Voz activa → _____

3. _____

Pasiva refleja→ _____

Voz activa → _____

4. _____

Pasiva refleja→ _____

Voz activa → _____

5. _____

Pasiva refleja→ _____

Voz activa → _____

Capítulo 2: La máquina del tiempo

Actividad 3 Tanto la voz pasiva como la pasiva refleja se usan en los medios de comunicación. Haz los ejercicios relacionados con la prensa y sus titulares.

La prensa y sus titulares

Aquí aparecen unas noticias cortas separadas de su titular. Léelas y conéctalas. Además, la impresora ha tenido un problema técnico y se han puesto negras algunas palabras o letras. Completa los titulares con la palabra o letras necesarias.

1. ▮ **entierran los restos de miles de indios Pueblo.**
2. **Los directivos de una famosa empresa de ropa f**▮**deteni**▮ **porque explotaban a menores.**
3. ▮ **aprueba una ley que amplía la cobertura del sistema social en México.**

Agencia Press. Última hora

La policía acaba de descubrir una empresa clandestina que explotaba a un grupo de menores de edad. Los menores trabajaban más de ocho horas diarias en condiciones infrahumanas cosiendo zapatillas de deporte de una conocida marca de ropa. Las zapatillas fueron regaladas a una organización de ayuda a los niños.

Notimex. Ciudad de México

La mayoría de los ciudadanos de México se mostraron satisfechos con la ampliación del sistema de salud nacional. La ley fue aprobada ayer en el Congreso y entrará en vigor a principios del año que viene. Cualquier enfermo podrá elegir hospital y el doctor que lo tratará. Hasta ahora el uso de los centros de salud estaba reducido a la localidad de residencia.

Agencia Erre. Nuevo México

Ayer en la ciudad de Pecos (Nuevo México) fueron enterrados los restos de más de dos mil personas pertenecientes a la tribu de los indios Pueblo. Dichos restos habían sido exhumados en 1914 y estaban en el museo de la Universidad de Harvard. Un numeroso grupo de descendientes asistieron a la ceremonia de devolución de los muertos a su tierra. Los actuales indios Pueblo han realizado sus deseos: por fin los espíritus de sus antepasados descansan en paz.

En las noticias anteriores, localiza 4 oraciones en voz pasiva y conviértelas en <u>se</u> pasivo
Recuerda que usamos la pasiva refleja cuando no enfatizamos el agente.

Voz pasiva	La pasiva refleja
Ejemplo: Las zapatillas fueron regaladas a una organización de ayuda a los niños.	*Las zapatillas se regalaron a una organización de ayuda a los niños.*
1.	
2.	
3.	
4.	

Escribe titulares para estas noticias. Usa la voz pasiva, si es posible. No es imprescindible.

1.Titular:

Image © kak2s, 2011. Used under license from Shutterstock, Inc.

Ecuador será la sede del décimo festival de cine y video de los pueblos indígenas de América. El festival está dirigido a todo el mundo y será gratuito ya que se pretende que la gente conozca la realidad de los pueblos nativos de América. Se presentarán más de 150 videos de temas tan diversos como la realidad de la mujer, la educación o la salud.
El video que obtenga el primer lugar podrá ser comercializado en las salas de cine del país.

2.Titular:

Image © Beror, 2011. Used under license from Shutterstock, Inc.

Debido a un incidente sucedido en una empresa que se negó a contratar a un trabajador por pertenecer a una comunidad indígena, algunos de los movimientos de lucha por los derechos humanos se movilizarán mañana en Bolivia con varias manifestaciones anti-racismo. El gobierno planea sancionar a la empresa y tomar medidas judiciales en contra de su presidente.

3. Titular:

Image © StockLite, 2011. Used under license from Shutterstock, Inc.

Varios cafés del centro de Montevideo se han puesto de acuerdo para donar el 15% de sus beneficios de mañana para ayudar al Hospital Cruz. La iniciativa de los dueños de los cafés tiene dos propósitos: por un lado ayudar al mantenimiento del legendario hospital, ya que recientemente se había hablado de su cierre y los ciudadanos no quieren que ocurra; y por otro lado, fomentar los momentos de ocio en los cafés del centro. Durante el último año la recaudación de los cafés había bajado el 7% y esta publicidad indirecta podrá beneficiar a la asociación de hosteleros.

En grupos inventen el titular de una noticia. A continuación tomarán el titular de sus compañeros y escribirán la noticia para el mismo. Usen alguna de las fotos, si lo desean.

Image © Vladimir Mucibabic, 2011. Used under license from Shutterstock, Inc.

Image © Norebbo, 2011. Used under license from Shutterstock, Inc.

Image © Yuri Arcurs, 2011. Used under license from Shutterstock, Inc.

Image © Rafal Olkis, 2011. Used under license from Shutterstock, Inc.

Image © gosn.Morncilo, 2011. Used under license from Shutterstock, Inc.

Titular:

Actividad 4 Lee con cuidado cada oración y decide si se enfatiza el agente (si lo hay) o el paciente. Generalmente, lo que aparece primero es lo que se enfatiza.

agente   paciente   1. La estación ha retransmitido un programa de las fiestas en Alcoy.

agente   paciente   2. Las fiestas en Alcoy han sido retransmitidas por la estación.

agente   paciente   3. Se han retransmitido las fiestas en Alcoy.

agente   paciente   4. Los matachines fueron llevados a Nueva York por el periódico.

agente   paciente   5. Se les han hecho muchas entrevistas a los matachines.

Ahora escribe cuatro oraciones: dos que enfatizan el agente y dos que enfatizan el paciente.

1. _____

_____

2. _____

_____

3. _____

_____

4. _____

_____

Ahora, basándote en los ejemplos anteriores, escribe tu propia regla sobre el uso de la voz pasiva.

✍ MI REGLA ✍

Se usa la voz activa cuando se quiere enfatizar el (agente / paciente).

Ejemplo:_____

Se usa la voz pasiva cuando se quiere enfatizar el (agente / paciente).

Ejemplo:_____

Se usa la pasiva refleja cuando se quiere enfatizar el (agente / paciente) pero no se quiere mencionar el agente.

Ejemplo:_____

Actividad 5 Con las siguientes palabras forma oraciones en

a) voz activa,
b) voz pasiva,
c) pasiva refleja.

Añade palabras y haz todos los cambios necesarios para que sean lógicas y bien desarrolladas.

1. turistas / hacer / mucho / fotografías

a. _____ *Los turistas hacen muchas fotografías.* _____

b. _____

c. _____

2. participantes / crear / personajes / interesante

a. _____

b. _____

c. _____

3. jóvenes / mantener viva / tradiciones / y / cultura

a. _____

b. _____

c. _____

4. matachines / haber adaptado / costumbres/ antigua / a su cultura

a. _____

b. _____

c. _____

Actividad 1 Toma la siguiente mini-prueba para probar tus conocimientos de la voz pasiva y la pasiva refleja.

1. Which of the following applies to the active voice?
   a) The agent is emphasized.
   b) The recipient ("patient") of the action becomes the subject of the sentence.
   c) Forms of _ser_ and the past participle must agree in gender and number with the agent.

2. Which of the following apply to the passive voice?
   a) The agent is emphasized.
   b) The recipient ("patient") of the action becomes the subject of the sentence.
   c) Forms of _ser_ and the past participle must agree in gender and number with the agent.

3 Which of the following apply to the passive _se_ construction?
   a) The recipient ("patient") is emphasized.
   b) The agent is expressed in the sentence.
   c) If we use the passive _se_, we cannot identify the agent.

4. True / False   I use the active voice when I want to emphasize the agent.

5. True / False   I use the passive voice when I want to emphasize the patient.

Actividad 2 Basándote en tu rendimiento en la mini-prueba, completa la siguiente auto-evaluación.

	excellent	good	weak
My understanding of when to use passive voice / passive _se_ instead of active voice is...			
My understanding of when to use the passive _se_ instead of the passive voice is...			
My understanding of when to use the passive _se_ instead of the passive voice is...			
My understanding of how to form the passive voice is...			

Auto-prueba

Actividad 1 Llena los espacios con la mejor opción del banco de palabras. ¡Cuidado con la concordancia y la conjugación verbal!

herida	logro	combate	debido a
aproximarse	sufragio	personaje	enfrentamiento
parecer	firmar	convivir	derrotar
transcurrir	ser obligado	representar	alimentación

1. Desde el primer viaje de Colón al cuarto viaje _____ 10 años.

2. Las mujeres estadounidenses obtuvieron el _____ en 1920.

3. Cuando vi la película sobre la esclavitud, me gustó mucho el _____ principal. Tenía mucho carisma.

4. Algunos nativos _____ _____ a convertirse al cristianismo, a pesar de que no querían.

5. El _____ entre moros y cristianos dio lugar a la famosa fiesta de ese nombre.

6. _____ ___ un error las primeras mujeres votaron en 1776 en New Jersey.

7. La mayoría de los productos que se utilizan en la _____ hoy en día son originarios de América.

8. Uno de los _____ de la civilización actual es el _____ en armonía, a pesar de las diferencias culturales e ideológicas.

Actividad 2 Elige la forma correcta de los verbos en estas oraciones.

1. Cuando VI / VEÍA por primera vez la fiesta de los indios, inmediatamente TUVE / TENÍA una idea para mi tesis.

2. Nunca antes HABÍA ESTADO / ESTABA en una fiesta popular de México.

3. En 1494 los Reyes Católicos y el rey de Portugal FIRMARON / HAN FIRMADO un tratado para dividirse las rutas de navegación hacia América.

4. Cuando LLEGABA / LLEGUÉ ya HABÍA EMPEZADO / EMPEZÓ la película.

5. Obama SE DIO CUENTA / SE DABA CUENTA de que HA GANADO / HABÍA GANADO las elecciones horas después del cierre de los lugares de voto.

Actividad 3   Cambia estas oraciones a la voz pasiva con <u>ser</u> y a la pasiva refleja.

1. Compraron una máscara en el mercado de San Antonio.

    ser: _____

    se: _____

2. Las noticias retransmitieron la fiesta de los indios Pueblo.

    ser: _____

    se: _____

Actividad 4   Indica si las siguientes oraciones son ciertas [C] o falsas [F].

____ C ____ F   1. Los españoles perdieron la guerra contra EEUU en la liberación de Cuba y Puerto Rico.

____ C ____ F   2. La convención de los Derechos del Niño se firmó en el año 2005.

____ C ____ F   3. En Sudáfrica hasta 1950 las personas de raza negra no podían entrar en algunas ciudades.

____ C ____ F   4. Las fiestas de Moros y Cristianos rememoran el combate entre árabes y cristianos.

____ C ____ F   5. Evo Morales es la primera persona indígena que toma la presidencia de un país. Nunca antes había pasado.

Actividad 5   Hay un error en cada uno de los párrafos. De las tres opciones, selecciona la palabra que contiene un error y escribe la forma correcta en el espacio indicado.

1. Cuando **viajamos** al Carnaval del sur de España **aprendíamos** muchas cosas sobre el origen de la fiesta. Yo nunca antes **había estado** en Europa.

    verbo incorrecto: _____   verbo corregido: _____

2. Cuando **se fueron** retransmitidas las fiestas de los indios Pueblo, la audiencia **fue** enorme. Nunca **habían sido vistas** en la televisión de México.

    verbo incorrecto: _____   verbo corregido: _____

3. Hoy en clase **hemos leído** la declaración sobre los derechos humanos. El profesor nos **ha dicho** que **ha sido firmada** en 1948.

    verbo incorrecto: _____   verbo corregido: _____

4. Colón **se daba cuenta** de que los habitantes de aquella isla podían ser siervos de la Religión católica. Cuando **regresó** a España llevó a dos personas para demostrar a los Reyes que **había encontrado** un nuevo mundo.

    verbo incorrecto: _____   verbo corregido: _____

Actividad 6 Este párrafo ha sido escrito por un estudiante. Léelo detenidamente y clasifica los errores subrayados con su tipología en la tabla. Una raya significa que se omitió una palabra.

La día de 11 de septiembre 2001 es una día en la historia de los Estados Unidos más importante. Este día nos país estuvó atacar de terroristas. Los ciudades directos affectados son Nueva York y Washington D.C, pero toda la país estuvó affectar. Muchos Americanos se morían este día y las días después.

En la mañana de este día diecinueve _____ secuestradores abordaron 4 aviones de "American Airlines". Después de abordaron el avión, esperaba para la avión a volara. Cuando estaba en el aire, los secuestradores se hicieron controlar de los aviones. Los secuestradores mataron _____ pilotos, azafatas, y pasajeros que les dieron problemas. American Airlines vuelo 11 estuvó el primer avión _____ se estrelló en un edificio. El edificio estuvó la norte torre del Centro Mundial Comercial en Nueva York. Los cuidaños piensaron que fue una accidente, pero horas después el segundo avión se estrelló contra la torre sur.

Tipo de error	Ejemplo del párrafo
Léxico: palabras mal escritas o mal usadas	*afectados,*
Verbos: conjugación, tiempo verbal, modo o confusión de *ser* y *estar*	
Concordancia 1: el sustantivo no concuerda con el adjetivo o con el determinante (artículo, …)	
Concordancia 2: el sujeto y el verbo no concuerdan	
Orden de las palabras u omisión de palabras	
Confusión pretérito/ imperfecto	
Voz pasiva: mala construcción o uso inadecuado.	
Sintaxis incorrecta: la oración está mal construida	

Actividad 7 El profesor corrigió el párrafo. En la lista que sigue, escribe algunos de los errores corregidos al lado de su explicación.

La día de 11 de septiembre 2001 es una día en la historia de los Estados Unidos más importante. Este día nos país estuvó atacar
El   un   may   nuestro fue atacado
de terroristas. Los ciudades directos affectados son Nueva York y Washington D.C, pero toda la país estuvó
por   Las   directamente afectadas fueron   todo el país fue
affectar. Muchos Americanos se morían este día y las días después.

Capítulo 2: La máquina del tiempo   139

afectado   *murieron*   *los*

En la mañana de este día diecinueve _____ secuestradores abordaron 4 aviones de "American Airlines". Después de ~~abordaron~~

los   *abordar*

el avión, ~~esperaba para la avión a volara~~. Cuando estaba en el aire, los secuestradores ~~se hicieron controlar de los aviones~~. Los

esperaron a que el avión volara   *se hicieron con el control de los aviones*

secuestradores mataron _____ pilotos, azafatas y pasajeros que les dieron problemas.

a

~~American Airlines vuelo 11 estuvó el primer avión~~ _____ se estrelló en un edificio. El edificio ~~estuvó~~ ~~la norte torre~~ del Centro

El vuelo número 11 de American Airlines fue   *que*   *era*   *la torre norte*

Mundial Comercial en Nueva York. Los ~~cuidaños piensaron~~ que ~~fue una~~ accidente, pero horas después el segundo avión se estrelló

ciudadanos pensaron   *era un*

contra la torre sur.

- La voz pasiva se construye con el verbo *ser* + participio ___*fue atacado*___
- Se usa pretérito porque es un verbo no durativo y expresa una acción que sucedió un día _____
- Se usa el artículo porque hablamos de algo específicamente _____
- "Después de" y "antes de" se construyen con un infinitivo _____
- "Take control of" en español se traduce _____
- Se pone una "a" porque se refiere a personas _____

Actividad 8 El texto es comprensible, pero se puede mejorar el estilo de algunas oraciones. Conecta las oraciones mejoradas con las originales.

El día de 11 de septiembre 2001 es un día en la historia de los Estados Unidos muy importante.	Miles de americanos perdieron la vida ese día y los días sucesivos.
Las ciudades directamente afectadas fueron Nueva York y Washington D.C., pero todo el país estuvo afectado.	Uno de los días más importantes en la historia reciente de los EEUU es el día 11 de septiembre de 2001.
Muchos americanos murieron este día y los días después.	Una vez dentro del avión, los secuestradores esperaron a que estuviera en el aire para secuestrarlo.
Después de abordar el avión, esperaron a que el avión volara.	Nueva York y Washington D.C. fueron las ciudades directamente afectadas, pero todo el país sufrió las consecuencias del terrible atentado.

Actividad 9 Corrige y mejora el estilo de estas dos oraciones.

1. Noticia de el evento difundió y las ciudanos estaban en panicó.

_____

2. Muchos ciudanos, policia, y bomberos se morieron. 9,000 personas en total se morieron.

_____

Noticias y sociedad

Estrategia de lectura 2: Mejorar la comprensión de un texto

¿Has escuchado hablar del sistema de lectura SQ5R en inglés? _____

Es un método que facilita la comprensión lectora y el aprendizaje de lo esencial de un texto de manera más rápida y eficaz. Conecta las palabras del inglés con su correspondiente traducción al español.

Survey		Examinar	
Question		Preguntar	
Read		Leer	
Respond		Revisar	
Record		Recitar (repetir)	
Recite		Responder	
Review		Registrar	

EPL4R en un texto

En este texto vas a practicar el sistema EPL4R o SQ5R (inglés) para que lo puedas aplicar a las lecturas siguientes.

Antes de leer

Examinar: Vete al texto de la página siguiente; en 20 segundos lee el título, lee las primeras líneas de los párrafos, mira las fotos o primeras palabras destacadas (**bold**). Esto te ayudará a prepararte para comprender el texto que vas a leer. Después de examinarlo, escribe dos palabras que resumen las ideas principales.

_____   _____.

Preguntar: Después de examinar el texto, haz unas preguntas para ti mismo: ¿Qué quiero aprender de la lectura? Escribe algunas preguntas que contengan ¿qué?, ¿quién?, ¿cómo?, ¿cuándo? ¿dónde? y te ayuden a comprenderlo mejor.

Ejemplo: ¿En qué países había espías? ¿Qué hacían las espías?

1._____

2._____

3._____

Leer: Lee el texto intentando responder a las preguntas que te hiciste. Intenta siempre ser un lector activo, no pasivo.

Espías femeninas: el atractivo físico como arma

Image © Lisa F. Young, 2011. Used under license from Shutterstock, Inc.

En las primeras décadas del siglo XX las relaciones entre los géneros aún estaban marcadas por un profundo machismo. Las **mujeres** nunca habían sido vistas como un enemigo a combatir o vencer; por eso los servicios de inteligencia de algunos países se sirven de la astucia, el buen hacer y la **hermosura** de las agentes femeninas. Un ejemplo es la famosísima Mata Hari en la Primera Guerra Mundial.

Estas **espías** usaban su **belleza** y el sexo como armas para lograr conquistar a dirigentes de bandos enemigos y obtener información clasificada a partir de confesiones, de documentos encontrados en despachos de sus amantes, de fotografías tomadas en visitas al lugar de trabajo de sus "amigos íntimos". Podían **seducir** a agentes rivales para tenderles, trampas y eliminarlos o capturarlos. La mayor parte de estos logros se basaba en sus armas de mujer: una sofisticada educación, ropa de marca muy cara y un comportamiento sexy y provocativo hacia el sexo masculino e incluso el femenino.

Muchas mujeres fueron empleadas con esta finalidad en la Segunda Guerra Mundial. En más de una ocasión, aunque eran culpables de varios delitos, obtuvieron perdón ante las leyes militares debido a la sociedad patriarcal y **machista** de la época que no consideraba condenar a una mujer.

Sin embargo, hoy por hoy, las **diferencias** se han terminado. Hombres y mujeres por **igual** están en las listas de agentes del Servicio de Inteligencia de las potencias mundiales. Aunque estas bellas mujeres siguen utilizando en innumerables ocasiones su atractivo como reclamo, ya no centran, como hiciese Mata Hari, su labor en ese aspecto.

Josephine Baker en Francia, Marlene Dietrich o Vera Erikson en Alemania no encontrarían en nuestros días hombres cándidos a los que tender trampas solo por su innegable atractivo físico, sino también por tener un buen plan elaborado al estilo de las mejores películas de James Bond.

Recitar: Sin mirar el texto, resume los puntos más importantes. Si lo haces en voz alta, resultará más efectivo.

Registrar: Memoriza los puntos más importantes de cada sección del texto. Te puede ayudar hacerlo en forma de preguntas y respuestas.

Responder y revisar: Revisa todo el texto, comprueba que lo que recitaste y registraste es correcto. Para verificar los contenidos que entendiste, responde si las siguientes preguntas son ciertas o falsas.

____F____ En las primeras décadas del siglo XX se veía a las mujeres como espías enemigos.
____C____ Las mujeres lograban éxito con sus estrategias logísticas planeadas por el gobierno.
____F____ Las mujeres espías no eran perdonadas por los militares por el hecho de ser mujeres.
____C____ Hoy en día el trabajo de espía femenino no está basado en su atractivo físico.

Actividad 1 Haz las siguientes actividades relacionadas con un texto sobre mujeres que hicieron historia.

Antes de leer Contesta las siguientes preguntas antes de leer el texto.

1. Mira estas fotografías y escribe algunas palabras que te sugieren.

2. Piensa en dos mujeres históricas en tu país y escribe en una línea por qué son famosas.

A. _____: _____

B. _____: _____

3. Lee las palabras. Indica a qué categoría gramatical pertenecen. Después, búscalas en el diccionario y escribe su definición.

Vocabulario	Categoría gramatical	Definición
hazaña	*sustantivo*	feat
desempeñado		perform
disparar		
escudo		
llevar a cabo		
plasmado		
alistarse		
alférez		
cuyo		
vagar		
galanteo		
forjarse		
acomodado		

Mujeres rompedoras para su época

A lo largo de la historia son muchas las féminas que han desempeñado papeles relevantes y diversos en los procesos políticos, económicos y sociales. Con sus hazañas estas mujeres contribuyeron a configurar el panorama social de la actualidad. Estos son algunos ejemplos:

1. Las Adelitas mexicanas

Buscar el agua, llevar las ollas y las cazuelas para preparar comida, lavar la ropa, apilar madera para hacer fuego, preparar el fusil, disparar si los hombres tenían problemas, cuidar a los niños y llevarlos siguiendo a sus papás. Estas eran algunas de las funciones de las soldaderas. Durante toda la revolución mexicana siguieron a la tropa en movimiento y corrieron la misma suerte que los soldados. Subían al tren. Viajaban al lado de su hombre en el techo del vagón porque los caballos tenían que ir resguardados y los revolucionarios aguantaban las nevadas del norte y el calor del sur, la escarcha, el frío, la tormenta y el sol aplastante. Decididas a todo, las soldaderas eran escudos humanos. En su gran mayoría provenían de familias campesinas. Debido a su intervención en la revolución mexicana, el rol de las mujeres en el ámbito político fue de vital importancia. El 16 de enero de 1916, cuando se llevó a cabo el Primer Congreso Feminista de Yucatán, que reunió a 700 mujeres destacadas de toda la república, se produjo un gran avance a favor de la lucha por los derechos de las mujeres mexicanas: se las liberó de gran parte de las tradiciones machistas que las reprimían. Gracias a la tenacidad de estas feministas adelantadas durante la revolución, sus demandas fueron incorporadas a la legislación y plasmadas en leyes tales como la Ley del Divorcio con Disolución de Vínculo, la Ley Sobre Relaciones Familiares y la Ley del Matrimonio. Todas ellas consideraban a la mujer dentro de la sociedad mexicana.

2. Loretta Janeta Velázquez

Loretta nació en Cuba y se hizo pasar por un soldado de la Confederación durante la Guerra Civil. Se alistó en la Armada de la Confederación en 1861, sin que su esposo lo supiera. Su esposo era soldado. Luchó en Bull Run, Ball's Bluff y Fort Donelson. Sin embargo, su sexo fue descubierto en Nueva Orleans y fue obligada a dejar el ejército. No se rindió, volvió a alistarse y peleó en Shiloh hasta que nuevamente fue descubierta. Luego se convirtió en espía y trabajó bajo la apariencia tanto de hombre como de mujer. Su esposo murió durante la guerra. Volvió a contraer nupcias tres veces más, al quedarse viuda. No se tiene mucha información de la vida de Loretta. Todos los datos que se manejan hoy día se basan en un libro de memorias que ella publicó en 1876: *The Woman in Battle: The Civil War Narrative of Loretta Janeta Velázquez, Cuban Woman and Confederate Soldier*, que algunos autores declararon un libro de "evidente ficción". La polémica sigue en la mesa.

3. Catalina de Erauso: La Monja Alférez

Durante el siglo de oro español vivió uno de los personajes femeninos más fascinantes: Catalina Erauso, apodada La Monja Alférez, cuya vida estuvo plagada de peripecias y aventuras. Nació en San Sebastián en 1592. A los cuatro años fue internada en un convento, por lo que su infancia y su adolescencia las pasó entre religiosas. Sin embargo, debido a su carácter inquieto y rebelde, con apenas quince años de edad, colgó los hábitos y, disfrazada de hombre, cruzó las puertas del convento para no regresar nunca.

Comenzó entonces una vida en los bosques comiendo hierbas y viajando de pueblo en pueblo, con miedo de ser reconocida. Siempre vestida como un hombre y con el pelo cortado a manera masculina, adoptó nombres masculinos diferentes. Algunos autores afirman que su aspecto físico le ayudó a ocultar su condición femenina: se la describe como de gran estatura para su sexo, más bien fea y sin unos caracteres sexuales femeninos muy marcados. También se dice que nunca se bañaba, y que debió adoptar comportamientos masculinos para así poder ocultar su verdadera identidad. Después de vagar por los pueblos, por fin consiguió embarcar hacia el Nuevo Mundo. En 1619 viajó a Chile, donde, al servicio del rey de España, participó en diversas guerras de conquista. Destacada en el combate, rápidamente adquirió fama de valiente y diestra en el manejo de las armas, lo que le valió alcanzar el grado de alférez sin desvelar nunca su autentica condición de mujer. Amante de las peleas, del juego, los caballos y el galanteo con mujeres, como corresponde a los soldados españoles de la época, en varias ocasiones formó parte de revuelos y escándalos. En medio de un escándalo declaró ser mujer para evitar ser ajusticiada y fue enviada de regreso a España. Fue recibida con honores por el rey Felipe IV, quien le confirmó su graduación y empleo militar y la llamó "monja alférez", autorizándola además a emplear un nombre masculino.

4. Juana Azurduy de Padilla

Juana fue otra luchadora perteneciente al ejército y merecedora del título de teniente coronel. Nació en 1780 en el departamento de Potosí que por ese entonces pertenecía al Virreinato del Río de la Plata, actual Bolivia. Hija de un español y una indígena, es un ejemplo del mestizaje de la época. Fue una mujer acomodada económicamente. Aprendió las lenguas indígenas como quechua y aymara. Al igual que Catalina, fue enviada a un convento en su juventud a la muerte de sus padres. En el convento se fue forjando su espíritu aventurero admirando a personajes como Tupac Amaru. Juana fue expulsada del convento y regresó a su pueblo natal. Allí conoció a Manuel Asensio de Padilla y contrajo matrimonio con él. Juntos se unieron a la Revolución de Chuquisaca y después lucharon en otras batallas en contra de los españoles y por la independencia americana. Tuvo cinco hijos a los que llevó con ella en sus batallas, muriendo los cuatro mayores debido a diversas enfermedades. Juana fue reconocida con una pensión vitalicia por Bolívar, pero posteriormente dicha pensión fue suspendida y murió a los 82 años acompañada de su única hija viva. Fue enterrada en una fosa común. Años más tarde fue exhumada y se construyó un panteón en su honor.

Después de leer Contesta las siguientes preguntas basándote en lo que leíste.

1. Elige la oración que <u>mejor</u> describe quiénes eran Las Adelitas mexicanas.
a) Eran las amantes y las esposas de los soldados de la revolución mexicana que los esperaban en casa.
b) Eran mujeres políticas que lucharon para instaurar el divorcio en la época de la revolución mexicana.
c) Eran mujeres que seguían a las tropas y sufrían las mismas condiciones que los soldados.
d) Eran mujeres que viajaban con las tropas para hacer la comida a los soldados, sin participar nunca en las batallas.

2. Marca la oración que <u>NO</u> es correcta sobre la vida de Loretta Janeta.
a) Su primer esposo la animó a participar en la Guerra Civil.
b) Se casó varias veces en su vida, después de quedarse viuda.
c) Fue espía vestida de hombre y de mujer.
d) Algunos autores creen que sus libros no son reales.

3. ¿Por qué Catalina Arauso fue llamada "La Monja Alférez"?
a) Porque ese era el nombre del pueblo donde nació.
b) Porque Felipe IV le puso ese nombre después de sus luchas.
c) Porque luchó para defender un convento de monjas.
d) Porque sus padres le pusieron ese nombre.

4. ¿Por cuál de estas oraciones del texto inducimos que Juana murió pobre y sin reconocimiento social?
a) Fue enterrada en una fosa común.
b) Juana fue reconocida con una pensión vitalicia por Bolívar.
c) Años más tarde fue exhumada y se construyó un panteón en su honor.

5. Escribe un resumen de entre dos y tres líneas que describa la idea principal de cada sección del texto.

1) *Ejemplo: Se describe las funciones y la importancia de las mujeres en la Revolución Mexicana. Las Adelitas eran mujeres que...*

2)

3)

4)

6. En tu cuaderno escribe un resumen de cinco o seis líneas que incluya el contenido de todo el texto.

El tema en la literatura

Ángeles Mastretta es una escritora de Puebla, México. Se educó en la Universidad de la Ciudad de México formando parte integral de la generación de los años setenta y ochenta. Ángeles fue una luchadora enérgica del movimiento feminista mexicano el cual fue muy activo en esos años. Por esa razón en su obra literaria se aprecia una textualización del pensamiento feminista. Contextualiza una actitud de compromiso social ante los problemas a los que se enfrenta la mujer mexicana. *Arráncame la Vida* es su primera novela y por la que recibió el Premio Mazatlán en 1985. En 2008 fue llevada al cine por el director Roberto Sneider con la aprobación de la autora y representó a su país en los premios Oscar de Hollywood. Mastretta es autora de otras novelas como *Mujeres de ojos grandes* (1990) y *Mal de amores* (1996).

Antes de leer

Actividad 1 Vas a ver el tráiler de la película. Elige la sinopsis que corresponde al tráiler que viste.

1. Una mujer cubana decide casarse sin amor con un hombre mayor que ella para poder salir del país y tener libertad. Muy pronto se da cuenta de los obstáculos que tiene que salvar para obtener esa libertad. Los choques culturales entre un hombre tradicional y una mujer moderna parecen insalvables.

2. Una joven mujer se ve obligada a casarse con un hombre al que no ama. Poco a poco descubre que el hombre con el que se ha visto obligada a casarse no es tan malo como parece y el amor surge entre ellos, pero un acontecimiento inesperado cambiará toda su vida.

3. Una joven mujer conoce a un hombre 15 años mayor que ella, un militar tirano y machista con el que se casa accediendo a las esferas más poderosas del México de la época. Va descubriendo poco a poco la auténtica personalidad de su esposo y los obstáculos que debe pasar una mujer para alcanzar la libertad en los inicios del siglo XX en una sociedad asfixiante y machista.

Actividad 2 Una metáfora da un sentido nuevo a una palabra o concepto. Conecta estas metáforas del texto que vas a leer con su interpretación correspondiente.

Metáfora	Interpretación
"…en la cara se le nota que está de acuerdo"	Se hizo habitual en nuestras vidas.
"…los poblanos eran esos que caminaban y vivían como si tuvieran la ciudad escriturada a su nombre desde hacía siglos"	No se hizo general porque provenía de una familia noble, sino por hacer algunas trampas en su vida.
"…convertido en general gracias a todas las casualidades y a todas las astucias menos la de haber heredado un apellido con escudo."	Está diciendo que sí con la expresión de su cara.
"…a dilapidar sus coqueterías conmigo"	Los poblanos eran tradicionales y arrogantes.
"Se nos metió de golpe a todos."	Intentar conquistarme sentimentalmente.

Lectura Lee las dos primeras páginas de *Arráncame la vida* de Ángeles Mastretta.

Iglesia de Puebla. México

Detalle vidriera Puebla. México

Paisaje Puebla. México

Ese año pasaron muchas cosas en este país. Entre otras Andrés y yo nos casamos.

Lo conocí en un café de los portales. En qué otra parte iba a ser si en Puebla todo pasaba en los portales: desde los noviazgos hasta los asesinatos, como si no hubiera otro lugar.

Entonces él tenía más de treinta años y yo menos de quince. Estaba con mis hermanas y sus novios cuando lo vimos acercarse. Dijo su nombre y se sentó a conversar entre nosotros. Me gustó. Tenía las manos grandes y unos labios que apretados daban miedo y, riéndose, confianza. Como si tuviera dos bocas. El pelo después de un rato de hablar se le alborotaba y le caía sobre la frente con la misma insistencia con que él lo empujaba hacia atrás en un hábito de toda la vida. No era lo que se dice un hombre guapo. Tenía los ojos demasiado chicos y la nariz demasiado grande, pero yo nunca había visto unos ojos tan vivos y no conocía a nadie con su expresión de certidumbre.

De repente me puso una mano en el hombro y preguntó:

-¿Verdad que son unos pendejos?

Miré a mi alrededor sin saber qué decir: -¿Quiénes? – pregunté.

-Usted diga que sí, que en la cara se le nota que está de acuerdo – pidió riéndose.

Dije que sí y volví a preguntar quiénes.

Entonces él, que tenía los ojos verdes, dijo cerrando uno: -Los poblanos, chula. ¿Quiénes si no?

Claro que estaba yo de acuerdo. Para mí los poblanos eran esos que caminaban y vivían como si tuvieran la ciudad escriturada a su nombre desde hacía siglos. No nosotras, las hijas de un campesino que dejó de ordeñar vacas porque aprendió a hacer quesos; no él, Andrés Ascencio, convertido en general gracias a todas las casualidades y a todas las astucias menos la de haber heredado un apellido con escudo.

Quiso acompañarnos hasta la casa y desde ese día empezó a visitarla con frecuencia, a dilapidar sus coqueterías conmigo y con toda la familia, incluyendo a mis papás que estaban tan divertidos y halagados como yo.

Andrés les contaba historias en las que siempre resultaba triunfante. No hubo batalla que él no ganara, ni muerto que no matara por haber traicionado a la Revolución o al Jefe Máximo o a quien se ofreciera.

Se nos metió de golpe a todos. Hasta mis hermanas mayores, Teresa, que empezó calificándolo de viejo concupiscente, y Bárbara, que le tenía un miedo atroz, acabaron divirtiéndose con él casi tanto como Pía la más chica. A mis hermanos los compró para siempre llevándolos a dar una vuelta en su coche.

A veces traía flores para mí y chicles americanos para ellos. Las flores nunca me emocionaron, pero me sentía importante arreglándolas mientras él fumaba un puro y conversaba con mi padre sobre la laboriosidad campesina o los principales jefes de la Revolución y los favores que cada uno le debía.

Después me sentaba a oírlos y a dar opiniones con toda la contundencia que me facilitaban la cercanía de mi padre y mi absoluta ignorancia.

Cuando se iba yo lo acompañaba a la puerta y me dejaba besar un segundo, como si alguien nos espiara. Luego salía corriendo tras mis hermanos.

Nos empezaron a llegar rumores: Andrés Ascencio tenía muchas mujeres, una en Zacatlán y otra en Cholula, una en el barrio de la Luz y otras en México. Engañaba a las jovencitas, era un criminal, estaba loco, nos íbamos a arrepentir.

© Ángeles Mastretta, 1986

Después de leer

Actividad 1   Escribe si las siguientes afirmaciones sobre el texto son verdaderas o falsas.

1. _____ La primera vez que la protagonista vio a Andrés pensó que era horrible.

2. _____ Andrés Ascencio es un hombre muy guapo, según la protagonista.

3. _____ El papá de la protagonista es quesero.

4. _____ A los papás de la protagonista les gustaba Andrés Ascencio.

5. _____ Andrés contaba historias en las que siempre él era un héroe.

6. _____ Se rumoreaba que Andrés tenía muchas amantes.

Actividad 2 Vean los primeros minutos de la película; después, escriban las semejanzas y diferencias entre la película y el texto que encuentren en estos primeros momentos. Compartan tus respuestas con un compañero.

Semejanzas	Diferencias

Actividad 3 El texto que leíste termina con la oración: "nos íbamos a arrepentir." Traduce esta oración al inglés. Con un compañero, escriban posibles hipótesis de por qué Catalina y su familia se iban a arrepentir de haber conocido a Andrés.

Traducción: _____

Hipótesis: _____

_____

_____

Actividad 4 En grupos inventen un final para la historia de Catalina y Andrés y explíquensela a la clase.

Creemos que el final de la historia es...

Actividad 5 En grupos de cuatro personas van a jugar a adivinar películas.

1. Dos personas del grupo piensan en una película y cuentan el argumento a sus compañeros. Sus compañeros deben adivinar de qué película se trata.

2. En el segundo turno el grupo debe representar el título de la película y el resto del grupo debe adivinarlo.

Actividad 6   Aquí tienen algunos títulos en español de películas hispanas o norteamericanas. Tradúzcanlas al inglés.

El laberinto del fauno
_____

El amor en los tiempos del cólera.
_____

Crepúsculo
_____

Batman: El caballero oscuro
_____

Come, reza, ama
_____

El secreto de sus ojos
_____

El lenguaje vivo: Los arcaísmos

Be that as it may or WHATEVER

Parece raro hablar de arcaísmos en una sección de lenguaje vivo. Pero aunque la antigüedad y el uso que se hace de una palabra permiten considerarla un arcaísmo, en muchos países esas palabras antiguas o arcaicas todavía se usan en la vida diaria o forman parte del lenguaje jurídico. Por lo tanto, estas palabras "antiguas" realmente están vivas. De hecho, en lingüística histórica un arcaísmo es una palabra o elemento gramatical que ha desaparecido de la lengua cotidiana pero que todavía se usa en ciertos contextos o es entendido por los hablantes.

Generalmente los arcaísmos permanecen en la lengua durante siglos sin cambios sustanciales. En particular perviven en los mitos, las canciones antiguas, los refranes o proverbios porque se transmiten tal como se han oído durante siglos. A veces los escritores usan arcaísmos para embellecer un texto o sugerir un tiempo pasado. Otros los usan para darle un tono cómico a lo que escriben. Fíjate cómo en el refrán abajo pervive un arcaísmo.

> *A padre endurador, hijo gastador.*
>
> ("endurador" se refiere a la palabra "duro", una moneda que ya no se usa en España y cuyo valor era de cinco pesetas.)

Dos ejemplos de habla arcaica en español:

> ➤ **México.** Se siguen usando expresiones que ya no son corrientes en España, por ejemplo "pararse" para "ponerse en pie"; "prieto" para "oscuro", "fierro" para "hierro", "platicar" para "conversar", "se me hace…" para "me parece", "¿qué tanto?" para "¿cuánto?".

> ➤ **España.** Hasta cierto punto se puede considerar el uso de "vosotros" un arcaísmo respecto al español de América donde ha desaparecido. Por otro lado, el "seseo", o sea, el uso único del sonido /s/ en las grafías "ce" y "ci", o "za", "zo", "zu" es una especie de arcaísmo americano porque la pronunciación del centro y norte peninsular diferencia el sonido /θ/ de /s/ desde los siglos XVI y XVII.

Actividad 1 Lee la siguiente lista de arcaísmos y conecta cada uno con la palabra
moderna correspondiente. Recuerda que en algunos países, estos
arcaísmos todavía forman parte del lenguaje cotidiano.

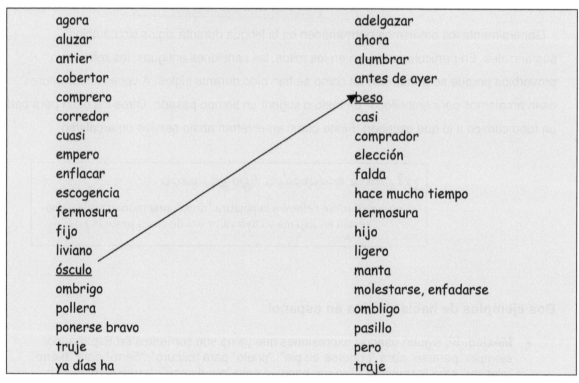

agora	adelgazar
aluzar	ahora
antier	alumbrar
cobertor	antes de ayer
comprero	beso
corredor	casi
cuasi	comprador
empero	elección
enflacar	falda
escogencia	hace mucho tiempo
fermosura	hermosura
fijo	hijo
liviano	ligero
ósculo	manta
ombrigo	molestarse, enfadarse
pollera	ombligo
ponerse bravo	pasillo
truje	pero
ya días ha	traje

Actividad 2 Escribe abajo algunos arcaísmos que has escuchado alguna vez en inglés
o en español. Compara tu lista con el resto de la clase. ¿Hubo alguno chistoso?

_____

_____

Conferencia

Pónganse en grupos de cuatro. Van a escuchar una conferencia sobre un acontecimiento reciente. La escucharán en tres partes. Después de cada parte, habrá una pausa.

A) Mientras escuchas, toma apuntes.

B) Durante las pausas, comenta con tus compañeros lo que has comprendido.

C) Al final pongan sus datos en común y escriban un resumen objetivo que incluya los hechos más importantes. Escriban unas 100 palabras.

Apuntes:

Resumen:

¡A investigar!

Ve al Internet y busca información sobre un acontecimiento histórico que te interese. En la agenda responde las preguntas.

¿Qué?

¿Cuándo?

¿Dónde?

¿Por qué?

© sonia.eps, 2009. Shutterstock, Inc.

Mejorando el discurso: Conectar y ordenar cronológicamente

Actividad 1 Lee esta historia que cuenta un grupo de estudiantes que participaron en la fiesta de "Moros y Cristianos" en España.

Un grupo de amigos españoles nos invitó a participar en el desfile de la fiesta.
Llegamos a Alcoy a las 9 de la mañana.
Íbamos vestidos con la ropa de moros.
Nos pusimos al final de la fila.
Hacía mucho calor y algunos tuvieron que ir al baño para refrescarse.
Durante todo el desfile tuvimos que andar con ritmo de música.
Estábamos muy cansados.
La gente nos aplaudía cuando pasábamos.
Con ese traje teníamos mucho calor.
Kelley se mareó.
No había comido nada.
Algunas personas nos dieron agua al pasar.
Al final del desfile fuimos a comer a un bar.
Llegamos a casa a las 3.00 de la madrugada.
Fue el día más divertido de nuestras vidas.

Este texto parece una lista de ideas. ¿Qué le falta? _____

Actividad 2 En parejas intenten unir tres o cuatro oraciones de la historia usando todos los conectores que conocen. No se preocupen si no recuerdan muchos.

Actividad 3 Haz una lista de las palabras subrayadas y tradúcelas al inglés, basándote en los ejemplos.

¿Qué sabes del carnaval?

El año pasado viajamos al sur de España en la época del carnaval y aprendimos muchas cosas. Nos dijeron que sus orígenes tienen unos 5000 años en Europa, <u>sin embargo</u> en América llegaron con los europeos en el s. XV. <u>Aunque</u> el origen se funda en los egipcios, algunos historiadores creen que las celebraciones de Baco

(dios del vino) fueron especialmente influyentes en el origen de la fiesta. <u>Como</u> las fiestas paganas tenían mala fama en las épocas más religiosas, se adaptaron a hechos religiosos, convirtiéndola <u>así</u> en una celebración antes de la cuaresma cristiana.

En nuestros días, <u>a pesar de</u> celebrarse antes de la cuaresma, ha perdido el sentido religioso. En unos países dura un fin de semana, <u>en cambio</u> en otros como Brasil se alarga durante días.

<u>Además</u> de los disfraces, máscaras y pinturas, casi todas las ciudades tienen desfiles de carrozas. En el sur de España, <u>al mismo tiempo</u> que se desfila se cantan unas pequeñas historias cómicas que se refieren a lo que ha pasado durante el año en el país. Los políticos son ridiculizados muchas veces, <u>ya que</u> la mayoría de las canciones se refieren a ellos. Todo el mundo se divierte <u>excepto</u> las reinas del carnaval que llevan coronas que, a menudo, pesan más de 20 kg y deben bailar con ellas.

sin embargo	*nevertheless*

Actividad 4 Ahora que recuerdas más conectores escribe otra vez la historia de los chicos que fueron al desfile de "Moros y Cristianos".

_____

_____

_____

_____

_____

_____

_____

_____

Actividad 5 Cuando contamos una historia necesitamos ordenar los hechos cronológicamente. Lee el siguiente mini-reportaje de un soldado del Álamo y subraya los marcadores temporales que encuentres.

El día que empezó la batalla pensábamos que íbamos a ganar sin problemas. Al cabo de 3 días habían muerto más de 100 hombres. Poco después perdimos a otros 50 y tras la batalla del viernes, nuestras fuerzas estaban reducidas. El 6 de marzo fuimos atacados por un ejército de unos 4000 hombres. Aquel día no lo olvidaré mientras viva. Caí herido y unas horas después recuperé la conciencia en un hospital. Hace 10 años de ese episodio.

(Jim B, marzo de 1846)

Actividad 6 Completa el relato de un periodista que vivió la lucha por el derecho al voto de las mujeres. Usa los marcadores de tiempo más adecuados del cuadro.

aquel día - unos días después - hace - dos años más tarde - aquellos días - hoy en día

El 19 de marzo de 1911 se celebró por primera vez un día de la mujer para pedir el derecho al voto. _____, el 25 de marzo un grupo de mujeres murió a causa de un incendio en una fábrica de Nueva York. _____ trágico se demostró la falta de condiciones laborales que vivían las mujeres. _____, en lugares de Europa las mujeres se manifestaron para reclamar sus derechos. _____ casi 100 años desde la primera celebración de un día de la mujer. Desde _____ hasta hoy mucho han cambiado las condiciones de vida femeninas. _____ la mujer puede acceder al mercado laboral en iguales condiciones que el hombre en muchos países del mundo.

© Scott Maxwell/LuMaxArt, 2009. Shutterstock, Inc.

UN REPORTAJE

Tomando los datos que has buscado en "¡A investigar!", vas a imaginar que tú viviste ese acontecimiento histórico. Adopta el punto de vista de un periodista y escribe un reportaje de aproximadamente 300 palabras sobre ese hecho. En tu escrito debes incluir:

- Primer párrafo: En unas pocas oraciones contesta las siguientes preguntas: ¿Quién? ¿Qué? ¿Cuándo? ¿Dónde? ¿Por qué? Asegúrate que tu primera oración llame la atención del lector.

- Segundo y tercer párrafos: Da los detalles del acontecimiento. Como vas a describir, es probable que uses la tercera persona. Sé objetivo/a y usa verbos activos para que el lector sienta que los hechos realmente están aconteciendo.

- Conclusión: Da cierre a tu escrito. Intenta encontrar una frase o cita que haga tu reportaje inolvidable. Si quieres, puedes incluir ilustraciones.

- Finalmente: Edita tu trabajo. Asegúrate que todas son oraciones completas (nada de fragmentos), que hay concordancia (sujeto/verbo, sustantivo/adjetivo), que has usado conectores y que tus verbos son activos. Lee tu escrito en voz alta. ¿Fluye? ¿Hay errores ortográficos? ¿Repites unas palabras demasiadas veces?

- Lo último, último. Ponle un título llamativo que sintetice el contenido.

Actividad 1 **Revisión de tu escrito**. Después de terminar tu reportaje y antes de entregarlo, contesta las siguientes preguntas.

Contenido		
Sí / No	Título	¿Es llamativo?
Sí / No		¿Sintetiza el contenido?
Sí / No	1er Párrafo	La primera oración ¿llama la atención?
Sí / No		¿Contesta la pregunta quién?
Sí / No		¿Contesta la pregunta qué?
Sí / No		¿Contesta la pregunta cuándo?
Sí / No		¿Contesta la pregunta dónde?
Sí / No		¿Contesta la pregunta por qué?
Sí / No	2º Párrafo	La descripción, ¿contiene los suficientes detalles para que se la imagine el lector?
Sí / No		Los verbos, ¿son activos?
Sí / No	3er Párrafo	La descripción, ¿contiene los suficientes detalles para que se la imagine el lector?
Sí / No		Los verbos, ¿son activos?
Sí / No	Conclusión	¿Da cierre al escrito?

Gramática		
Sí / No	Oraciones	¿Son completas?
Sí / No		¿Hay fragmentos?
Sí / No	Concordancia	¿Todos los verbos y sujetos concuerdan?
Sí / No		¿Todos los sustantivos y adjetivos concuerdan?
Sí / No	Verbos	¿Son activos?
Sí / No		¿Has usado *ser* o *estar* demasiado?
Sí / No	Conectores	¿Has usado conectores para combinar ideas?
Sí / No		Tus oraciones, ¿son muy cortas? ¿Podrías haberlas combinado para formar mejores oraciones?
Sí / No	Vocabulario	¿Es variado?
Sí / No		¿Repites algunas palabras demasiado?
Sí / No		¿Es sofisticado?

Actividad 2 **Reflexión** Abajo anota cosas para tener en cuenta al revisar tu siguiente escrito.

Capítulo 2: Grammar at a Glance

Pretérito e imperfecto

The preterit and imperfect can be considered from different points of view, depending on what we want to express.

PRETÉRITO Expresses actions that have a limited duration or actions that have concluded. Verbs that don't have a durative implication generally use preterit.

Me di cuenta enseguida de mi error.	*I immediately recognized my mistake.*
Estuve 5 años en la India.	*I spent five years in India.*
Lucharon en la batalla y ganaron.	*They fought the battle and won.*

IMPERFECTO Expresses actions that subsist, that are habitual, or don't have a concrete end. Verbs that have a durative implication are generally associated with the imperfect, but they can be used in the preterit when the duration is specific.

Los indios llevaban poca ropa.	*The natives wore scant clothing.*
No estaba permitido votar hasta 1920 para las mujeres.	*It wasn't until 1920 that women were allowed to vote.*
Solíamos jugar en la playa cuando éramos niños.	*We used top play on the beach when we were kids.*

CONJUGACIONES DEL PRETÉRITO IRREGULARES MÁS COMUNES

estar	tener	ir /ser	dar	venir	hacer
estuve	tuve	fui	di	vine	hice
estuviste	tuviste	fuiste	diste	viniste	hiciste
estuvo	tuvo	fue	dio	vino	hizo
estuvimos	tuvimos	fuimos	dimos	vinimos	hicimos
estuvisteis	tuvisteis	fuisteis	disteis	vinisteis	hicisteis
estuvieron	tuvieron	fueron	dieron	vinieron	hicieron

poner	poder	traer	decir	saber	deducir
puse	pude	traje	dije	supe	deduje
pusiste	pudiste	trajiste	dijiste	supiste	dedujiste
puso	pudo	trajo	dijo	supo	dedujo
pusimos	pudimos	trajimos	dijimos	supimos	dedujimos
pusisteis	pudisteis	trajisteis	dijisteis	supisteis	dedujisteis
pusieron	pudieron	trajeron	dijeron	supieron	dedujeron

Pasados compuestos

Compound tenses are verb tenses made up of two parts: an auxiliary verb and a past participle. These tenses are used to refer to events or situations that took place **before** a reference point established by the speaker. There are two of these compound past tenses.

PRESENTE PERFECTO   Expresses an event or situation that is viewed as completed with respect to the present. Since the reference point is the present, the tense is called "**present** perfect". It is very similar, both in usage in structure, to the present perfect in English!

Las mujeres han logrado muchísimo este siglo.   *Women have accomplished a lot this century.*
Creo que hemos aprendido de nuestros errores.   *I think we have learned from our errors.*
He votado 3 veces en mi vida.   *I've voted 3 times in my life.*

CONJUGACIÓN DEL PRESENTE PERFECTO

auxiliary verb ("haber")	participle
he	• drop the "-ar / -er / -ir" from the infinitive
has	• add "-ado" for "-ar" verbs
ha	• add "-ido" for "-er / -ir" verbs
hemos	• EX: hablado, vivido, tenido, sido, trabajado
han	• memorize irregular participles!!

PLUSCUAMPERFECTO   Expresses an event or situation that is viewed as completed with respect to another moment in the past. The term *pluscuamperfecto* literally means "more than past". In other words, this tense is used to talk about an event or situation that is even farther in the past than another one (the reference point).

Cuando mi amiga llegó a la oficina, yo ya   *When my friend arrived at the office, I had*
   había votado.   *already voted.*
La manifestación ya había terminado para las dos.   *The protest had already ended by 2 o'clock.*
Cuando mis padres nacieron, el Internet todavía   *When my parents were born, the Internet hadn't*
   no se había inventado.   *been invented yet.*

CONJUGACIÓN DEL PLUSCUAMPERFECTO

auxiliary verb ("haber")	participle
había	• drop the "-ar / -er / -ir" from the infinitive
habías	• add "-ado" for "-ar" verbs
había	• add "-ido" for "-er / -ir" verbs
habíamos	• EX: hablado, vivido, tenido, sido, trabajado
habían	• memorize irregular participles!!

PARTICIPIOS PASADOS IRREGULARES MÁS COMUNES

abrir > abierto	poner > puesto	ver > visto
cubrir > cubierto	resolver > resuelto	romper > roto
descubrir > descubierto	volver > vuelto	decir > dicho
morir > muerto	escribir > escrito	hacer > hecho

Voz pasiva y pasiva refleja

VOZ PASIVA

In the passive voice the "patient" (the person or thing that receives the action of the verb) becomes the subject of the verb. If the "agent" (the person or thing that does the action) is given, it is introduced by **por**. The passive voice is formed by <u>ser</u> + a past participle that must agree in gender and number with the subject.

Active voice:	Sara escribió la carta.	*Sara wrote the letter.*
Passive voice:	La carta fue escrita por Sara.	*The letter was written by Sara.*

PASIVA REFLEJA

Instead of the passive voice, Spanish tends to use the passive <u>se</u> when the "agent" is not important. It is formed by <u>se</u> and the third person singular or plural of the verb, depending on the subject.

Se habla español.	*Spanish is spoken.*
Se ven cuadros por todos lados.	*Paintings are seen everywhere.*

Otros usos de <u>se</u>

PRONOMBRE REFLEXIVO

Reflexive verbs (*levantarse, prepararse, etc.*) use the pronoun <u>se</u> with third person singular and plural verbs.

Juan nunca se acuesta temprano.	*John never goes to bed early.*
Deben lavarse las manos.	*You should wash your hands.*

PRONOMBRE RECÍPROCO

Reciprocal verbs express the idea of doing an action to "each other". The structure is
<u>se</u> + third person plural form of the verb.

Los amigos siempre se ayudan.	*Friends always help each other.*
Marco y Andrea se aman.	*Marco and Andrea love each other.*

ACCIONES NO INTENCIONALES

When an action is done unintentionally, Spanish uses the structure
<u>se</u> + indirect object pronoun + verb + subject.

Se me olvidaron las llaves.	*I forgot my keys (unintentionally).*
Se les estropeó la computadora.	*Their computer broke down.*

PRONOMBRE DE COMPLEMENTO INDIRECTO

When both a third person singular or plural direct and indirect object pronoun are used, the <u>se</u> form is used instead of the indirect pronoun.

¿El libro? Se lo di a Luisa.	*The book? I gave it to Luisa.*
¿El libro? Se lo di a los muchachos.	*The book? I gave it to the guys.*

Capítulo 2: Vocabulary at a Glance

Acontecimientos que marcaron el mundo

SUSTANTIVO
el alfiler	straight pin
la alimentación	food
el arma	weapon
el asombro	astonishment
la barca	boat
el/la cautivo/a	captive
la cola	tail
el/la canario/a	native of the Canary Islands
el gusanillo	worm
la herida	injury
la lengua	language
la máquina	machine
el natural	native
el piojo	lice
el poblado	settlement
la señal	sign
el siervo	servant
la tierra firme	land

VERBOS
agotarse	to run out of
aproximarse	to draw near
bastar	to suffice
bautizar	to baptize
concluir	to conclude
convertirse a	to convert
deducir	to deduce
derrotar	to defeat
desarraigar	to root out
desembarcar	to disembark
ejercer	to practice
ganar la costa	to reach land
parecer	to seem
rogar	to beg
tomar la plaza	to take the stronghold
transcurrir	to pass time

ADJETIVOS
asiático/a	Asian
occidental	western
pobrísimo/a	very poor

Logros sociales a través de la historia

SUSTANTIVOS
el acceso	access
la cobertura	coverage
el cambio	change
el costo	cost
el derecho	right
el foco	focus
las fuerzas armadas	armed forces
el gobierno	government
el hecho	fact
el logro	accomplishment
el/la médico/a	doctor
el prejuicio	prejudice
el por ciento	percentage
la salud	health
el seguro	insurance
el sufragio	suffrage

VERBOS
abolir	to abolish
autorizar	to authorize
cubrirse	to be protected
debilitarse	to become weak
desmantelar	to dismantle
disminuir	to diminish
estar obligado a	to be forced
firmar	to sign
implementar	to implement
promover	to promote
quedarse en	to remain
reconocer	to recognize
servir como	to serve as
tomar posesión	to claim

ADJETIVOS
elegido/a	elected
interino/a	interim
igualatorio/a	equal
minoritario/a	minority
restringido/a	restricted

Rituales festivos

SUSTANTIVOS

el combate	battle
la comunidad	community
la danza	dance
el dato	piece of information
el encuentro	encounter
el enfrentamiento	confrontation
el espectáculo	show, spectacle
el estado	state
la fiesta	festivity
el/la indígena	native
la lucha	struggle
la máscara	mask
el/la moro/a	Moor
la obra	work
el/la personaje	character
el turco	Turk

VERBOS

aparecer	to appear
convivir	coexist
enfocarse en	to focus on
faltar	to lack
interesarse por	to be interested in
montar	to stage
originar	to originate
representar	to perform
saber seguro	to know for sure
suponer	to suppose

ADJETIVOS

conocido/a	known
llamativo/a	impressive

Palabras y expresiones útiles

a bordo	on board
a causa de	owing to
a medida que	as
a nado	by swimming
a poco más de	a little over
como consecuencia de	owing to

debido a	owing to
en todo momento	always
en vías de desarrollo	developing
por consiguiente	consequently
tanto…como	both…as well as
ya que	owing to

Mis propias palabras

_____   _____

_____   _____

_____   _____

_____   _____

_____   _____

_____   _____

_____   _____

_____   _____

Ciudadanos del mundo

© archidea, 2009. Shutterstock, Inc.

medio ambiente   mercadeo internacional   derechos   responsabilidades

"Para que la globalización sea positiva, ha de serlo para pobres y ricos por igual."
Kofi Annan (Ex-Secretario General de las Naciones Unidas)

Codo a codo con el contenido:

En este capítulo vamos a considerar los efectos actuales y potenciales del comportamiento humano en el medio ambiente, la expansión del mercado a nivel mundial, y los derechos y responsabilidades de todos los ciudadanos en la sociedad. Para conjeturar y comunicar nuestras opiniones vamos a usar:
- cláusulas con "si"
- el subjuntivo

También seremos capaces de:
- reconocer y practicar lenguaje no verbal de otras culturas
- organizar y dar coherencia a un discurso

Nuestra tarea final: UNA PRESENTACIÓN

¡Déjate volar!

Vamos a hacer un recorrido imaginario por el mundo, subidos en un globo. Siéntate cómodamente, cierra los ojos, escucha a tu instructor/a atentamente e imagina todo lo que está diciendo. Al final de la escucha, responde debajo todas las preguntas sobre tu viaje. Compártelas con tu compañero.

© italianestro, 2009. Shutterstock, Inc.

1. ¿Cómo eran las playas que viste? _____
2. Describe las montañas. _____
3. ¿Cuáles eran los animales que corrían? _____
4. ¿Cómo era el claro del bosque donde hicimos el picnic_____

Sube otra vez al globo. Vamos a hacer un viaje en circunstancias difíciles. Escribe ahora tus impresiones y compártelas con tu compañero.

1. ¿Cómo son las playas ahora? _____
2. ¿Cómo son las montañas? _____
3. ¿Qué animal ves? _____
4. ¿Cómo es el claro del bosque donde comemos? _____

En parejas intercambien las sensaciones que les produjeron estos viajes.

Ejemplo: *A mí, el primer viaje…*
              El segundo viaje …

Abriendo el tema

Mira estas fotos. Conéctalas al tema correspondiente y debajo escribe un verbo, un sustantivo y un adjetivo apropiados para cada una.

_____

_____

_____

medio ambiente

mercadeo internacional

derechos

responsabilidades

_____

_____

_____

_____

_____

_____

Entrando en materia: El medio ambiente

Actividad 1 Mira el siguiente gráfico sobre el impacto comercial en el medio ambiente y contesta las preguntas que le siguen.

Impacto comercial regional durante el siglo XX

Según el seguimiento de la CEDA (Centro Estatal del Desarrollo Ambiental) de 100.000 hectáreas de la zona pacífica sur del estado.

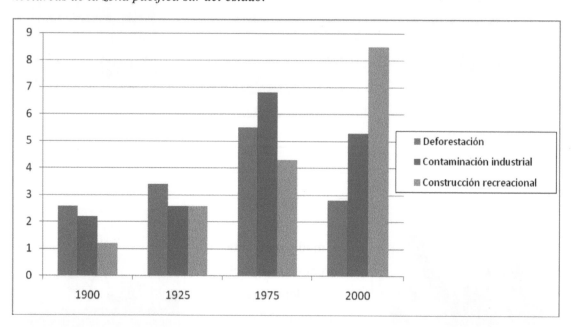

1. ¿En qué año hubo más deforestación? _____

2. ¿Por qué crees que la contaminación industrial no creció mucho entre 1900 y 1925?

_____

3. Haz una comparación entre la situación ambiental en 1975 y 2000. _____

_____

4. ¿Cuál de los tres elementos tuvo el peor impacto ambiental en la zona durante el siglo

pasado? _____ Explica. _____

5. ¿Qué crees que influyó en que hubiera tanta diferencia entre la construcción

recreacional de 1900 y 2000? _____

Actividad 2 En un blog del medio ambiente, Pepe, un participante, hizo el siguiente comentario.

"Miren, pienso que la gente se olvida de la naturaleza y los animales. La verdad, no los respetamos como debemos. No estoy seguro por qué. ¿Tienen alguna idea?"

De los siguientes comentarios ¿cuál sería la respuesta que tú darías a la pregunta de Pepe?

- Los indígenas sí la respetaban porque vivían en la naturaleza; nosotros no, porque vivimos en zonas urbanas.
- Parece que hacemos mucho por el medio ambiente pero, la verdad, solo nos preocupamos cuando nos afecta directamente.
- Yo reciclo, pero eso es todo.
- Hombre, si se trata de decidir entre ganar dinero o contaminar algo, con tal de que no me afecte directamente, voto por el dinero.

Actividad 3 Con toda la clase y siguiendo el modelo, hagan una lluvia de ideas de cómo se respeta a o se abusa de la naturaleza. Escribe lo que digan tus compañeros. Después, marca las entradas que más te sorprendieron o interesaron.

Respeto	Abuso
construir edificios verdes	*contaminación del océano*

Basándote en los comentarios de arriba, crea un lema (*motto*) que se podría usar en una campaña publicitaria a favor de cuidar la naturaleza.

_____

_____

Actividad 4 Haz las siguientes actividades relacionadas con una entrevista a D.Tomás Acatzín, un maya de Yucatán que se muestra preocupado por la naturaleza.

© Qing Ding, 2009. Shutterstock, Inc.

Antes de leer A) En grupos lean los siguientes datos sobre los mayas y marquen los que son nuevos para Uds.

a. Los "antiguos mayas" se refiere a una cultura mesoamericana precolombina importante.

b. Su historia data de hace aproximadamente 3.000 años.

c. Habitaron una vasta región del sur-sureste de México hasta los actuales Belice, Guatemala, Honduras y El Salvador.

d. La civilización maya nunca "desapareció" por completo. Sus descendientes aún viven en la región y muchos hablan alguno de los idiomas mayas.

e. Las tradiciones y creencias de los mayas de hoy son resultado de la unión entre ideologías precolombinas y europeas.

f. En 2005 la UNESCO declaró el Rabinal Achí, una obra teatral en lengua maya, "Obra Maestra y Legado Intangible de la Humanidad".

Añadan una información extra sobre los mayas que ya sabían y no está aquí.

_____

_____

¿Qué dato les pareció más interesante? ¿Por qué? _____

_____

B) El título del artículo es *El respeto a la naturaleza: Responsabilidad de todos*. Busca las palabras de la primera columna en la lectura. Luego, usando su sinónimo y el contexto, en los huecos pon otra palabra que asocies con ellas.

Palabra		Sinónimo	Palabra asociada en español
venerar	=	respetar	*veneración, respeto...*
poderosa	=	fuerte	_____
traslucir	=	trasparentar	_____
perjudicar	=	arruinar	_____
coraje	=	ira	_____
miramiento	=	contemplación	_____
enojo	=	enfurecimiento	_____
aliviar	=	ayudar	_____
amargura	=	aflicción	_____
embargar	=	dominar	_____

Capítulo 3: Ciudadanos del mundo

El respeto a la naturaleza: Responsabilidad de todos

© Marco Regalia, 2009. Shutterstock, Inc.

"Nosotros no solo **veneramos** a la Madre Tierra sino que la amamos. Somos parte de ella, como todos los animales, como todas las plantas." Esas palabras **poderosas** nos las dijo D. Tomás Acatzín en la entrevista que le hicimos el mes pasado. En sus ojos se **traslucían** la tristeza y el malestar que siente al mirar a su alrededor y ver los daños ecológicos que le rodean. "La gente no entiende que sus acciones **perjudican** nuestra existencia. Dicen que se preocupan, pero en realidad la Madre Tierra no les importa. Solo piensan en el dinero y lo que pueden ganar." Para él y otros muchos mayas, la naturaleza es una parte integral de su vida. Su religión cree que el hombre no es ni superior ni inferior a los otros seres que habitan este mundo. Si se daña a uno de ellos, todos sienten los efectos.

"Miren las autopistas. Me dan **coraje**, no porque se construyan sino porque a las compañías no les importa dónde las ponen. Solo miran lo que les costará y tumban árboles sin **miramiento**. Dicen que es parte del progreso del país, pero ¿qué país les van a dejar a nuestros hijos y nietos? Allá —dice apuntando a la selva— allá van a hacer un complejo habitacional. Le llamarán *Tepeyolotl*, que quiere decir "corazón de los montes". Pero lo que hacen es destruir el monte para que unos cuantos ricos vengan a divertirse. Nosotros ni lo pisaremos más que para trabajar o servir. Me da rabia cuando veo que los ingenieros, gente con estudios, lo primerito que hacen es traer los tractores y matar cientos de árboles. Y con ello, muchos animales." El **enojo** se le sube a D. Tomás que concluye diciendo, "Es una lástima. Ni siquiera se dan cuenta de que se están matando a sí mismos, que se venden por unas cuantas monedas. Nosotros siempre hemos tenido la costumbre de regalar agua a las personas que tienen sed; ha sido nuestra forma de darles algo nuestro para **aliviarlos**. Ahora, el gobierno nos la vende." La **amargura** lo **embarga**. Con lágrimas en los ojos mira de nuevo hacia el hotel en construcción. Irónicamente, su nieto maneja uno de los tractores que matan árboles; es la única manera que tiene para llevar dinero a casa para su familia.

Después de leer Responde estas preguntas de comprensión del texto.

1. Según D. Tomás Acatzín, el problema de las autopistas es que...
a) se construyen en los lugares que eligen los habitantes de la zona.
b) son parte del progreso, así que hay que construirlas lo más pronto posible.
c) se construyen, pero nadie se preocupa de dónde y se tumban muchos árboles.

2. Según D. Tomás, en el complejo habitacional que se va a construir en la selva,...
a) los habitantes del lugar van a trabajar, así que mejorará su economía.
b) los habitantes del lugar van a trabajar o servir a los turistas adinerados.
c) aunque se destruya el monte, todos podrán divertirse cuando se termine.

3. ¿A qué conclusión se llega al final del texto?
a) D. Tomás está feliz porque su nieto tiene trabajo y así vivirá mejor.
b) El nieto de D. Tomás se ve obligado a hacer algo que va en contra de sus principios.
c) El nieto de D. Tomás eligió este trabajo porque así podrá vivir en *Tepeyolotl*.

¡Gramaticando! Condiciones potenciales

Paso 1. Descubriendo la gramática...

Actividad 1 Vamos a pensar en verde. Completa este cuestionario con tus propias respuestas y después házselas a un compañero de la clase.

Preguntas	yo		mi amigo/a	
¿Lo harías, sí o no?	Sí	No	Sí	No
Si tuvieras un BMW último modelo, ¿lo cambiarías por un híbrido?				
Si construyeras una casa, ¿exigirías una construcción verde?				
Si fueras presidente de EEUU, ¿pedirías más legislación ambiental?				
Si tuvieras mil millones de dólares, ¿donarías la mitad para la investigación ecológica?				
Si te ofrecieran un trabajo fenomenal en una compañía que contamina, ¿lo aceptarías?				
Si la librería vendiera libros electrónicos, ¿los comprarías?				
Si se probara que los celulares dañan la capa de ozono, ¿dejarías de usar el tuyo?				

¿Qué columna tuvo más aceptación, el sí o el no? _____ ¿Es lo que esperabas? _____

Actividad 2 Fíjate en todas las preguntas del cuestionario.

- En todas estas oraciones, ¿qué palabra implica una condición? _____

- Indica la condición en cada pregunta. Ejemplo: 1. *tener un BMW*

  2. _____   5. _____

  3. _____   6. _____

  4. _____   7. _____

Actividad 3 Vuelve a las preguntas de la tabla.

- ¿Qué tiempo verbal sigue a "*si*"?   _____ presente   _____ pasado

- ¿Qué modo verbal sigue a "*si*"?   _____ indicativo   _____ subjuntivo

- ¿Qué tiempo verbal aparece en la otra parte de la oración?_____

Actividad 4 El siguiente fragmento es parte de una entrevista entre Julio Marín, el reportero que entrevistó a D. Tomás, y uno de los constructores del *Tepeyolotl*, Santiago Guzlán. Completa la entrevista con las frases del recuadro.

(a) si se tomara el tiempo de ver cómo esta zona progresa
(b) si me aseguraran que nunca cambiaría nada
(c) Si su abuelo viviera
(d) si dijera lo contrario
(e) Si solo me importara el dinero

J. Marín. Veamos, D. Santiago. Usted nació en esta zona. Nos habla de que daba largos paseos con su abuelo por el monte y que todo era idílico. _____, ¿cree que aprobaría lo que está haciendo?

S. Guzlán. Mire, usted solo ve lo que quiere, lo malo. Si realmente mirara a su alrededor, _____, cómo se está convirtiendo en una fuente de riqueza…

J. Marín. Perdón que interrumpa, D. Santiago, pero ¿en una fuente de riqueza para quién? ¿Para usted? ¿Para sus amigos inversionistas?

S. Guzlán. No, no. Ese es su error, y el de tantos que solo nos critican. Yo soy de aquí. Yo crecí aquí. A mí también me gustaría que todo siguiera tan hermoso como antes. Pero no se puede detener el progreso. Yo amo esta tierra. Sería el primero en parar toda la construcción _____.

J. Marín. ¿De veras?

S. Guzlán. Sí, se lo aseguro. No voy a decir que no me importa ganar dinero. Eso no sería verdad. Pero, fíjese en el *Tepeyolotl*. Mire la arquitectura; está en armonía con la naturaleza. ¿Ve aquellos árboles tan altos? Cuando me dijeron que hacía falta tumbarlos, dije que no. _____, ¿habría dejado que entraran los tractores?

J. Marín. Entonces, ¿los millones no le importan?

S. Guzlán. Soy empresario; me dedico a ganar dinero. Sería mentira _____. Pero también gano dinero para mi gente de aquí. Yo les doy trabajo. Así se pueden quedar y no irse lejos de la familia a buscarlo.

¿Qué piensas? Según tu opinión, ¿son ciertas o falsas las siguientes afirmaciones?

_____ D. Santiago realmente tiene buenas intenciones.
_____ Las personas como D. Tomás critican a D. Santiago porque tienen envidia (*envy*).
_____ La gente que trabaja en la construcción del *Tepeyolotl* es tan culpable como D. Santiago.
_____ Dentro de cincuenta años, la zona donde está el *Tepeyolotl* estará destruida.

Ahora, basándote en las actividades que hiciste, analiza las formas y escribe tu propia regla sobre esta estructura para expresar condiciones.

✍ MI REGLA ✍

¿Qué tiempos verbales usamos para expresar condiciones?

Si + _pasado de subjuntivo_ , _condicional_ .

Ejemplo: _Si fuera... pondría_

O

Condicional + *si* + _pasado subjuntivo_ .

Ejemplo: _____

¿Este tipo de oraciones pueden cumplirse en la realidad?   No, nunca.   A veces.

Para formar estas oraciones, debo recordar las conjugaciones del condicional y el pasado del subjuntivo.

La conjugación de *cuidar* es

cuidaría		cuidara	

La conjugación de *mantener* es

mantendría		mantuviera	

La conjugación de *construir* es

construiría		construyera	

Paso 2. Practicando la gramática...

Actividad 1 Conecta las siguientes oraciones de manera lógica. Elige las tres que, según tu opinión, son las más realizables.

___ Si fuera presidente,	prohibiría la caza de animales, como las ballenas.
___ Si pudiera,	ayudaría a construir autos que funcionan con energía no contaminante.
___ Si el gobierno quisiera,	llegarían a ser adultos ecológicamente responsables.
___ Si todos ayudáramos un poquito,	podrían usar el dinero para mejorar el medio ambiente.
___ Si plantáramos árboles y los cuidáramos,	mi primer discurso en el parlamento sería sobre la importancia de cuidar el mundo.
___ Si pusieran una multa a todas las personas que contaminan gratuitamente,	la Tierra notaría los beneficios.
___ Si los padres les enseñaran a sus hijos a respetar la naturaleza,	el paisaje de las ciudades sería más verde.
___ Si de verdad quisiéramos,	podríamos hacer mucho más para proteger la Tierra.

Actividad 2 Completa las oraciones con los tiempos correctos (condicional y pasado del subjuntivo).

1. _Me enojaría_ (enojarse, yo) si _viera_ (ver, yo) que la gente tira basura en el bosque.

2. Si no _contaminaran_ (contaminar, ellos) con residuos y basuras, el planeta _estaría_ (estar) más limpio.

3. Los países pobres no (tener) _____ que recibir basura de los países ricos si estos últimos no _____ (consumir) tanto.

4. Si _lográramos_ (lograr, nosotros) convencer al gobierno para que use energía limpia, no _serían_ (ser) necesario preocuparse tanto por la contaminación ambiental.

5. No _____ (prohibir) cazar ballenas si no (estar) _____ en peligro de extinción.

6. Si algunas animales _desaparecieran_ (desaparecer), todo el ecosistema (resultar) _resultaría_ afectado.

7. No me _____ (hacer) socia de Greenpeace si no (proteger) _____ a los animales.

8. Si (respetar, nosotros) _respetáramos_ el paisaje, los países (tener) _tendrían_ turismo ecológico.

9. Si (vender, ellos) _____ productos sin empaquetado, no (haber) _____ tanta basura en las ciudades.

10. No (tener, tú) _tendrías_ que hablar de la ecología, si todas las personas (tener) _tuvieran_ conciencia ecológica.

Actividad 3 Completa las siguientes oraciones de manera lógica.

1. Si yo quisiera ayudar con el medio ambiente, iría a _____.

2. Si fuera millonario, donaría _____.

3. Si tuviera tiempo, _____.

4. Si viera que alguien contaminaba, _____.

5. Inventaría un coche eléctrico si _____.

6. Tomaría una iniciativa si _____.

7. Haría algo por los animales si _____.

8. Organizaría una protesta si _____.

9. Recaudaría fondos para proteger la naturaleza si _____.

Actividad 4 Escucha lo que harían estas personas en diferentes situaciones y completa la tabla.

Personas	Situación	Lo que haría
1.	Si hubiera una catástrofe nuclear y sobreviviera...	se suicidaría
2.		
3.		
4.		
5.		

En grupos comenten lo que harían si vieran estas situaciones. ¿Protestarían? ¿Dirían algo? ¿Callarían? Incluyan *si* en sus comentarios.

Actividad 6 Imaginen que se les ha pedido que hagan un cartel para animar a la gente para que proteja el medio ambiente. En grupos y siguiendo el ejemplo, completen el cartel con frases potenciales.

¿Qué harías si. . .

- *vieras a una persona tirando basura a un río*?
-
-
-
-

Recuerda, este es nuestro mundo y el de futuras generaciones.
Haz tu parte.

Paso 3. Reflexionando sobre la gramática...

Actividad 1   Toma la siguiente mini-prueba para probar tus conocimientos de las oraciones con condiciones potenciales.

1. True / False   I can use sentences with *si* to express a condition on which another event or situation depends.

2. True / False   Sentences with *si* and the past subjunctive usually refer to events that will take place.

3. The verb that follows *si* appears in the (conditional / past subjunctive).

Actividad 2   Basándote en tu rendimiento en la mini-prueba, completa la siguiente auto-evaluación.

	excellent	good	weak
My mastery of the conditional conjugation is...			
My mastery of the past subjunctive conjugation is...			
My understanding of the structure of these sentences is...			

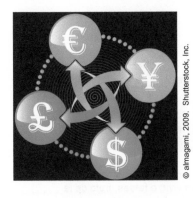

© almagami, 2009. Shutterstock, Inc.

Actividad 1 A) En tus propias palabras escribe lo que crees que significa *mercadeo internacional.*

_____

_____

_____

_____

B) Conecta estas palabras / conceptos con su significado y luego lee la definición de *mercadeo internacional.*

Concepto

___ expansión empresarial
___ producto
___ servicio
___ técnicas de mercado
___ campaña publicitaria
___ objetivo
___ mercados ya establecidos

Definición

1. trucos para vender más
2. grupo de consumidores que compran algo porque lo conocen o les gusta
3. objeto (cosa) que una empresa vende
4. finalidad de una acción
5. trabajo que una empresa vende (no es algo físico o tangible)
6. manera de vender en más lugares que la localización original
7. grupo de recursos de publicidad para dar a conocer un producto o venderlo más (carteles, televisión, etc.)

Mercadeo Internacional

Es un proceso pensado y controlado de <u>expansión empresarial</u>. Una empresa trata de vender un <u>producto</u> o <u>servicio</u> a un mercado mayor que el que trabaja normalmente. Para ello debe adecuar las <u>técnicas de mercado</u> para satisfacer las necesidades del consumidor. Es necesario introducir la marca de la compañía a diferentes culturas y crear una <u>campaña publicitaria</u> que haga el producto atractivo al país al que va dirigido. El <u>objetivo</u> es crear nuevas necesidades a <u>mercados ya establecidos</u>.

C) Completa: Un producto de mi país que ha conseguido una expansión empresarial en

todo el mundo es _____.

Actividad 2 El mercadeo internacional es un concepto que trabaja intensamente con dos factores.

DESEOS: son un medio de satisfacer las necesidades falsas, son cambiantes y están influidos por la cultura en la que vivimos.

NECESIDADES: pueden ser **básicas, verdaderas**, lo que es esencial para vivir; o **falsas,** fruto de la creación de la sociedad y del productor. Las falsas cambian dependiendo de la sociedad. A veces, su consumo nos pone por encima de los demás.

¿Cuáles son cinco necesidades verdaderas en tu cultura?

Una casa básica			

¿Cuáles son cinco deseos en tu cultura?

El último modelo de teléfono inteligente			

Actividad 3 Escucha el audio sobre los productos de consumo que más se venden en todo el mundo y completa la tabla.

Producto	País productor	Orígenes o características	Países que más lo consumen
1.			
2.			
3.			
4.			
5.			
6.			
7.			
8.			
9.			
10.			

Antes de leer Localiza en el mapa los siguientes países: Argentina, Brasil, Paraguay, Uruguay Venezuela, Bolivia, Chile, Colombia, Perú y Ecuador.

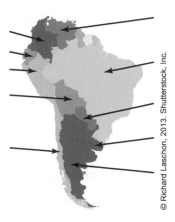

© Richard Laschon, 2013. Shutterstock, Inc.

Lectura   **MERCOSUR: Origen y proyección de futuro comercio**

En 1991 se creó Mercosur, Mercado Común del Sur, del cual son miembros varios países sudamericanos y otros son asociados. Los países miembros son Argentina, Brasil, Paraguay, Uruguay, y Venezuela. Y los asociados son Bolivia, Chile, Colombia, Perú y Ecuador.

El propósito de Mercosur es la libre circulación de bienes, servicios y factores productivos entre países, un arancel externo y una política comercial comunes, y la coordinación de políticas macroeconómicas y sectoriales entre los países partícipes. Siete de cada diez sudamericanos son ciudadanos de Mercosur que hoy en día es el mayor productor de alimentos del mundo. Actualmente, Mercosur también permite la libre circulación de los ciudadanos del bloque. Los idiomas oficiales de Mercosur son el español, el guaraní y el portugués.

Mercosur es el mayor productor de alimentos del mundo, tiene un PBI de 3,3 billones de dólares, lo que representa el 82,3% del PBI total de toda Sudamérica. Cubre un territorio de casi 13 millones de kilómetros cuadrados y cuenta con más de 270 millones de habitantes (cerca del 70% de América del Sur). Siete de cada diez sudamericanos son ciudadanos de Mercosur. Estos son las cifras por países miembros.

País	PIB (PPA) (en millones de dólares)	PIB (PPA) per cápita (en dólares)	Índice de desarrollo humano	Desigualdad de ingreso
Argentina	710.402	18.319	0,797	0,375
Brasil	2.449.760	12.181	0,718	0,518
Paraguay	35.262	5.294	0.665	0,532
Uruguay	54.874	15.786	0,873	0,420
Venezuela	351.609	13.070	0,735	0,390

(Fuente: Wikipedia, 2012)

El bloque Mercosur ha sostenido relaciones económicas con Europa y Estados Unidos principalmente. A raíz de la crisis económica del 2008 los ojos del grupo se han girado hacia Asia, especialmente a China e India, porque lo que el grupo Mercosur necesita en los años más inmediatos es que no se hunda el consumo para poder seguir exportando, a buenos precios, energía, alimentos y materias primas, y son esos mercados asiáticos los que parecen impulsar con fuerza el crecimiento de una enorme clase media, ansiosa por proveerse de casi todo. Europa, sumida en una grave crisis, y Estados Unidos, incapaz, por el momento, de relanzar un crecimiento solvente, se miran desde este continente cada vez con mayor lejanía, aunque sin desconocer que son, todavía, imprescindibles para el desarrollo de la región. Saben que el socio comercial más dinámico, por ahora y muy posiblemente en los próximos años, es China. Brasil cuenta ya con 70 empresas instaladas allí; 35 de ellas son representaciones de empresas ya existentes, pero las otras 35 son nuevas sociedades productivas nacidas directamente en aquel país con capital brasileño. Además de Brasil, otros países como Argentina y Colombia están desarrollando su comercio con el bloque asiático.

Después de leer

Actividad 1 Di si estas afirmaciones son ciertas o falsas según la información del texto.

_____ Un ciudadano argentino NO puede exportar productos de su empresa a Venezuela por problemas arancelarios.

_____ Un ciudadano uruguayo necesita un visado para viajar a Brasil.

_____ Paraguay tiene un PIB menor que Uruguay.

_____ El país que tiene una menor diferencia de ingresos de sus ciudadanos es Argentina.

_____ China ha sido durante años el mayor consumidor de las exportaciones de Mercosur.

_____ Tanto EEUU como Europa son necesarios para el desarrollo de la región Mercosur.

Actividad 2 Encuentra en el texto 7 palabras relacionadas con la economía, tradúcelas y escribe una oración que las incluya.

Vocabulario	Traducción	Ejemplo
bienes	*goods*	*Cuando entras en un país extranjero debes declarar todos tus bienes.*

¡Gramaticando! Cláusulas con "si"

Paso 1. Descubriendo la gramática...

Actividad 1 A) Lee los datos personales de estos tres emprendedores que han empezado un negocio recientemente. Sus personalidades son bien diferentes.

El calculador

Nombre: Alberto Adrià

Lugar de origen: Barcelona

Edad: 52

Negocio: un restaurante donde cocinas tu propia comida guiado por un chef

Planes de futuro: retirarse a los 60 y comprar una casa en Costa Rica

© Alexander Raths, 2009. Shutterstock, Inc.

© 2009, Shutterstock, Inc.

La idealista

Nombre: Pamela Osborne

Lugar de origen: Santiago de Chile

Edad: 31

Negocio: vender vino 100% ecológico

Planes de futuro: llegar al mercado de EEUU y de Europa

El frustrado

Nombre: Agustín Luna

Lugar de origen: Buenos Aires

Edad: 34

Negocio: comprar y vender casas de segunda mano

Planes de futuro: poder recuperar el dinero que ha perdido con la compra de una casa muy cara

© Yuri Arcurs, 2009. Shutterstock, Inc.

B) ¿A quién pertenecen estos discursos? ¿Al calculador, a la idealista o al frustrado?

1. Si lloviera más este año, mis viñas crecerían. Si mis viñas crecieran, podría obtener el doble de producción. Con esa cantidad de producción, podría empezar a vender en los mercados europeos. [_____]

2. Si mi restaurante va bien, podré ahorrar 10.000 € en un año. Si ahorro este dinero, podré tener 80.000 € el día que me retire. Si dispongo de 80.000 €, ya tengo la casa de mis sueños asegurada. [_____]

3. Si no hubiera comprado esa casa tan cara, no habría perdido los pesos que perdí. Con esos pesos, habría podido invertir en acciones del mercado. Si hubiera leído las previsiones de crisis, no habría comprado esa casa tan cara. [_____]

Actividad 2 ¿Más o menos posible? En parejas, comparen las siguientes oraciones y decidan su grado de probabilidad.

	posible	menos posible	imposible
Si **trabajo** mucho, **podré** comprarme una casa en Costa Rica.			
Si **trabajara** mucho, **podría** comprarme una casa en Costa Rica.			
Si **hubiera trabajado** mucho, **habría podido** comprarme una casa en Costa Rica.			

Ahora, fíjate en los verbos subrayados y contesta las preguntas a continuación.

1. Cuando una acción es realizable y posible, después de *si* uso
    a. el presente del indicativo
    b. el futuro del indicativo
    c. el presente del subjuntivo
    d. el pasado del subjuntivo
    e. el pluscuamperfecto del subjuntivo

2. Cuando una acción es menos posible, después de *si* uso
    a. el presente del indicativo
    b. el futuro del indicativo
    c. el presente del subjuntivo
    d. el pasado del subjuntivo
    e. el pluscuamperfecto del subjuntivo

3. Cuando una acción es completamente imposible porque se refiere al pasado, después de *si* uso

      a.   el presente del indicativo

      b.   el futuro del indicativo

      c.   el presente del subjuntivo

      d.   el pasado del subjuntivo

      e.   el pluscuamperfecto del subjuntivo

Ahora, basándote en las actividades que hiciste, analiza las formas y escribe tu propia regla sobre las tres diferentes estructuras para expresar condiciones.

✍ MI **REGLA** ✍

Cláusulas con *si*

Si + _____, **presente / futuro del indicativo** [= *posible*]

Si + _____, **condicional** [= *menos posible*]

Si + _____, **condicional perfecto / condicional** [= *imposible*]

Escribe tres ejemplos, uno para cada uso de cláusulas con *si*.

    1. _____

    2. _____

    3. _____

Paso 2. Practicando la gramática...

Actividad 1 Las personas anteriores siguen pensando en sus planes de vida. Construye oraciones teniendo en cuenta si son posibles o muy improbables.

Es posible	Es muy difícil o improbable
Ahorrar 10.000 € al año	Ganar 100.000 € en el restaurante
Empezar a vender vino en Francia	Vender vino en todos los países de Europa
Vender la casa cara por menos dinero	Ganar más dinero en la venta de la casa

1. _Si ahorro 10.000€ al año_, empiezo a mirar casas en Costa Rica en Internet.

2. _____, podría retirarme a los 55 años.

3. _____, no compraría ninguna casa más.

4. _____, me abrirá mercados a otros países europeos.

5. _____, al menos recupero el 50% de las pérdidas.

6. _____, podría aumentar el número de viñas.

Actividad 2   Si algunos eventos a lo largo de la historia no hubieran sucedido, ni nuestro mundo, ni nuestra economía, ni nuestros derechos serían los de hoy.

A) En grupos de 3 hagan una lluvia de ideas sobre las consecuencias de algún acontecimiento histórico. Procuren dar por lo menos de 5 a 7 consecuencias.

B) Produzcan frases como en los siguientes ejemplos y díganselas a otro grupo de compañeros para que adivinen el evento.

> Recuerda que para expresar acciones que son irrealizables, debemos usar la siguiente estructura: _Si hubiera podido..., habría tenido... o tendría..._

Usen el siguiente ejemplo:

El grupo dice:

✓ _Si esto no hubiera sucedido, no habría patatas en Europa._

✓ _Si esto no hubiera sucedido, no habrían muerto muchos indígenas_

✓ _Si esto no hubiera sucedido, las selvas de Brasil tendrían más árboles._

La clase adivina: _Ah, ya sé. Es el descubrimiento de América._

El grupo responde: _¡¡Bien!!_

Actividad 3 Haz oraciones condicionales imposibles con los elementos que se indican. A veces necesitas añadir preposiciones o artículos.

1. Bill Gates no crear Windows, Michael Dell tener monopolio computadoras.

Si BG no hubiera creado   tendría

2. En el 2008 no haber crisis económica, muchas personas no perder sus hogares por la subida las hipotecas.

Si no hubiera estado economica crisis, no habrían perdido.

3. EEUU no tener crisis en 2008, los países de Mercosur exportar más productos el año pasado.

_____

4. No crear Mercosur, haber aranceles entre los países miembros.

Si no hubiera creado Mer, habrían estado aranceles.

5. Llover más el año pasado, Argentina exportar más soja, cosecha reducirse como consecuencia de la sequía.

Si hubiera llovido mas, Argentina habría exportado mas soja

6. La población de Oriente no crecer tanto en las últimas décadas, no tener una prosperidad económica tan notable.

Si la pop de O no hubiera crecido tanto, no habría tenido

Actividad 4 Escucha las siguientes oraciones y marca una cruz en el tipo de condición que expresan.

	1	2	3	4	5
Posible					
Menos posible					
Imposible					

Actividad 5 Piensa en 3 condiciones de tu vida, - una posible, otra menos posible y otra imposible- y compártelas con una persona de la clase.

Ejemplo: Esta noche si tengo tiempo, pienso ir a ver una película.
Si no viviera en el campus, tendría que comprarme un coche.
Si no hubiera tenido una nota alta, no habría podido estudiar en UT..

Actividad 1 Toma la siguiente mini-prueba para probar tus conocimientos de las oraciones hipotéticas y de probabilidad.

1. (true / false) There are 2 types of "si" clauses in Spanish.

2. (true / false) The future tense can be used after "si".

3. (true / false) "Si" clauses with pluperfect subjunctive refer to conditions that are impossible, since they refer to the conditions that weren't met in the past.

4. (true / false) "Si" clauses with present indicative use when it is likely that the condition will be fulfilled in the future.

5. (true / false) "Si" clauses with pluperfect subjunctive can use conditional or past conditional if the result is still applicable in the present.

6. (true / false) The present subjunctive can be used for "si" clauses in Spanish.

7. (true / false) "Si" clauses with past subjunctive can sometimes be fulfilled.

8. (true / false) This sentence is possible in Spanish: "Si tendría dinero, me compraría un auto nuevo."

Actividad 2 Basándote en tu rendimiento en la mini-prueba, completa la siguiente auto-evaluación.

	excellent	good	weak
My understanding of the semantic difference between the various types of "si" clauses is...			
My understanding of the verb tenses used in "si" clauses is...			
My mastery of the conjugations of future, past subjunctive, pluperfect subjunctive, conditional and conditional perfect tenses is...			

Actividad 1 Esta noticia acaba de aparecer en el periódico de la Universidad. Léela y completa la tabla de abajo.

El presidente de la Universidad piensa suprimir algunos de los derechos de los estudiantes cuando empiece el nuevo semestre

Fuentes allegadas al "Main Office" afirman que el presidente ha tomado esta decisión en vista de que los estudiantes han olvidado algunas de sus obligaciones básicas.

"En los últimos semestres los estudiantes han malinterpretado los derechos que todo estudiante debe tener a lo largo de su carrera universitaria," ha declarado Paul Intelectualez, presidente de la universidad de nuestra ciudad.

Cuando empiece el nuevo semestre los estudiantes no tendrán el derecho de evaluar a sus profesores al final del curso. "Las evaluaciones no son honestas; no sirven para que los profesores sepan si sus clases son efectivas," ha afirmado el vicepresidente, Borja Listez.

El segundo derecho del que se verán privados los estudiantes es el 20% que se otorga del total de sus notas por la asistencia a las clases. "Queremos que los estudiantes tomen conciencia de que el estudio es importante para obtener una A. No creemos que sea justo que la asistencia a las clases dé el 20% de sus notas. La razón principal es que algunos alumnos a menudo están en el aula sin participar. Usan el celular o están distraídos", ha declarado uno de los miembros del Comité de evaluación.

Por último, los estudiantes no tendrán el derecho de visitar a sus profesores en horas de oficina; si desean hacerlo, deben pagar por la visita. Esta solución se ha tomado debido a las repetidas visitas con preguntas tontas que reciben los profesores en el campus. "Espero que me hagan preguntas sobre la materia, no los trucos para tener una A," ha dicho uno de los profesores entrevistados.

Esta tarde está prevista una manifestación para intentar detener esta ley que los estudiantes consideran muy perjudicial para sus estudios.

Este artículo contiene varias expresiones que aparecen frecuentemente en textos de este género. Búscalas y conéctalas en la tabla con su significado correspondiente en inglés.

fuentes allegadas	it is expected
afirmar	state
declarar	sources close to
debido a	consider
está prevista	say
consideran	owing to

Completa la tabla, según la información del artículo.

Derechos que se suprimirían	Causas de la supresión
1. *Los estudiantes no tendrán el derecho de evaluar a sus profesores.*	*Las evaluaciones no son honestas.*
2.	
3.	

Actividad 2 Un periodista ha asistido a la manifestación de los estudiantes y ha tomado nota de sus reivindicaciones.

¡A saltar todos los que quieran evaluar!
¡También queremos preguntar!

¡Ento, ento, ento, que la asistencia a clase cuente un veinte por ciento!

Estas son las notas que tomó el periodista. Marca los dos derechos que tú desearías recuperar si desaparecieran en tu universidad.

→ *Los estudiantes exigen que los profesores sean evaluados.*
→ *Los estudiantes no quieren que desaparezca su derecho al 20% de la nota final por la asistencia.*
→ *No creen que sus preguntas en las oficinas sean absurdas, al contrario, les ayudan a estudiar.*
→ *Para que los profesores cambien de opinión, deben hacer un manifesto firmado.*
→ *Los profesores, de momento, no quieren que el presidente cambie su futura ley.*

Capítulo 3: Ciudadanos del mundo

Actividad 3 En todos los campos de la vida, no solo en la universidad, los ciudadanos tienen derechos y obligaciones. Como consecuencia de las manifestaciones de los estudiantes, una emisora de radio ha preguntado a los oyentes sobre los derechos y responsabilidades de los ciudadanos en los ámbitos sociales, políticos y jurídicos. Estas son algunas de las respuestas. Léelas y clasifícalas en **sociales**, **políticas** o **jurídicas**.

jurídicas	■ Yo quiero ser inocente hasta que no se demuestre lo contrario. (Mario López, 28 años)
_____	■ Yo pago mis impuestos; a cambio quiero que el estado me ofrezca servicios sociales. (María Juárez, 37 años)
_____	■ Necesito ir por la calle segura; quiero que la policía me proteja. Toda mi vida he sido una buena ciudadana. (Josefa Antúnez, 82 años)
_____	■ Cuando tengo un problema con la justicia, necesito que un abogado del estado me ayude. Es un derecho justo. (Pedro Rulfo, 50 años)
_____	■ Cuando mis hijos sean mayores, querrán ir a la Universidad. El estado debe ayudar a las personas con menos recursos. Yo voto a los políticos que fomentan este punto. (Ana Pérez. 40 años)
_____	■ Voto siempre y espero que los políticos cumplan sus promesas. (Adán Blanco, 20 años)

Actividad 4 Todos tenemos derechos pero con esos derechos vienen responsabilidades ya que no vivimos aislados. Completa la siguiente tabla. En la primera columna escribe 3 derechos; en la segunda, las responsabilidades que suponen.

© Losevsky Pavel, 2009.
Shutterstock, Inc.

Es mi derecho...	Es mi responsabilidad...
decidir si veo la tele o estudio	*aprobar mis clases*

¡Gramaticando! Repaso de algunos usos del subjuntivo

Paso 1. Descubriendo la gramática...

Actividad 1 Lee atentamente todas las oraciones de la siguiente lista sobre derechos y responsabilidades.
  A) Subraya la forma verbal del subjuntivo que encuentres en ellas.
  B) Pon su número en el globo de su uso correspondiente.

1. El presidente piensa suprimir algunos de los derechos de los estudiantes cuando empiece el nuevo semestre.

2. Cuando empiece el nuevo semestre los estudiantes no tendrán el derecho de evaluar a sus profesores al final del curso.

3. No son honestas; no sirven para que los profesores sepan si sus clases son buenas.

4. Queremos que los estudiantes tomen conciencia de que el estudio es importante para sacar una A.

5. No creemos que sea justo que la asistencia a las clases dé el 20% de sus notas.

6. Espero que me hagan preguntas sobre la materia, no los trucos para tener una A.

7. ¡Que la asistencia a clase cuente un 20%!

8. Los estudiantes exigen que los profesores sean evaluados.

9. Los estudiantes no quieren que desaparezca su derecho al 20% por la asistencia.

10. No creen que sus preguntas en las oficinas sean absurdas; al contrario, les ayudan a estudiar.

11. Para que los profesores cambien de opinión, los estudiantes deben hacer un manifiesto.

12. Los profesores, de momento, no quieren que el presidente cambie su futura ley.

13. Yo quiero ser inocente hasta que no se demuestre lo contrario.

14. Yo pago mis impuestos; a cambio quiero que el estado me ofrezca servicios sociales.

15. Necesito ir por la calle segura; quiero que la policía me proteja.

16. Cuando tengo un problema con la justicia, necesito que un abogado del estado me ayude. Es un derecho justo.

17. Cuando mis hijos sean mayores, querrán ir a la Universidad.

18. Voto siempre y espero que los políticos cumplan sus promesas.

19. Me molesta que las personas exijan, pero no cumplan sus obligaciones.

20. No me interesa que el estado decida por mí. Yo quiero decidir.

SE USA EL SUBJUNTIVO PARA...

expresar una idea de futuro
Necesita una conjunción de tiempo
(*cuando, después de que, hasta que...*)

Números: 1, 2...

expresar finalidad cuando hay dos sujetos Necesita una conjunción que indica finalidad (*para que, a fin de que...*)

expresar una opinión negativa
Necesita verbos que expresan negación (*no creer, no opinar, no pensar...*)

expresar un deseo, un mandato, una recomendación Necesita verbos de influencia en otras personas (*querer, esperar, exigir, necesitar, recomendar...*) Siempre hay dos sujetos en la oración.

expresar sentimientos que nos producen personas o cosas
Necesita verbos que expresan agrado o desagrado (*me gusta que, me molesta que, me interesa que...*)

✎ MI REGLA ✎

- **Cuando se expresa un deseo o una emoción que tiene relación con alguien o algo más se usa el modo** _____

Ejemplo: _____

Ejemplo: _____

- **Si tenemos dos oraciones que expresan tiempo futuro la oración que comienza con _cuando, después de que, hasta que…_ debe llevar el verbo en el modo**

_____

Ejemplo: _____

Ejemplo: _____

- **Para expresar finalidad, si tenemos dos sujetos el verbo debe estar en el modo**

_____

Ejemplo: _____

Ejemplo: _____

- **Si tenemos una oración que comienza con "No creo que, no pienso que, no me parece que…" debemos usar el modo** _____

Ejemplo: _____

Ejemplo: _____

Paso 2. Practicando: Deseos, mandatos y recomendaciones...

__Actividad 1__ En estas expresiones hay algunas que usamos para expresar deseos, mandatos o recomendaciones. Clasifícalas.

Exijo que..., Esperamos que..., Ojalá..., Le recomiendo que..., Quiero que..., Necesito que..., **Te ordeno que..., Te pido que..., Prefiero que..., Te aconsejo que..., Desea que...,**	

Deseos	Mandatos	Recomendaciones
Ojalá... Quiero que Prefiero que Desea que	Exijo que... Necesito que te ordeno que te aconseje que	Te aconsejo que... le recomiendo que Te pido que

__Actividad 2__ Imagina que estás en estas situaciones. ¿Qué dirías?

Ejemplo: Situación: Tu amigo está enfermo.
Espero que te mejores.

1. Tu amigo tiene un examen.

   Espera que tengas un buen nota

2. Tus padres se van de viaje.

   Espero que tengas un tiempo bueno.

3. Tu compañero de cuarto no ha lavado los platos. Estás enojado.

   Necesito que limpies sus platos.

4. A tu novio/a le duele la cabeza.

   Te recomiendo que separé ahora

5. Tus vecinos ponen la música muy alta. Estás enojado.

   Exijo que no ponga musica alta

6. Tu profesor te pregunta si prefieres corregir tú solo el ejercicio o que lo corrija él.

   Quiero que corrija solo.

7. Estás un poco enfermo y quieres que tu hermano menor vaya a comprar aspirinas para ti.

   _____

Paso 2. Practicando la gramática: Oraciones finales...

Actividad 1 Te has hecho miembro de un grupo activo ecologista y están pidiendo ayuda en estos puntos. Han pasado este cuestionario para responder. Piensa en posibles soluciones. Después haz las preguntas a dos de tus compañeros y escribe sus ideas.

Pregunta	Mi opinión	Compañero 1	Compañero 2
¿Qué se puede hacer para que toda la gente recicle?	Para que la gente recicle, podemos poner contenedores en todas las casas.		
¿Qué podemos hacer para que los autos no maten a las ardillas?			
¿Qué se puede hacer para que la gente camine más y no use el auto?			

Actividad 2 Imagina que has recibido una herencia bastante grande y vas a hacer regalos útiles para tu familia. Pero el abogado necesita aprobar tus compras y saber para qué serán útiles. En la tabla haz una lista de tres objetos que comprarás y justifícate. Sigue el ejemplo:

computadora nueva	Compraré una computadora nueva _para que_ mis hermanos _hagan_ su tarea.

Actividad 3 Transforma estas oraciones usando <u>para que</u> + subjuntivo.

Ejemplo: Universidad pasar películas en español /los estudiantes practicar
La universidad pasa películas en español para que los estudiantes
practiquen.

1. Los estudiantes hacer una manifestación / las editoriales bajar el precio de los libros.

_____

2. Los ciudadanos pagar impuestos / el gobierno construir buenas autopistas.

_____

3. Los estudiantes completar encuestas / los profesores saber qué piensan de sus clases.

_____

4. Los políticos ser elegidos / los ciudadanos ser representados.

_____

5. Los estudiantes hacer un manifiesto / profesores cambiar de opinión.

_____

Actividad 4 Junto con un compañero reflexionen si estas oraciones son correctas o incorrectas. Si son incorrectas, corríjanlas.

1. Voy a comprarme un coche para que pueda llegar antes a mi trabajo.

_____

2. Marisa no quiere manejar para no contaminar el planeta.

_____

3. Mis padres plantaron tomates en el jardín para que coman verduras sin pesticidas.

_____

4. No quiero votar a los políticos que no son verdes para que se den cuenta de que están equivocados.

_____

5. Hemos escrito una carta para que mi escuela poner un contenedor de reciclaje.

_____

Paso 2. Practicando la gramática: Frases temporales...

Actividad 1 El bloque comercial formado por TLCAN (Tratado de Libre Comercio de América del Norte) en los países hispanoamericanos, se conoce como NAFTA en Estados Unidos y ALÉNA en francés. Lee las siguientes oraciones que hablan de este tratado y fíjate en los verbos subrayados. ¿Hablan de una acción ya realizada o que no se ha realizado?

No realizada   1. Cuando <u>se eliminen</u> las fronteras comerciales, realmente tendrá efecto el TLCAN.

_____ 2. Se resolverán problemas tan pronto como <u>tome</u> efecto el tratado.

_____ 3. Después de que <u>se quiten</u> los obstáculos, habrá más oportunidades comerciales.

_____ 4. Hasta que no <u>se respeten</u> los países mutuamente, no se logrará nada.

Actividad 2 Vamos a jugar al círculo del **"Cuando"**. En grupos de 4 van a hacer preguntas y responder con **"cuando" + subjuntivo**.

- ✓ Reciclar la gente (¿?)
- ✓ Tener contenedores
- ✓ Tener contenedores (¿?)
- ✓ El ayuntamiento ponerlos.

¿Cuándo crees que reciclará la gente?

Cuando tengan contenedores.

¿Cuándo tendrán contenedores?

Cuando los ponga el ayuntamiento.

✓ La gente tomar responsabilidades (¿?)	✓ Haber un mercado justo (¿?)	✓ Parar el calentamiento global (¿?)
✓ La gente ser responsable	✓ Los países ricos no explotar a los pobres	✓ Los gobiernos hacer algo
✓ Ser responsable (¿?)	✓ Dejar de explotar a los pobres (¿?)	✓ Los gobiernos hacer algo (¿?)
✓ La educación de las escuelas ser perfecta	✓ Su economía desarrollarse	✓ El planeta explotar

Actividad 3 Responde a estas preguntas usando la expresión "Cuando + subjuntivo".
Elige los elementos de la caja.

Ejemplo· ¿Cuándo prohibirán la caza de animales? Cuando el gobierno haga una ley.

---

el profesor poner en Blackboard – tener sistemas de reciclaje prácticos - completar todos mis créditos – cambiar al presidente – terminar mis estudios- tener dinero- terminar este curso –el calentamiento global llegar a su límite – terminar el petróleo.

---

1. ¿Cuándo terminarás tus estudios?
   _____

2. ¿Cuándo sabrás la nota del examen?
   _____

3. ¿Cuándo obligarán los gobiernos a las personas a reciclar?
   _____

4. ¿Cuándo cambiarán las leyes de la Universidad?
   _____

5. ¿Cuándo empezarás a trabajar?
   _____

6. ¿Cuándo viajarás a Latinoamérica?
   _____

7. ¿Cuándo hablarás español perfectamente?
   _____

8. ¿Cuándo se extinguirán los animales en la Tierra?
   _____

9. ¿Cuándo viajaremos con coches eléctricos?
   _____

Actividad 4 Vas a escuchar a unas personas que responden a la pregunta: *¿Usted recicla?*
Marca en la tabla si hablan del pasado, de algo habitual o del futuro.

Personas	Pasado	Algo habitual	Futuro
1.			
2.			
3.			
4			
5.			
6.			
7.			
8.			

Actividad 5 Conecta estas oraciones, teniendo en cuenta si se refieren al pasado, a algo habitual o al futuro.

1. No consumiré carne,	usaré el transporte público porque es gratis para la gente de la universidad.
2. **Mientras** viva en Austin,	**mientras** hago la tarea de clase.
3. **En cuanto** termina la clase,	**hasta que** sacaron al mercado un modelo híbrido.
4. Ceno cada día	no la compré durante un mes.
5. No compré un auto,	**hasta que** sepa que tratan a los animales con dignidad.
6. Ayudo a las organizaciones ecologistas	voy rápidamente a mi casa para que me dé tiempo a ver mi serie favorita de la tele.
7. **Cuando** subió tanto el precio de la gasolina,	**siempre que** puedo.

Actividad 6 Responde estas preguntas usando expresiones de tiempo. Después pregunta a tu compañero y escribe sus respuestas. Usa las expresiones de tiempo indicadas.

Pregunta	Tú	Tu compañero
1. ¿Hasta cuándo vas a colaborar en la organización ecologista?	*Hasta que me gradúe.*	*Hasta que empiece a trabajar.*
2. ¿Desde cuándo usas la bicicleta como medio de transporte?	Desde que...	
3. ¿Cuándo tendrás un perro?	En cuanto...	
4. ¿Manejabas cuando vivías en casa de tus padres?	Siempre que...	
5. ¿Piensas hacer algún viaje de turismo ecológico?	Tan pronto como...	
6. ¿Piensas trabajar en una compañía multinacional?	Sí, en cuanto ...	
7. ¿Participabas en la escuela en los equipos de deporte?	Sí, cuando ...	
8. ¿Participas en los eventos de estudiantes de la Universidad?	Sí, cada vez que...	

Paso 2. Practicando la gramática: Opiniones negativas y dudas...

Actividad 1   En estas expresiones hay algunas que significan duda, expresan una opinión o evidencia o niegan una opinión. Clasifícalas y escribe al lado si se construyen con el indicativo o el subjuntivo.

> No creo que..., No me parece que..., Dudo que..., Me parece increíble que..., Es falso que ..., No es cierto que..., Pensamos que ..., Es cierto que..., Pienso que..., Te aseguro que..., Es obvio que..., Es evidente que ..., Me parece fatal que..., Nos parece raro que...

Opininión o evidencia + indicativo	Negación de una opinión	Duda, opinión + subjuntivo
Es obvio que ...(Indic) pensamos que es cierto que pienso te aseguro es obvio	*No creo que ... (Subj)* no me parece es falso me parece fatal no es cierto	*Dudo que... (Subj)* nos parece raro no verdad me parece increíble

Actividad 2   Escucha a estas personas que opinan, dudan o niegan y marca la casilla correspondiente.

Personas	1	2	3	4	5	6	7
Dudan							
Opinan o expresan evidencias							
Niegan							

Actividad 3   El Sr. Lístez, vicepresidente de la Universidad, ha pronunciado el siguiente discurso en el Campus con motivo de las recientes revueltas de los estudiantes. Después del discurso los estudiantes están enojados y hacen comentarios. Complétalos de manera adecuada.

Image © micro10x, 2011. Used under license from Shutterstock, Inc.

Queridos estudiantes:

Sé que están enojados por las nuevas decisiones de la Universidad en cuanto a los derechos de los estudiantes, pero estoy seguro de que comprenderán las razones de dichas medidas. En primer lugar, no dijimos que haya que pagar las horas de oficina, solo lo sugerimos. No tienen que protestar por esto, ya que no es una decisión definitiva.

En segundo lugar, sí queremos cambiar el sistema de evaluaciones. Ahora no serán anónimas. Los estudiantes irán a la oficina de los profesores y les dirán lo que piensan. Así evitamos comentarios ofensivos.

Y, por último, el 20% de la nota por asistencia será reducido al 5%, que es un porcentaje más justo.

Espero que con estas decisiones, que nos benefician a todos, estén más contentos y cancelen sus próximas protestas.

Es obvio que _____ (estar, nosotros) enojados. Con esas decisiones, ¿qué pensaba?
No creo que _____ (entender, nosotros) esas decisiones.

¿Cómo se atreve a mentir? Ahora niegan lo de las horas de oficina. Es cierto que _____ (decir, ellos) que había que pagar. No es cierto que lo _____ (sugerir); lo afirman. Me parece increíble que _____ (tener, nosotros) que ir a la oficina para hacer evaluaciones.

¿Qué? No es verdad que las decisiones nos _____ (beneficiar) a todos. Solo a los profesores. Me parece fatal que la asistencia solo _____ (contar) 5%. Sr. Listez, dudo que _____ (cancelar, nosotros) la protesta.

Ahora escribe tu propia opinión.   .

_____

Actividad 4 En parejas elijan rol A y rol B. Una persona va a expresar sus opiniones y la otra persona debe reaccionar negando, dudando o mostrando una evidencia.

Ejemplo:
Rol A: El calentamiento global no existe.
Rol B: No creo que el calentamiento global sea una mentira. Sí existe.

Rol A:

- ✓ Las mujeres son mucho más inteligentes que los hombres.
- ✓ Los OVNIS existen y los extraterrestres viven entre nosotros.
- ✓ Los estudiantes deberían pagar más dinero para ir a la Universidad.
- ✓ El planeta desaparecerá en el año 2025.

Rol B:

- ✓ Los hombres son mucho más inteligentes que las mujeres.
- ✓ En 20 años todos los alimentos serán transgénicos.
- ✓ Los políticos siempre dicen la verdad.
- ✓ El petróleo es la única energía válida.

Paso 2. Practicando la gramática: Las emociones...

Actividad 1 A) Asocia estas emociones a cada situación.

le enoja, le encanta, le molesta, le hace muy feliz, le pone de mal humor

➢ Un policía encuentra a unos chicos que tiran basura. ___*Le molesta.*___
➢ Un profesor tiene alumnos muy inteligentes y trabajadores. _____
➢ Un alcalde es elegido por el 100% de los ciudadanos. _____
➢ Un estudiante recibe una C injusta por parte de un profesor. _____
➢ Alguien pone la música muy alta. Su vecino se queja. _____

B) Haz una frase con el subjuntivo para cada una de las situaciones.

1. *Al policía le molesta que los chicos tiren basura.*

2. _____

3. _____

4. _____

5. _____

Actividad 2 Elige un sentimiento que te producen las siguientes situaciones. Usa el subjuntivo. Siempre debes tener <u>dos</u> sujetos.

me pone triste - me da vergüenza - me da rabia - me da coraje- me fastidia –
me encanta – me sorprende – me da igual – me alegra – me molesta

1. Cazar ballenas → *Me pone triste que algunos países cacen ballenas.*
2. No reciclar → Me molesta que mis vecinos no reciclen basura su
3. Tirar comida → _____
4. No ser cívicos → Me da rabia que not sean
5. No ser respetuosos → _____
6. Los políticos que dicen mentiras → _____
7. La gente que fuma donde no debe → Me fastidia
8. La gente que deja basura en el campo → _____
9. La gente que colabora en asociaciones → _____
10. No preocuparle el cambio climático → Me da vergüenza

Pregunta a dos de tus compañeros sobre sus emociones.

	Compañero 1	Compañero 2
1. Lo que más te gusta que haga la gente	*Lo que más me gusta es que la gente ayude.*	
2. Lo que más te molesta que haga la gente		
3. Lo que más te entristece que haga la gente		
4. Lo que más te sorprende que haga la gente		
5. Lo que más te divierte que haga la gente		

Paso 2. Practicando la gramática: el subjuntivo en expresiones impresonales

Actividad 1 Completa la tabla indicando si estas expresiones impersonales usan el modo subjuntivo o indicativo.

es importante que..., es necesario que..., es obvio que..., es imprescindible que..., es verdad que...,
es difícil que..., es preciso que..., es cierto que..., es absurdo que..., es evidente que..., es falso que...
es posible que...

Indicativo	Subjuntivo
es verdad que...	*es importante que...*
es obvio que	es necesario que
es cierto que	es imprescindible
es evidente que	es dificil es absurdo
	es preciso. es falso
	es posible

Actividad 2 Completa las oraciones con el modo verbal correcto.

1. No es necesario que ___venga___ (venir, Ud.) a ayudarme al club social. Ya he terminado.

2. Le dije que es verdad que el alcalde ___suprimió___ (suprimir) el mes pasado el derecho de usar los parques públicos para pasear a los perros.

3. Es posible que el partido humanista ___gane___ (ganar) las elecciones de mayo.

4. Es obvio que en las elecciones el partido más votado ___fue___ (ser) el del candidato humanista.

5. Es falso que el periódico *El Público* ___cierre___ (cerrar) el próximo mes debido a la crisis.

6. Es importante que ___asistas___ (asistir, tú) a la conferencia sobre derechos humanos.

Actividad 1 Lee este texto sobre los derechos y responsabilidades humanas y fíjate en todos los verbos en subjuntivo o indicativo que están subrayados. A continuación completa la tabla de sus usos.

©Palto, 2013.
Shutterstock, Inc.

Los seres humanos poseen como característica la sociabilidad. Vivimos rodeados de otras personas formando sociedades. Es difícil que la vida <u>se desarrolle</u> si estamos aislados de estas sociedades. Las personas tenemos necesidades de distinta índole que solos no podemos satisfacer. Aristóteles decía: "El hombre aislado o es un bruto o es un dios".

Cada individuo desea que diferentes asociaciones le <u>admitan</u> como miembro: la iglesia, el club deportivo, la comunidad de vecinos, las asociaciones universitarias etc. Las personas que forman grupos suelen tener diferentes propósitos, sin embargo, para realizar una tarea común es preciso que todo el grupo <u>acuerde</u> un plan que <u>sea</u> aceptado por todos para que se <u>lleve a cabo</u> con éxito.

Es imprescindible que tanto en las sociedades como en las comunidades <u>existan</u> normas y reglas que <u>faciliten</u> la convivencia. De lo contrario, la vida entre varias personas con distintas características, intereses, ideas, etc…sería difícil.

Algunos organismos son los encargados de velar y proteger los derechos de los ciudadanos para que no se <u>produzcan</u> situaciones de abuso. A su vez los ciudadanos tienen la obligación de cumplir con las normas de la sociedad a la que pertenecen. Cuando un miembro de la comunidad <u>incumpla</u> esas reglas, <u>podrá</u> ser sancionado por la ley. A pesar de que <u>haya</u> ciudadanos a los que les <u>moleste</u> someterse a estas reglas, sin ellas las sociedades no funcionarían.

Subjuntivo	Explicación
Se desarrolle	*Es difícil que… Es una expresión impersonal*

Actividad 2 Elige el modo correcto en cada una de las oraciones.

1. Con tal de que no (causan / causen) disturbios, los estudiantes pueden reclamar sus derechos.

2. Nadie tomará el primer paso hasta no (tener / tenga) una reunión con el presidente.

3. Espero que todo (sale / salga) bien.

4. Sin esperar tu opinión, le (avise / avisé) de la huelga.

5. Nadie estaba presente cuando (llegue / llegó) el comité.

6. Normalmente, siempre acudimos al centro estudiantil después de que (terminan / terminen) las clases.

7. Quiero que (llamas / llames) a todos en caso de que no (han / hayan) recibido el mensaje.

8. En cuanto (responda / responde) el presidente a nuestra petición, publicaremos lo que dijo.

9. Ojalá que la manifestación se (produce / produzca).

10. No me (molesta / moleste) su opinion tanto como su actitud.

11. No niego que (es / sea) la única manera de lograr nuestro propósito.

12. Tampoco es probable que todos la (aceptan / acepten).

13. Creo que nos (dicen / digan) la verdad.

14. Hasta que no (lleguen / llegan) los profesores del comité, el presidente no nos va a recibir.

15. Siempre escuchamos al comité sin que nos lo (exigen / exijan).

16. Siento que nadie te (acompaña / acompañe) cuando te pidan que (hablas / hables) por todos.

17. No hay duda que (saben / sepan) que irás sin (pedírtelo / te lo pidan).

18. Cuando (quieras / quieres) podemos ir todos a esperarte.

19. Que (están / estén) dispuestos a escucharnos es emocionante.

Paso 3. Reflexionando sobre la gramática...

Actividad 1 Toma la siguiente mini-prueba para probar tus conocimientos de algunos usos del subjuntivo.

1. In the sentence, "Voy a comprar una computadora para que mi hermanita <u>pueda</u> hacer la tarea de la escuela," I need to use the subjunctive because I am expressing finality and there are two: (a) verbs / (b) subjects (Choose 1).

2. When I express a wish for other people (there are two subjects), I should use (a) indicative mood / (b) subjunctive mood in the subordinate clause (Choose 1).

3. When I use the subjunctive in clauses introduced by a conjunction of time (*cuando, hasta que,...*) I am referring to the (a) present / (b) future (Choose 1).

4. When I express an emotion produced by other people or situations, I should use (a) indicative mood / (b) subjunctive mood (Choose 1).

5. (True / false) This sentence is possible in Spanish: "Quiero que yo apruebe el examen"

6. (True / false) This sentence "Siempre que llego a casa me quito los zapatos" refers to a future action.

7. (True / false) This sentence is possible in Spanish: "Es obvio que está allí."

8. (True / false) This sentence is possible in Spanish: *Creo que venga temprano mañana."*

Actividad 2 Basándote en tu rendimiento en la mini-prueba, completa la siguiente auto-evaluación.

	excellent	good	weak
My knowledge of subjunctive covered in this chapter is...			

Auto-prueba

Actividad 1   Llena los espacios con la mejor opción del banco de palabras. ¡Cuidado con la concordancia y la conjugación verbal.

medio ambiente	consumidor	manifestación	exigir
paisaje	empresa	derecho	cumplir
prohibir	lograr	perjudicial	jurídico
suceder	adecuar	tomar conciencia	firmado

1.   Hay una ley empresarial que prohíbe contaminar. Las _____ que no la _____ deben pagar una multa al estado.

2.   _____ que los ciudadanos tengan los mismos _____ es un objetivo que tienen las asociaciones de ciudadanos.

3.   Creo que van a _____ tener más de un auto por familia. Es una solución para no contaminar.

4.   ¿Qué _____ en la _____ en contra de la supresión de derechos universitarios? Alguien me dijo que la policía detuvo a algunas personas.

5.   Los _____ de celulares de la marca "Tunis" están enojados porque son de muy mala calidad y la compañía no regresa el dinero, a pesar de las quejas.

6.   La protección del _____ es una cuestión de la que todos los ciudadanos deben _____.

7.   Se ha demostrado que el uso continuado de objetos electrónicos es _____ para la salud en ciertas edades.

Actividad 2   Elige la forma correcta de los verbos en estas oraciones.

1.   Si vendo mucho vino, (PUEDO / PUEDA) entrar en el mercado europeo en poco tiempo.

2.   Si (TUVIERA / TENDRÍA) un trabajo seguro, me (COMPRARA / COMPRARÍA) una casa.

3.   No creo que el cambio climático (SE LOGRA / SE LOGRE).

4.   Algunos políticos quieren que los derechos de los ciudadanos (SE REDUZCAN / SE REDUCEN).

5.   Si no HABRÍA COMPRADO / HUBIERA COMPRADO esta casa, no (HABRÍA TENIDO / HUBIERA TENIDO) que vender mi auto para ir de vacaciones.

Indica si las siguientes oraciones son ciertas [C] o falsas [F].

____ C ____ F   1. La civilización maya aún existe en algunos lugares de Latinoamérica.

____ C ____ F   2. La construcción recreacional no supone un impacto en la naturaleza.

____ C ____ F   3. Una campaña publicitaria será diferente según la cultura a la que se dirija.

____ C ____ F   4. Los derechos y responsabilidades de los ciudadanos son de tipo social, jurídico y político.

____ C ____ F   5. Las necesidades para comprar siempre son verdaderas. No existen necesidades falsas.

Actividad 4   Hay un error en cada uno de los párrafos. De las tres opciones, selecciona el verbo que contiene un error y escribe la forma correcta en el espacio indicado.

1. Cuando dentro de dos años los países ricos del mundo se **reúnen** para que los países pobres **tengan** ayuda para su desarrollo económico, la ONU **logrará** uno de sus objetivos.

    verbo incorrecto: _____   verbo corregido: _____

2. Si **reduzcamos** el consumo de todos los productos que llevan demasiado envoltorio, **tendremos** un 20% menos de basura. Espero que todos lo **hagamos** poco a poco.

    verbo incorrecto: _____   verbo corregido: _____

3. Cuando todos los países del mundo **tengan** los mismos derechos para sus ciudadanos, **podremos** decir que hemos conseguido algo de dignidad. Me pone triste que no se **escucha** a las minorías.

    verbo incorrecto: _____   verbo corregido: _____

4. Si Colón no **había llegado** a América, la cocina de Europa **sería** bien diferente hoy en día. No **existiría** el puré de patatas ni la pizza con tomate.

    verbo incorrecto: _____   verbo corregido: _____

Actividad 5 Haz 3 <u>oraciones de si</u> para cada sección. (Usa diferentes sujetos).

Ejemplo: Ser solidaria (la gente), el mundo ser un lugar más habitable.
Si la gente es solidaria, el mundo es un lugar más habitable.
Si la gente fuera solidaria, el mundo sería un lugar más habitable.
Si la gente hubiera sido solidaria, el mundo habría sido / sería un lugar más habitable.

1. Llegar a tiempo a clase, ser un estudiante responsable
   1. _____
   2. _____
   3. _____

2. Suprimir derechos de los estudiantes, protestar
   1. _____
   2. _____
   3. _____

3. Reciclar, ser una persona responsable
   1. _____
   2. _____
   3. _____

4. Trabajar muy duro durante 10 años, jubilarme antes de tiempo
   1. _____
   2. _____
   3. _____

5. Vender vino en Europa, ganar mucho dinero
   1. _____
   2. _____
   3. _____

6. Haber una manifestación el sábado, ir con mi amiga Julia.
   1. _____
   2. _____
   3. _____

Actividad 6 Este párrafo ha sido escrito por un estudiante. Léelo detenidamente y clasifica los errores subrayados con su tipología en la tabla. Una raya significa que se omitió una palabra.

¿Qué harías si conocieras una persona que no _reciclar_?

¿Qué harías si trabajaras _por_ una empresa que _contiminar_ el medio ambiente?

¿Qué harías si tuvieras un coche que _sobreusar_ el _petroleo_?

¿Qué harías si ____ probara que la deforestación está _ocuriendo_ en tu _cuidad_?

¿Qué harías si tu animal favorito fuera _excinto_?

Esto son problemas de hoy; tenemos que _corregir los_ por la _mañana_.

Tipo de error	Ejemplo del párrafo
Léxico: palabras mal escritas o mal usadas	_petroleo,_
Verbos: verbos que no se conjugan adecuadamente	
Orden u omisión de las palabras:	
Estilo de escritura:	
Preposiciones mal usadas:	

Actividad 7 Basándote en la explicación anterior, corrige todo lo subrayado.

¿Qué harías si conocieras una persona que no _reciclar_?

_____

¿Qué harías si trabajaras _por_ una empresa que _contiminar_ el medio ambiente?

_____

¿Qué harías si tuvieras un coche que _sobreusar_ el _petroleo_?

_____

¿Qué harías si ____ probara que la deforestación está _ocuriendo_ en tu _cuidad_?

_____

¿Qué harías si tu animal favorito _fuera_ _excinto_?

_____

Esto son problemas de hoy; tenemos que _corregir los_ por la _mañana_.

_____

Actividad 8 Lee este otro texto que proviene de una producción oral y clasifica los errores subrayados.

Me llamo David y me gusta mi planeta _de_ tierra. Primero, _la_ planeta _es_ _deterio_ _porque_ contaminación de los coches o las _botas_ y también las factorías. Es muy triste. Segundo, si _sabiera_ _la_ planeta, la planeta sería _saluda_ y la gente sería _saluda_. Además, si usan el autobús o usan la escalera, o desenchufan las luces podemos _salvar_ energía _por_ _la_ planeta. Muchas personas _matarían_ si no salvamos energía. _Es muy triste también._

Necesitan _salvar_ energía y _el astro no atacaría la tierra._

Por último, mi planeta es muy iomportante para mí y _deben_ _____ muy importante para _sus_. Gracias por _sus_ tiempo.

Tipo de error	Ejemplo del párrafo
Léxico: palabras mal escritas, mal usadas o que no son necesarias	_de,_
Verbos: verbos que no se conjugan adecuadamente	
Orden u omisión de las palabras:	
Voz pasiva:	
Preposiciones mal usadas:	
Confusión ser / estar:	

Actividad 9 Corrige y mejora el estilo de todo el texto anterior. Algunas oraciones no tienen sentido; cámbialas por otras que sí tengan sentido.

Me llamo David y me gusta mi planeta _de_ tierra. Primero, _la_ planeta _es_ _deterio_ _porque_ contaminación de los

coches o las _botas_ y también las factorías. Es muy triste. Segundo, si _sabiera_ _la_ planeta, la planeta sería _saluda_

y la gente sería _saluda_. Además, si usan el autobús o usan la escalera, o desenchufan las luces podemos _salvar_

energía _por_ _la_ planeta. Muchas personas _matarían_ si no salvamos energía. _Es muy triste también._ Necesitan

salvar energía y _el astro no atacaría la tierra._

Por último, mi planeta es muy iomportante para mí y _deben_ _____ muy importante para _sus._ Gracias por _sus_

tiempo.

Noticias y sociedad

Estrategia de lectura 3: Identificar tipos de texto y sus características

Antes de leer los siguientes textos, teniendo en cuenta su formato y su diseño gráfico, conéctalos con su correspondiente tipología.

1. Reseña   2. Correo electrónico   3. Folleto publicitario
4. Noticia

El secreto de sus ojos es la emoción de los nuestros

El director Juan José Campanella leyó *La pregunta de sus ojos* de Eduardo Sacheri y no descansó hasta conseguir los derechos de llevar la obra al cine. Muchos argentinos tendrán que agradecerle a Campanella el haberse liberado de sus prejuicios en contra del cine nacional. La película ha superado en las taquillas a los éxitos del año como *Malditos Bastardos* de Tarantino, convirtiéndose en la más taquillera de la temporada en Argentina.

El protagonista, Benjamín Espósito, es un reciente jubilado de tribunales que se concentra en la escritura de una novela cuyo argumento es tomado de uno de los casos que más lo han marcado en su vida. El caso que no ha quedado del todo resuelto, ahora, 25 años después, volverá para subsanar heridas viejas y nuevas.

La película nos sumerge en una historia de intriga policial rodeada de ternura, humanidad y sabor local impagables. Su realización es maravillosa: una ambientación perfecta de los años 70 llevada a cabo por Marcelo Pont que en nada tiene que envidiar a la serie de moda norteamericana *Mad Men*. Tanto la música como la fotografía la elevan a categoría de obra maestra. ¿Y qué podemos decir de las magistrales actuaciones de Darín, Franchella y Gioia? Son impagables; sin duda estos actores tendrán un antes y un después en sus carreras debido a un film que ya figura en la lista de los merecedores de un Óscar de Hollywood.

Tipo de texto: _____

EL SECRETO DE SUS OJOS

Image © Frederico Lopez Sicardo, 2011. Used under license from Shutterstock, Inc.

"Magistral, emocionante, verdadera y humana" (El Diario Argentino)

NO TE LA PIERDAS. NO TE ARREPENTIRÁS.

LA SENSACIÓN DEL AÑO

GANADORA DE UN OSCAR DE LA ACADEMIA DE HOLLYWOOD

Tipo de texto: _____

Del argentino Juan José Campanella

Este sábado se estrena <u>*El secreto de sus ojos*</u>
La película ganó el Oscar a la mejor película extranjera.

<u>El secreto de sus ojos</u> es una coproducción Argentina/Española dirigida por Juan José Campanella. El guión está basado en una novela llamada <u>La pregunta de sus ojos</u> de Eduardo Sacheri, quien también colaboró en la adaptación cinematográfica junto al director.

Los argentinos tuvieron la suerte de recuperar a Juan José Campanella después de su periplo televisivo norteamericano. Y lo han recuperado con éxito, ya que ha ganado el Óscar a la mejor película extranjera del 2010. *El secreto de sus ojos* ha puesto de acuerdo como pocas veces a crítica y público. Un misterioso asesinato, amores sin resolver y la justicia como tango son los núcleos de esta producción que triunfó en Argentina, en España y allí donde se estrenó.

El estreno contará con la presencia de Darín que aprovechará su estancia en nuestro país para impartir un curso magistral de interpretación en La Universidad de Bellas Artes.

Tipo de texto: _____

De: <u>michelomichelin@yahoo.com</u>
Para: <u>juanon@yahoo.com</u>
Cc:
Asunto: *Una peli para ver*

Hola, Juan:

Ayer por la noche me tomé un respiro de tanto estudio y me fui al cine con Tato. Vimos "El secreto de sus ojos". No te la pierdas, chico. Es increíble. No respiras hasta el final, emoción y tensión hasta el último segundo. Y cómo actúa Darín. Antes me gustaba, pero ahora me he hecho fan.
Bueno, no te cuento más. Vete a verla y deja ya esas birrias de videojuegos que te roban horas en la computadora.
¿Nos vemos el jueves para tomar algo?

Michel

Tipo de texto: _____

En las siguientes características pon el número correspondiente a su género y subraya ejemplos en los textos.

1. Reseña   **2.Correo electrónico**   **3.Folleto publicitario**
4. Noticia

_____*1*_____ Contiene una introducción, un resumen y una evaluación del tema.
_____ Contiene un saludo seguido de dos puntos, una despedida y una firma.
_____ Se refiere a su interlocutor; usa imperativos y abundante adjetivación.
_____ Es objetiva y cuenta lo sucedido o lo que va a suceder.
_____ Tiene un titular que resume su contenido.
_____ Lleva un asunto que es el tema clave del mensaje.
_____ Puede referirse a una película, un libro o un artículo académico, entre otros.
_____ El lenguaje es informal.

Actividad 1   Ahora vas a leer un artículo sobre alimentos transgénicos.
Haz las siguientes actividades relacionadas con el texto.

Antes de leer   Contesta las siguientes preguntas antes de leer el artículo.

1. *¿Transgénicos a dólar?* Este es el título del artículo que vas a leer. Escribe tu hipótesis sobre el contenido del artículo.

_____

2. Echa un vistazo al texto de la página siguiente durante 10 segundos y elige entre las opciones de qué tipo de texto se trata.

   a) reseña   **b) artículo de opinión**   **c) noticia**   **d) folleto publicitario**

3. Ve al texto y elige dos oraciones que justifican la respuesta que has dado en la pregunta 2.

A._____

B. _____

4. En grupos intercambien las respuestas a las siguientes preguntas.

a. ¿Conoces algún alimento transgénico?_____

b. ¿Cuál o cuáles?

_____

c. ¿Has consumido alguna vez alimentos transgénicos?

_____

d. ¿Crees que son perjudiciales para la salud? _____

e. Justifica tu respuesta para el punto d.

_____

f. ¿Crees que tienen alguna utilidad en la sociedad de hoy en día o son solo experimentos de las grandes compañías de alimentación?

_____

g. ¿Crees que los ciudadanos están suficientemente informados sobre lo que comen?

_____

¿Transgénicos a dólar?

Natural $ 20

Modificado $12

Si llegaras al supermercado de tu barrio y te encontraras dos tipos de salmón de piscifactoría, uno normal y otro transgénico 8 dólares el kilo más barato, ¿cuál comprarías y por qué? En tu decisión debes tener en cuenta que las autoridades sanitarias garantizan que **el modificado genéticamente** es seguro para el consumo y no representa ninguna amenaza para el medioambiente.

En EE UU el primer animal modificado genéticamente para consumo humano está a punto de ser aprobado. Un informe presentado por la FDA (Food and Drug Administration; agencia estadounidense que regula fármacos, alimentos y cosméticos) asegura que el salmón transgénico diseñado por la empresa Salmoneti es seguro para el consumo humano. Parece tan seguro como cualquier otro salmón atlántico, y **debido a** sus métodos de crianza y producción no existe riesgo a nivel ecológico. Es posible que un equipo de expertos independientes **dé el visto bueno** a su futura comercialización.

1. En los dos primeros párrafos se plantea una tesis. Elige la más adecuada entre las siguientes.
   a) Es mejor comer pescado salvaje que modificado genéticamente.
   b) Las piscifactorías producen pescado seguro para la salud.
   c) No se va a aprobar un pescado transgénico.
   d) ¿Comprarías un alimento transgénico porque es más barato?

2. ¿A qué palabra se refiere <u>el modificado genéticamente</u> en el párrafo 1?
   a) Salmón
   b) El dólar
   c) El kilo
   d) La piscifactoría

3. Identifica qué tipo es la siguiente oración: "¿Si llegaras al supermercado de tu barrio y te encontraras dos tipos de salmón de piscifactoría ¿Cuál comprarías y por qué?"

_____

4. ¿Cuál de los siguientes conectores es un sinónimo de <u>debido a</u>?
   a) ya que
   b) por consiguiente
   c) a causa de
   d) por eso

5. ¿Cuál es la razón de este subjuntivo en el texto: <u>dé el visto bueno</u>?
   a) Es un deseo.
   b) Es una oración impersonal.
   c) Es una oración temporal referida al futuro.
   d) Es una emoción.

La empresa Salmoneti <u>lleva años</u> persiguiendo la aprobación de su salmón transgénico, y defendiendo que es idéntico y <u>sabe</u> igual a cualquier otro salmón atlántico. La única diferencia es que crece más deprisa. ¿Cómo? Gracias a la inserción de dos genes. El primero es el gen de la hormona de crecimiento del salmón real, una especie considerablemente mayor pero no tan apta para la cría en piscifactorías. Y el segundo es un gen "anticongelante" proveniente de otra especie de pez llamado "ocean pout": Los salmones normales <u>dejan de</u> crecer cuando bajan las temperaturas, pero gracias a este gen el crecimiento no se detiene y el salmón transgénico alcanza en 18 meses el mismo tamaño que uno convencional consigue en 3 años.

La FDA y la compañía aseguran que tras estos 18 meses las propiedades del salmón son exactamente las mismas que <u>las de</u> cualquier salmón atlántico de 3 años. Además, lo único que pretende vender la empresa a las piscifactorías son huevos de los que nazcan ejemplares estériles, y así evitar la fuga de genes a salmones salvajes. Según los oponentes de los transgénicos, un posible escape de las granjas de cría sería peligroso para los ecosistemas. Pero, aunque así fuera; ¿tú lo comprarías para ahorrarte unos dólares?

6. ¿Cuál de las siguientes oraciones significa lo mismo que esta del texto: "La empresa Salmoneti <u>lleva años</u> persiguiendo la aprobación de su salmón transgénico"?
   a) La empresa Salmoneti está persiguiendo <u>desde hace años</u> la aprobación de su salmón transgénico.
   b) La empresa Salmoneti está persiguiendo la aprobación de su salmón transgénico <u>años pasados</u>.
   c) La empresa Salmoneti ha llevado perseguido la aprobación de su salmón transgénico.

7. ¿Cómo se traduce en inglés esta palabra: "<u>sabe</u> igual a cualquier otro salmón"?
   a) knows
   b) tastes
   c) pleases

8. ¿Cómo se traduce al inglés esta perífrasis: <u>dejan de</u> crecer?
   a) stop growing
   b) leave behind
   c) borrow

9. ¿A que palabra anterior del texto hace referencia el pronombre **las** en esta oración: "son exactamente las mismas que <u>las de</u> cualquier salmón"?
   a) meses
   b) salmones
   c) propiedades

Anoche le pregunté a mi madre, y me dijo que ella no lo compraría "porque algo de verdad es mejor que algo transgénico". Me sorprendió su respuesta, pero asumí que era un fiel reflejo de lo que siente gran parte de la sociedad. Argumentos científicos aparte, tenemos bien instaurado un cierto rechazo antitransgénico. ¿Es este rechazo un poco injusto?

Sin ánimo de defender los alimentos modificados genéticamente, ni los beneficios económicos de una compañía en particular, creemos que debemos empezar a diferenciar a los transgénicos. Cada modificación genética es diferente, y estar sistemáticamente a favor o en contra de todos los transgénicos es absurdo. Hay matices diferentes. Pensemos en la diferencia entre una investigación con financiación pública buscando crear variedades de cultivos que <u>requieran</u> menos agua o <u>tengan</u> mejores propiedades nutricionales para países en desarrollo, y una empresa cuyo objetivo <u>sea</u> abaratar su proceso de producción para ser más competitivos en el mercado. Aunque ambos son lícitos, los factores socioeconómicos son opuestos. La salud, el medioambiente y la economía son las tres variables que intervienen en cada caso. En las dos primeras la ciencia sí tiene mucho que decir, pero la tercera no podríamos considerarla experimentación objetiva. ¿Comprarías tú un salmón transgénico sólo porque es más barato?

10. Busca una expresión en el texto que significa lo mismo que esta: *Sin considerar los argumentos científicos.*

_____

11. Según el texto, ¿cuáles son los factores que se deben considerar en la fabricación de transgénicos?

_____

12. Tras haber leído todo el texto, ¿cuál crees que es el factor que interviene en la producción de salmón modificado genéticamente de la empresa Salmoneti?

_____

13. Explica con tus propias palabras el uso de los verbos en subjuntivo subrayados en el último párrafo.

Después de leer Haz las siguientes actividades basándote en lo que leíste.

Actividad 1 En grupos de cuatro personas van a mantener un debate sobre el siguiente tema:

¿Es lícito el uso de los transgénicos con cualquier fin? Adopten los roles indicados. Recuerden las expresiones que aprendieron en el capítulo 1 para el debate y usen todas las que recuerden.

> A mí me parece que... Yo creo que... No estoy de acuerdo contigo. Yo no creo que + subj. A mí no me parece que + subj. Perdona que te interrumpa, pero... Es una buena pregunta... Vamos a ver... Bueno, pues...

A. Eres el presidente de la asociación "Transgénicos, no gracias". Estás en contra porque crees que son perjudiciales para la salud.

B. Eres presidenta de la compañía Salmoneti. Estás a favor de las modificaciones genéticas porque abaratan los precios de los productos.

C. Eres diplomada en biología. La empresa Salmoneti te ha contratado para trabajar en su proyecto de salmones. Tienes que defender que los transgénicos no son perjudiciales para la salud.

D. Eres pediatra. El tema de tu tesis es: "Transgénicos, veneno para la salud." Estás a punto de demostrar que entre ciertos tipos de cáncer y los alimentos transgénicos hay conexión.

Ejemplo: -Hola soy _____ y soy la presidenta de la compañía Salmoneti. Creo que...

-Hola, yo soy _____, presidente de la asociación "Transgénicos, no gracias". Por supuesto, estoy totalmente en contra de las manipulaciones genéticas por las siguientes razones...

El tema en la literatura

Image © Vasilieva Tatiana, 2011. Used under license from Shutterstock, Inc.

Horacio Quiroga, nació en 1878 en Salto, Uruguay. Vivió una serie de muertes trágicas que afectaron su persona y su obra: la muerte de su padre en accidente de caza, el descubrimiento del cuerpo de su padrastro que se había suicidado, el accidente en el que Quiroga mató a uno de sus mejores amigos. A raíz de este último, Quiroga huyó a Misiones, una zona remota de Argentina, donde quedó marcado por la selva. En esta zona emprendió varios negocios que fracasaron; sin embargo, no se dio por vencido.

Además de las muertes trágicas, Quiroga sufrió varios amores frustrados. Su amor por María Jurkowski fue prohibido por sus padres. Luego, cuando era profesor en Buenos Aires, se enamoró de una de sus estudiantes, Ana María, con la cual se casó a pesar de que sus padres su opusieron a la boda. Después de casados, la pareja se fue a lo profundo de la selva donde vivieron casi aislados. Agobiada por la soledad y la dureza de esa vida, Ana María se envenenó y su esposo la cuidó por nueves días mientras agonizaba. Viudo y solo, Quiroga se llevó a sus dos hijos y regresó a Buenos Aires donde retomó su vida literaria. En 1917 publicó *Cuentos de amor, de locura y de muerte* que lo lanzó como uno de los mejores escritores latinoamericanos. El cuento que vas a leer, "A la deriva", forma parte de ese libro.

Tanto la selva como la muerte son temas recurrentes en la obra de este autor. En la selva la muerte es una ley de la Naturaleza, pero enfrentado a ella, el instinto del hombre es luchar por sobrevivir. Esto le ocurre a Paulino, el protagonista de "A la deriva". Desde la primera línea, el lector se puede imaginar el final, pero no por ello pierde el interés. Muy al contrario queda absorto sintiendo el dolor intenso de Paulino y su ansia de vivir mientras va por el río Paraná en busca de ayuda. Quiroga pinta la Naturaleza, que sirve de fondo para la agonía del protagonista, como algo lúgubre y negro pero a la misma vez hermoso y majestuoso. Al terminar de leer "A la deriva" el lector se da cuenta de que el viaje de Paulino realmente es una trágica visión de la vida, es decir, que la vida es tan solo un viaje que irremediablemente fluye hacia la muerte.

Antes de leer

Actividad 1 Ya tienes una breve idea de la trama (*plot*) del cuento. Ordena las siguientes acciones como crees que van a desarrollarse y compruébalas al ir leyendo.

__1__ Un hombre pisa algo suave; es la mordedura (*bite*) de una víbora venenosa (*viper*).

_____ El hombre no puede distinguir el sabor de la caña del sabor del agua.

_____ El hombre no quiere morir y se va en su canoa a buscar ayuda a Tacurú-Pucú que está a unas cinco horas.

_____ Siguiendo el viaje a Tacurú-Pucú, se empieza a sentir casi bien aunque casi no puede mover la mano.

_____ Además del pie, ahora la hinchazón (*swelling*) le ha subido hasta el vientre (*stomach*).

_____ El hombre baja de la canoa y busca a su amigo para que le ayude, pero no lo encuentra y vuelve a la canoa.

_____ Después de que le pica la víbora, va a su rancho; no aguanta la sed y le pide caña (*rum*) a su esposa.

_____ De pronto siente que está helado hasta el pecho; deja de respirar.

__5__ Ya en el río le entra un vómito de sangre.

Actividad 2 Uno de los logros de Quiroga en el cuento es su descripción de cómo va muriendo el hombre. Lee las siguientes frases y escribe su traducción al lado. No hagas una traducción literal; recuerda que la literatura usa muchas imágenes.

Frase del cuento	Traducción
El dolor en el pie aumentaba	
una metálica sequedad de garganta	
la carne desbordaba como una monstruosa morcilla	the flesh overflowed like a monstrous sausage
sus manos dormidas	
el bajo vientre desbordó hinchado	His swollen stomach overflowed
tuvo un violento escalofrío	
La pierna le dolía apenas, la sed disminuía	
sintió que estaba helado hasta el pecho	
El hombre estiró lentamente los dedos de la mano.	

Lectura Mientras lees, vuelve a la Actividad 1 y en cada hueco coloca el número de la oración que resume el contenido de lo que has leído. Sigue el ejemplo.

El hombre pisó algo blanduzco, y en seguida sintió la mordedura en el pie. Saltó adelante, y al volverse con un juramento vio una yararacusú que arrollada sobre sí misma esperaba otro ataque. El hombre echó una veloz ojeada a su pie, donde dos gotitas de sangre engrosaban dificultosamente, y sacó el machete de la cintura. La víbora vio la amenaza (*threat*), y hundió más la cabeza en el centro mismo de su espiral; pero el machete cayó de lomo, dislocándole las vértebras.

El hombre se bajó hasta la mordedura, quitó las gotitas de sangre, y durante un instante contempló. Un dolor agudo nacía de los dos puntitos violetas, y comenzaba a invadir todo el pie. Apresuradamente se ligó (*wrapped*) el tobillo con su pañuelo y siguió por la picada hacia su rancho.

El dolor en el pie aumentaba, con sensación de tirante abultamiento, y de pronto el hombre sintió dos o tres fulgurantes punzadas (*sharp pains*) que como relámpagos habían irradiado desde la herida hasta la mitad de la pantorrilla (*calf*). Movía la pierna con dificultad; una metálica sequedad de garganta, seguida de sed quemante, le arrancó un nuevo juramento.

_1_

Llegó por fin al rancho, y se echó de brazos sobre la rueda de un trapiche. Los dos puntitos violeta desaparecían ahora en la monstruosa hinchazón del pie entero. La piel parecía adelgazada y a punto de ceder, de tensa. Quiso llamar a su mujer, y la voz se quebró en un ronco (*hoarse*) arrastre de garganta reseca. La sed lo devoraba.

—¡Dorotea! —alcanzó a lanzar en un estertor—. ¡Dame caña!

Su mujer corrió con un vaso lleno, que el hombre sorbió en tres tragos. Pero no había sentido gusto alguno.

—¡Te pedí caña, no agua! —rugió de nuevo—. ¡Dame caña!

—¡Pero es caña, Paulino! —protestó la mujer espantada.

—¡No, me diste agua! ¡Quiero caña, te digo!

La mujer corrió otra vez, volviendo con la damajuana (*bottle*). El hombre tragó uno tras otro dos vasos, pero no sintió nada en la garganta.

—Bueno; esto se pone feo —murmuró entonces, mirando su pie lívido y ya con lustre gangrenoso. Sobre la honda ligadura del pañuelo, la carne desbordaba como una monstruosa morcilla.

Los dolores fulgurantes se sucedían en continuos relampagueos, y llegaban ahora a la ingle. La atroz sequedad de garganta que el aliento parecía caldear más, aumentaba a la par. Cuando pretendió incorporarse, un fulminante vómito lo mantuvo medio minuto con la frente apoyada en la rueda de palo.

Pero el hombre no quería morir, y descendiendo hasta la costa subió a su canoa. Sentóse en la popa y comenzó a palear hasta el centro del Paraná. Allí la corriente del río, que en las inmediaciones del Iguazú corre seis millas, lo llevaría antes de cinco horas a Tacurú-Pucú.

El hombre, con sombría energía, pudo efectivamente llegar hasta el medio del río; pero allí sus manos dormidas dejaron caer la pala en la canoa, y tras un nuevo vómito —de sangre esta vez— dirigió una mirada al sol que ya trasponía el monte.

La pierna entera, hasta medio muslo, era ya un bloque deforme y durísimo que reventaba la ropa. El hombre cortó la ligadura y abrió el pantalón con su cuchillo: el bajo vientre desbordó hinchado, con grandes manchas lívidas y terriblemente doloroso. El hombre pensó que no podría jamás llegar él solo a Tacurú-Pucú, y se decidió a pedir ayuda a su compadre Alves, aunque hacía mucho tiempo que estaban disgustados.

La corriente del río se precipitaba ahora hacia la costa brasileña, y el hombre pudo fácilmente atracar. Se arrastró por la picada en cuesta arriba, pero a los veinte metros, exhausto, quedó tendido de pecho.

—¡Alves! —gritó con cuanta fuerza pudo; y prestó oído en vano.

—¡Compadre Alves! ¡No me niegue este favor! —clamó de nuevo, alzando la cabeza del suelo. En el silencio de la selva no se oyó un solo rumor. El hombre tuvo aún valor para llegar hasta su canoa, y la corriente, cogiéndola de nuevo, la llevó velozmente a la deriva.

El Paraná corre allí en el fondo de una inmensa hoya, cuyas paredes, altas de cien metros, encajonan fúnebremente el río. Desde las orillas bordeadas de negros bloques de basalto, asciende el bosque, negro también. Adelante, a los costados, detrás, la eterna muralla lúgubre, en cuyo fondo el río arremolinado se precipita en incesantes borbollones de agua fangosa. El paisaje es agresivo, y reina en él un silencio de muerte.

El sol había caído ya cuando el hombre, semitendido en el fondo de la canoa, tuvo un violento escalofrío. Y de pronto, con asombro, enderezó pesadamente la cabeza: se sentía mejor. La pierna le dolía apenas, la sed disminuía, y su pecho, libre ya, se abría en lenta inspiración.

El veneno comenzaba a irse, no había duda. Se hallaba casi bien, y aunque no tenía fuerzas para mover la mano, contaba con la caída del rocío para reponerse del todo. Calculó que antes de tres horas estaría en Tacurú-Pucú.

El bienestar avanzaba, y con él una somnolencia llena de recuerdos. No sentía ya nada ni en la pierna ni en el vientre. ¿Viviría aún su compadre Gaona en Tacurú-Pucú? Acaso viera también a su ex patrón mister Dougald, y al recibidor del obraje. ¿Llegaría pronto? El cielo, al poniente, se abría ahora en pantalla de oro, y el río se había coloreado también. Desde la costa paraguaya, ya entenebrecida, el monte dejaba caer sobre el río su frescura crepuscular, en penetrantes efluvios de azahar y miel silvestre. Una pareja de guacamayos cruzó muy alto y en silencio hacia el Paraguay. Allá abajo, sobre el río de oro, la canoa derivaba velozmente, girando a ratos sobre sí misma ante el borbollón de un remolino. El hombre que iba en ella se sentía cada vez mejor, y pensaba entretanto en el tiempo justo que había pasado sin ver a su ex patrón Dougald. ¿Tres años? Tal vez no, no tanto. ¿Dos años y nueve meses? Acaso. ¿Ocho meses y medio? Eso sí, seguramente.

De pronto sintió que estaba helado hasta el pecho. ¿Qué sería? Y la respiración también...

Al recibidor de maderas de mister Dougald, Lorenzo Cubilla, lo había conocido en Puerto Esperanza un viernes santo... ¿Viernes? Sí, o jueves . . .

El hombre estiró lentamente los dedos de la mano.

—Un jueves...

Y cesó de respirar.

Después de leer

Actividad 1 Indica si las siguientes afirmaciones son verdaderas (V) o falsas (F).

1. _____ Paulino trata de matar la víbora pero se le escapa.

2. _____ Dorotea le aconseja a Paulino que vaya a buscar a su compadre.

3. _____ Al llegar a la mitad del río, se le cae la pala.

4. _____ El compadre no quiere ayudar a Paulino.

5. _____ En la selva, Paulino escucha el ruido de los pájaros y los animales de la selva.

6. _____ Paulino tiene un violento escalofrío y después se siente bien.

7. _____ Siente que está helado hasta el pecho.

8. _____ En Tucurú-Pucú Lorenzo lleva a Paulino a ver a mister Dougald.

9. _____ Mister Dougald le dice a Paulino que el veneno ha desaparecido.

Actividad 2 Elige la mejor opción para responder la pregunta o completar la oración.

1. La víbora mordió a Paulino porque
a. la amenazó con el machete.
b. se sintió atacada.
c. era peligrosa.

2. Uno de los indicios de que la picada era venenosa era
a. dos puntitos que indicaban la mordedura.
b. la rápida hinchazón del pie y las terribles punzadas.
c. el pañuelo que el hombre se ató al tobillo.

3. Paulino se da cuenta que está en malas condiciones cuando
a. su mujer sale corriendo.
b. no nota el sabor de la caña.
c. quiere ponerse de pie.

4. El hombre se da cuenta que no puede llegar por sí mismo a Tacurú-Pucú cuando
a. se le cae la pala al agua.
b. nota que el monte traspone el sol.
c. ve que la hinchazón le llega al vientre.

5. Es posible que Alves no ayudara a Paulino porque
a. no lo oyó.
b. no tenía canoa.
c. temía la corriente.

6. De elegir un color para describir el párrafo "El Paraná...inspiración" sería el
a. violeta.
b. verde.
c. negro.

7. El violento escalofrío que siente Paulino es un aviso de que
a. está a punto de morir.
b. la caña ha hecho efecto.
c. le empieza a caer el rocío.

8. ¿Cómo es el ambiente que pinta Quiroga en el párrafo "El bienestar...seguramente"?
a. Siniestro
b. Ordinario
c. Hermoso

9. ¿Qué siente Paulino cuando nota que está helado hasta el pecho?
a. Un poco de esperanza
b. La muerte
c. Miedo

10. El barco en que navega Paulino simboliza
a. el trayecto de la vida.
b. los peligros de la selva.
c. la amistad indestructible.

Actividad 3 Vuelve al cuento y subraya todas las palabras que describen la Naturaleza. Luego colócalas en la columna correspondiente.

negra y lúgubre	hermosa y majestuosa

¿Por qué crees que Quiroga hace este contraste?_____

Actividad 4 Mira la siguiente fotografía de una selva. ¿Crees que representa la selva del cuento? Explica tu respuesta.

Image © Ikunl, 2011. Used under license from Shutterstock, Inc.

_____
_____
_____
_____
_____
_____
_____
_____

Actividad 5 Imagina que eres un periodista que le va a hacer una entrevista a Quiroga sobre este cuento. Escribe tres preguntas que le harías. Luego hazle las preguntas a un compañero de clase y escribe sus respuestas.

1. Pregunta _____

   Respuesta _____

2. Pregunta _____

   Respuesta _____

3. Pregunta _____

   Respuesta _____

Ahora haz un breve resumen de la "entrevista con Quiroga".
Sigue el ejemplo:

   Pregunta *¿Cómo se pudo imaginar la muerte terrible de Paulino?*

   Respuesta *Vi como mi esposa murió envenenada*

   Quiraga se pudo imaginar la muerte de Paulino porque vio como su esposa murió envenenada

1. _____
   _____
2. _____
   _____
3. _____
   _____

Actividad 6 Te toca hacer de escritor. Imagina que Paulino llega a Tacurú-Purú. ¿Cómo habría sido diferente el final del cuento? Usando tu imaginación escribe un final diferente para "A la deriva". Luego compártelo con tus compañeros. ¿Crees que les gustará?

_____
_____
_____
_____
_____
_____
_____
_____
_____
_____

El lenguaje vivo: El lenguaje corporal

Los humanos nos comunicamos con nuestras actitudes, con los movimientos de nuestro cuerpo, de nuestras manos, de nuestros ojos o la expresión de nuestra cara. Aproximadamente un 70% de lo que comunicamos lo hacemos de una manera no verbal. Las culturas tienen diferentes comportamientos gestuales o quinésicos que, a veces, pueden producir malentendidos.

Actividad 1 Lee estas situaciones y en parejas interpreten cuál es la confusión que se ha producido.

1. Una estudiante oriental llega a un país latino para perfeccionar su español. En el aeropuerto la familia con la que va a vivir la está esperando. Cuando la ven, cada miembro de la familia le da un beso. Ella no entiende nada. Al día siguiente en la escuela comenta horrorizada que la familia con la que vive, cuando la vio en el aeropuerto, la olieron todos. ¡Qué costumbre tan rara!

Confusión: _____ Motivo: _____

2. Este es un fragmento de un libro en el que una guapa estudiante norteamericana está viviendo en Sevilla (España) y no entiende algunos comportamientos del país. En esta ocasión está invitada en casa de un señor marqués de edad madura.

   "El marqués me preguntaba qué era lo que me había gustado más de Sevilla. Le dije: —La catedral y la Giralda. Entonces el marqués, tal vez agradecido porque debe de ser muy patriota, mientras comía con la mano izquierda, con la derecha se puso a hacerme un masaje en la rodilla. ¡Cosa más extraña! Debe de ser una costumbre española: Tiene fama España de ser muy hospitalaria a la manera de los pueblos orientales y esa debía de ser una atención tradicional con los huéspedes. Yo seguía comiendo con un hambre terrible. De vez en cuando miraba al marqués, sonreía y le decía: —Muchas gracias, señor marqués. Con lo que quería decirle que no se molestara más. Pero él seguía dándome masaje. Supuse que tal vez la marquesa estaba haciendo lo mismo con John. Pero luego supe que a John no le había hecho masaje nadie."

   La tesis de Nancy de R.J. Sender

Confusión: _____ Motivo: _____

Actividad 2 Cuando nos acercamos a otras culturas, lo hacemos con las lentes de visión de nuestra cultura; por ello interpretamos las actuaciones o los gestos según nuestro conocimiento. Para interpretar, antes debemos conocer. Intenta contestar las siguientes preguntas según tus conocimientos.

En las culturas latinas, ¿cómo se saluda normalmente en una situación informal?

_____

En EEUU, ¿cuál es la distancia normal en la que se colocan dos personas para hablar?

_____

Si has viajado a algún país latino, ¿cuál es la distancia a la que se colocan las personas para interactuar?

_____

Actividad 3 Los gestos también cambian según las culturas. Interpreta lo que quieren decir estos en tu cultura.

© Serghei Starus, 2009. Shutterstock, Inc.

© PhotoPrinc.e, 2009. Shutterstock, Inc.

© Mia U, 2009. Shutterstock, Inc.

En otras culturas pueden significar algo diferente.

- ✓ Los cuernos verticales en España e Italia son una gran ofensa. Significa que tu pareja te engaña.
- ✓ Sacar la lengua es de muy mala educación; muestra desprecio.
- ✓ Levantar las cejas es símbolo de dinero en Perú y admiración en otros lugares.

Actividad 4 Realiza los gestos para expresar estas situaciones. Tu profesor te va a decir cómo se hacen en otras culturas.

- ❋ Estás loco.
- ❋ Me encanta, ¡¡¡qué bonito!!!
- ❋ Me burlo de ti.
- ❋ Que te vayas a la…
- ❋ Decir que sí

Conferencia

Imagínense que son reporteros del *Daily Texan*. Pónganse en grupos de tres. Van a escuchar una conferencia sobre un tema de actualidad. La escucharán en tres partes. Después de cada parte, habrá una pausa para que sepan que el siguiente estudiante debe empezar a tomar apuntes.

A) Un participante de cada grupo tomará apuntes durante la primera parte; otro, durante la segunda parte; y el tercero, durante la última.

B) Al final de la conferencia, entre los tres escribirán los tres puntos más importantes y, finalmente, en su propia hoja de papel, escribirán un breve reportaje de la conferencia. Les han informado que su columna tendrá unas 100 palabras. Necesitan un título llamativo para su artículo y deben incluir los tres puntos que consideraron más importantes.

Apuntes:

Los tres puntos más importantes de la conferencia que vamos a reportar:

1. _____

2. _____

3. _____

¡A investigar!

Busca o inventa un producto que te parece que puede hacer la vida fácil a la gente y, además, no es agresivo con el medio ambiente. Piensa en las ventajas de ese producto y las razones para convencer a la gente de lo maravilloso que sería tenerlo.

1. Producto:

2. Ventajas:

3. Razón 1:

4. Razón 2:

5. Experiencias de otras personas:

© sonia.eps, 2009. Shutterstock, Inc.

Mejorando el discurso: Conectores que dan coherencia al discurso

Actividad 1   Mira la fotografía de estos animales.

¿Sabes cómo se llaman? _____

Producen una lana especial cuando se les corta el pelo. ¿Sabes para qué se utiliza esa lana? _____

¿Sabes en qué país(es) viven estos animales? _____

¿Sabes cuántos ejemplares hay ahora en su hábitat? _____

¿Imaginas cuánto puede costar una prenda hecha con este tipo de lana? _____

Antes de escuchar   Comprueba tus respuestas en el texto de la presentación de María Eugenia Loro Piana, presidenta de la compañía "Abrígate y salva vidas". Antes de escuchar su presentación, ordena los fragmentos poniendo el número correspondiente.

Como probablemente muchos de Uds. saben, la vicuña es un animal que vive, principalmente, en el Altiplano de Perú a más de 4000m de altura. Se encuentra también en Bolivia, norte de Chile y noroeste de Argentina. Es un mamífero de unos 40kg de peso que vive cerca de ríos o lagunas.   **(1)**

Nuestros argumentos para convencerlo estaban basados en razones económicas y turísticas. Primero, la venta de esta lana supone unos ingresos dignos a un número grande de familias.

Segundo, el "chaccu," la fiesta en la que se corta el pelo a las vicuñas, se ha convertido en un atractivo turístico de gran popularidad.

Para concluir, solo quiero decirles que abran sus mercados a nuestra lana. Es una apuesta segura. No se arrepentirán. Gracias.

La segunda, no encontrarán nada más suave, cálido y exclusivo en el mercado. Y, por último, están colaborando en una causa justa y noble.

Aunque, al inicio, no teníamos el apoyo del gobierno, pronto lo convencimos.

Hace diez años en un viaje a Perú me di cuenta de que el número de animales había disminuido considerablemente y pensé que introducir su lana en los mercados de lujo tendría dos tipos de beneficio:

Por una parte salvaría a los animales del peligro de extinción y por otra parte sería una fuente de recursos económicos para algunas comunidades de campesinos.

Por todo ello, el gobierno, no solo aceptó nuestra idea, sino que ayudó a promocionar la venta de la lana. El precio de una prenda de lana de vicuña ronda los $2500. Evidentemente, les parecerá muy caro y el mercado al que va dirigido es un mercado exclusivo; pero les daré tres razones para que comprendan este precio:

La primera, para confeccionar una prenda pequeña necesitamos cortar el pelo de unas 12 vicuñas.

Conferencia Escucha la conferencia. Mientras escuchas, comprueba el orden.

Después de escuchar Vuelve a la trascripción y subraya todos los conectores.

Actividad 2 En el discurso de María Eugenia has subrayado las expresiones que unen y dan coherencia al discurso. A) Une cada expresión con su función.

Expresión	Función del discurso
Como probablemente muchos de Uds. saben...	Marcar continuidad en la enumeración del argumento
Por una parte...	Expresar un inconveniente a un hecho
Por otra parte...	Enumerar en primer lugar
Aunque...	Resumir lo dicho anteriormente
Primero...	Enumerar en segundo lugar
Segundo...	Empezar un discurso
Por todo ello...	Empezar a organizar un argumento
No solo...sino...	Terminar un tema o una enumeración
Y, por último...	Expresar que un hecho no es único
Y para concluir...	Cerrar completamente un tema

B) Completa las siguientes observaciones acerca de los conectores.

• Para empezar un discurso podemos usar expresiones como _____
_____.

• Para enumerar en primer lugar podemos decir _____
_____.

• Para expresar un inconveniente decimos _____
_____.

• Para concluir decimos _____
_____.

Actividad 3 Completa este discurso de un ciudadano que ha organizado un sistema de cambio de objetos para reducir el consumo. Elige el término más adecuado de la caja.

En primer lugar	*Me gustaría terminar esta presentación*
Como todos Uds. saben	*En segundo lugar*
Además	

_____, los recursos de la tierra son limitados. Estoy aquí para presentar mi sistema de intercambio, "Lo que yo no quiero, otros lo desean," basado en el trueque de objetos que ya no usamos en nuestras casas. Las ventajas de este sistema son innumerables:

_____, ayudamos a nuestra economía personal. _____ le hacemos un favor al planeta y, hacemos espacio en nuestras casas congestionadas.

_____ invitando a que traigan un objeto que ya no usen para compartirlo con los miembros del grupo.

Actividad 4 Usando expresiones de orden adecuadas, une estos grupos de oraciones. Después, lee en alto tu mini discurso; pon mucha atención a las pausas y la entonación.

1. El mercado internacional es un hecho demostrado por estas razones.

Los sistemas de transporte son rápidos y sofisticados.

Los consumidores tienen más poder adquisitivo.

Los países necesitan intercambiar sus productos.

2. Consumir productos de nuestros propios países tienen muchas ventajas.

Es más ecológico porque no se gasta energía transportándolos.

Ayuda a la economía nacional.

Sirve para conservar lo que es propio y característico de una nacionalidad.

¿Con cuál de los dos estás de acuerdo?   1   2

¿Por qué? _____

_____

© Scott Maxwell / LuMaxArt, 2009
Shutterstock, Inc.

Actividad 1 Van a vender un producto en una presentación oral de aproximadamente dos minutos al resto de la clase. En casa preparen su presentación siguiendo el siguiente esquema. En clase practiquen su presentación en grupos de cuatro personas. Den consejos a sus compañeros para hacer bien su presentación. Después, cada persona presenta su producto delante de la clase.

- **Presentación de ti mismo y de tu producto:**
  Hola, me llamo… y vengo a presentarles…
  Como probablemente muchos de Uds. saben…

- **Ventajas del producto:**
  Por una parte…
  Por otra parte…
  Además…

- **Razones para comprarlo:**
  Primero…
  Segundo…

- **Conclusión y despedida:**
  Y por último…
  Y para concluir…

  Muchas gracias por su atención

Actividad 2 Presenten el producto a sus compañeros. No deben leer, sino decir lo que practicaron. Pueden mostrar una foto o dibujo de su producto.

Actividad 3 Eres un caza tendencias (persona que viaja por el mundo en busca de nuevas ideas) de nuevos productos. Vas a asistir a tres mini conferencias sobre nuevos productos. Debes rellenar esta ficha después de cada presentación y elegir el que más te gustó y que crees que tendrá más éxito en el mercado.

Producto 1:	Producto 2:	Producto 3:
Razones para comprarlo: Posibilidades de éxito:	Razones para comprarlo: Posibilidades de éxito:	Razones para comprarlo: Posibilidades de éxito:

Actividad 4 Ahora vas a presentar tu producto a toda la clase. Después votarán el que más les guste.

© Supernova_, 2009.
Shutterstock, Inc.

El ganador al mejor producto del curso _____

Capítulo 3: Grammar at a Glance

Cláusulas con "si"

To talk about hypothetical situations, we use clauses beginning with the word "si". Luckily, the structure of these hypothetical sentences is parallel in English and Spanish. In Spanish, just like in English, three different types of conditions can be expressed by the "if" clause: 1) real / open conditions, 2) potential / remote conditions, and 3) unreal / unfulfilled conditions.

LAS CONDICIONES REALES   This type of hypothesis is used to express a condition which is likely to happen in the future.

LA ESTRUCTURA   This type of hypothesis has the following sentence structure:

> **Si + present indicative,   future / present indicative.**
> **OR**
> **Future / present indicative + si + present indicative.**
>
> *Ex: Si las fábricas <u>continúan</u> contaminando el aire, <u>habrá</u> más problemas ambientales.*
> *Ex: Yo <u>puedo</u> ahorrar más dinero si <u>comienzo</u> a vivir más responsablemente.*

EL FUTURO   Make sure you remember the conjugation of the future tense! Just start with the infinitive and add the appropriate endings.

	conservar	destruir
yo	conservaré	destruiré
tú	conservarás	destruirás
él/ella/Ud.	conservará	destruirá
nosotros	conservaremos	destruiremos
ellos/ellas/Uds.	conservarán	destruirán

Don't forget that the following verbs have irregular stems:

decir > dir-	haber > habr-	hacer > har-	poder > podr-	poner > pondr-
querer > querr-	saber > sabr-	salir > saldr-	tener > tendr-	venir > vendr-

LAS CONDICIONES POTENCIALES   This type of hypothesis is used to express a condition which is less probable.

LA ESTRUCTURA   This type of hypothesis has the following sentence structure:

> **Si + past subjunctive,   conditional.**
> **OR**
> **Conditional + si + past subjunctive.**
>
> *Ex: Si la compañía <u>tuviera</u> una mejor campaña publicitaria, <u>tendría</u> más éxito.*
> *Ex: No <u>habría</u> tantos problemas con la capa de ozono si no <u>manejáramos</u> SUVs.*

<u>EL CONDICIONAL</u> Make sure you remember the conjugation of the conditional tense! Just start with the infinitive and add the appropriate endings.

	conservar	**destruir**
yo	conservaría	destruiría
tú	conservarías	destruirías
él/ella/Ud.	conservaría	destruiría
nosotros	conservaríamos	destruiríamos
ellos/ellas/Uds.	conservarían	destruirían

Don't forget that the conditional has the same irregular stems as the future:

decir > dir-	haber > habr-	hacer > har-	poder > podr-	poner > pondr-
querer > querr-	saber > sabr-	salir > saldr-	tener > tendr-	venir > vendr-

<u>EL PASADO DEL SUBJUNTIVO</u> Make sure you remember the conjugation of the past subjunctive! Just start with the "ellos" form of the preterit, drop the "on" and add the appropriate endings.

	conservar	**destruir**
yo	conservara	destruyera
tú	conservaras	destruyeras
él/ella/Ud.	conservara	destruyera
nosotros	conserváramos	destruyéramos
ellos/ellas/Uds.	conservaran	destruyeran

<u>LAS CONDICIONES IRREALES</u> This type of hypothesis is used to express a condition which is impossible since it refers to an opportunity that has already passed.

<u>LA ESTRUCTURA</u> This type of hypothesis has the following sentence structure:

> **Si + <u>pluperfect subjunctive</u>, <u>conditional perfect / conditional</u>.**
> **OR**
> **<u>Conditional perfect / conditional</u> + si + <u>pluperfect subjunctive</u>.**
>
> *Ex: Si Juan no <u>hubiera sido</u> tan optimista, no <u>habría empezado</u> su propio negocio.*
> *Ex: No <u>tendríamos</u> tantos derechos si nuestros antepasados no <u>hubieran protestado</u>.*

<u>EL CONDICIONAL PERFECTO</u> To form this tense, just conjugate "haber" in the conditional and add the past participle!

	conservar	**destruir**
yo	habría conservado	habría destruido
tú	habrías conservado	habrías destruido
él/ella/Ud.	habría conservado	habría destruido
nosotros	habríamos conservado	habríamos destruido
ellos/ellas/Uds.	habrían conservado	habrían destruido

EL PLUSCUAMPERFECTO DEL SUBJUNTIVO

To form this tense, just conjugate "haber" in the past subjunctive and add the past participle!

	conservar	destruir
yo	hubiera conservado	hubiera destruido
tú	hubieras conservado	hubieras destruido
él/ella/Ud.	hubiera conservado	hubiera destruido
nosotros	hubiéramos conservado	hubiéramos destruido
ellos/ellas/Uds.	hubieran conservado	hubieran destruido

Usos del subjuntivo: Un breve repaso

By now, you have seen that the subjunctive is used in many situations. Make sure you are familiar with the most common subjunctive uses. The subjunctive in Spanish is used to express:

DESEOS, MANDATOS O RECOMENDACIONES
The subjunctive is used to express wishes, commands and recommendations when there is a change in subject.

> EX: Espero que esa compañía _comience_ a comportarse responsablemente.
> EX: Nos pidieron que _dejáramos_ de contaminar el agua.

FINALIDAD / PROPÓSITO
The subjunctive is used after conjunctions of purpose / finality when there is a change in subject.

> EX: Mis padres me van a comprar un coche híbrido para que no _necesite_ comprar tanta gasolina.
> EX: Los obreros participaron en la huelga para que la compañía les _diera_ un aumento de sueldo.

IDEAS EN EL FUTURO
The subjunctive is used after temporal conjunctions when the action is pending / has not happened yet.

> EX: A la gente solo les importará el medio ambiente cuando la situación _sea_ peligrosa.
> EX: La empresa no pensaba parar su campaña publicitaria hasta que su objetivo se _alcanzara_.

OPINIONES NEGATIVAS / DUDAS
The subjunctive is used to express a negative opinion or doubt.

> EX: Los ciudadanos no creen que el gobierno _cumpla_ con sus obligaciones.
> EX: Esos políticos dudaban que el calentamiento global _fuera_ un verdadero problema.

SENTIMIENTOS / EMOCIONES
The subjunctive is used after expressions of emotion.

> EX: Me entristece que los jóvenes no _tomen_ conciencia de los asuntos medio ambientales.
> EX: Al alcalde le molestó que no se le _pusiera_ una multa al fabricante irresponsable.

Capítulo 3: Vocabulary at a Glance

El medio ambiente

SUSTANTIVOS

el acontecimiento	event
la ballena	whale
el beneficio	benefit
el calentamiento global	global warming
la capa de ozono	ozone layer
la deforestación	deforestation
el/la indígena	native
el maltrato	maltreatment
el monte	hill
la multa	fine, ticket
el paisaje	scenery
el respeto	respect

ADVERBIOS

gratuitamente	unwarranted, for free

VERBOS

contaminar	to contaminate
cuidar	to care for
desaparecer	to disappear
funcionar	to function
habitar	to reside
prohibir	to prohibit
reciclar	to recycle
regalar	to make a present of
respetar	to respect
suceder	to happen

ADJETIVOS

ambiental	environmental
contaminante	contaminating
ecológico/a	ecological
habitacional	liveable
híbrido/a	hybrid
urbano/a	urban

El mercadeo internacional

SUSTANTIVOS

el alimento	food
el arancel	duty, tax
los bienes	goods
la campaña	campaign
el/la consumidor/a	consumer
el contenedor	container
la empresa	company
el/la fabricante	maker
la frontera	border
los ingresos	income, revenue, profits
la materia prima	raw material
el mercado	market
la necesidad	need
la publicidad	publicity
el recurso	resource
el socio	business partner, member
la técnica	technique
el tratado	treaty

ADVERBIOS

actualmente	presently, currently

VERBOS

adecuar	to accomodate
colocar	to place
cubrir	to cover, to include
depender (de)	to depend (on)
eliminar	to eliminate
hundir	to sink, to plunge
implementar	to implement
lograr	to achieve
vender	to sell

ADJETIVOS

comercial	commercial
empresarial	business
establecido/a	established
imprescindible	essential, necessary
incapaz	incapable
instalada	installed
sumida	plunged, immersed

Los derechos y responsabilidades

SUSTANTIVOS

el/la abogado/a	*attorney*
el/la alcalde/sa	*mayor*
el ayuntamiento	*city hall*
el/la ciudadano/a	*citizen*
el derecho	*right*
la fuente	*source*
la justicia	*justice*
la ley	*law*
la manifestación	*protest*
el manifiesto	*manifesto*
el porcentaje	*percentage*
la promesa	*promise*

VERBOS

afirmar	*to state*
cumplir	*to fulfill*
desarrollarse	*to develop*
detener	*to stop*
divertir	*to entertain*
entristecer	*to sadden*
exigir	*to demand*
explotar	*to exploit*
malinterpretar	*to misinterpret*
suprimir	*to suppress*
tomar conciencia	*to become aware*

ADJETIVOS

allegado/a	*close*
cívico/a	*civic*
entrevistado/a	*interviewed*
firmado/a	*signed*
jurídico/a	*legal*
perjudicial	*damaging*
previsto/a	*foreseen*
respetuoso/a	*respectful*

Palabras y expresiones útiles

a raíz de	*because, owing to*	por otra parte	*on the other hand*
aunque	*although*	por todo ello	*because of it all*
cuenta con	*have, count on*	por una parte	*on the one hand*
no solo … sino	*not only … but*	por último	*lastly*

Mis propias palabras

_____   _____

_____   _____

_____   _____

_____   _____

_____   _____

_____   _____

La lente con la que vemos

© jean schweitzer, 2009. Shutterstock, Inc.

estilos de vida   **viajar para aprender**   **comunicación entre culturas**

"La humanidad es como es. No se trata de cambiarla, sino de conocerla."
Gustave Flaubert (novelista francés)

Codo a codo con el contenido:

En este capítulo vamos a conocer los estilos de vida de otros países, aprender algunas ventajas de realizar un "Study Abroad" y tomar conciencia de que cada cultura tiene unas reglas y es beneficioso conocerlas para comunicarnos efectivamente. Para ello usaremos:
- la secuencia de tiempos
- las oraciones de relativo
- el estilo indirecto

También seremos capaces de:
- reconocer algunas variaciones dialectales
- aumentar nuestros recursos para reproducir las palabras de otras personas

Nuestra tarea final: UN ENSAYO

¿Eres un lógico-matemático y puedes solucionar grandes problemas?

En este capítulo otra vez viajamos y para empezar el viaje se plantea un problema de lógica matemática del que debes salir con éxito con la ayuda de tus compañeros.

© Ermakova Djamilia, 2009.Shutterstock, Inc.

© Maria Bell, 2009.Shutterstock, Inc.

Un grupo de 6 personas están dando un paseo en una isla cerca de la playa. Tres de ellos son piratas y 3 son turistas. Uds. deben ayudarles a cruzar al otro lado de la orilla en un barco en el que solo caben 2 personas. Para que los piratas no ataquen a los turistas, nunca puede haber mayor número de piratas que de turistas. ¿Cuántos viajes deben hacer para cruzar todos al otro lado y que los turistas lleguen sin problemas?

Dividan la clase en dos grupos. El primero que tenga la solución levanta la mano; después debe presentarlo a la clase en español, aunque para buscar la solución pueden usar el inglés.

Tienen un máximo de 5 minutos para buscar la solución al problema lógico-matemático y 2 minutos para presentarla.

Si no lo solucionan, el otro grupo podrá hacerlo. Si ninguno lo resuelve, no ganarán la medalla al lógico-matemático. El profesor tiene la solución.

Ayuda:

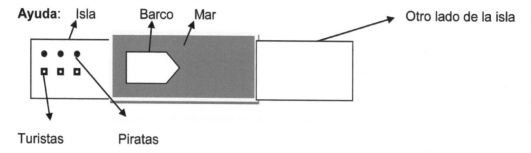

Vocabulario: *cruzar, quedarse, volver, subir al barco…*

Mira las siguientes fotos sacadas de diferentes países y situaciones. Con un compañero, habla sobre lo que se ve en cada foto. ¿Qué te dicen las fotos sobre la cultura (historia, geografía, estilos de vida, etc.) de estos países o personas?

© Robertan, 2013. Shutterstock, Inc.

Un pueblo de España

© nato, 2013. Shutterstock, Inc.

Tapas (España)

© nouseforname, 2013. Shutterstock, Inc.

Riobamba (Ecuador)

© N. Frey Photography, 2013. Shutterstock, Inc.

Plato típico de Ecuador

© nuzanna, 2013. Shutterstock, Inc.

Estudiantes Erasmus

© niroworld, 2013. Shutterstock, Inc.

Bandera de la Unión Europea

Entrando en materia: Los estilos de vida

Actividad 1 Según lo que crees que determina un buen estilo de vida, ordena los siguientes conceptos de 1 a 5, siendo 1 el más importante.

_____ dinero   _____ familia   _____ amigos   _____ carrera   _____ pasatiempos

Actividad 2   A) Lee la siguiente lista de algunos cognados del texto. A su lado escribe la palabra correspondiente en inglés. B) Lee la selección y mientras lees usa el contexto para confirmar tus palabras en inglés. C) Contesta las preguntas que siguen al texto.

1. concepto _____

2. estilo _____

3. sociedades _____

4. postindustriales _____

5. término _____

6. genérica _____

7. generacional _____

8. relación _____

9. interpersonales _____

10. diseminados _____

11. consumo _____

12. hospitalidad _____

13. comportamiento _____

© Doris Rich, 2009. Shutterstock, Inc.

Estilo de vida

En 1939 se dio por primera vez el <u>concepto</u> "<u>estilo</u> de vida" a raíz de una explosión de "subculturas" en las <u>sociedades</u> <u>postindustriales</u>. Hoy en día se aplica el <u>término</u> de forma <u>genérica</u> a la manera en que un individuo o grupo (nacional, regional, local, <u>generacional</u>, de clase, etc.) entiende la vida. Aunque se ve más en las costumbres o la vida diaria, también se nota en la <u>relación</u> con objetos y el entorno, y en las relaciones <u>interpersonales</u>. Uno de los conceptos más <u>diseminados</u> es el de *the American way of life*. Según la sociología, el <u>modo</u> o estilo de vida es la forma en la que conviven las personas: relaciones personales, hábitos de <u>consumo</u>, indumentaria y <u>hospitalidad</u>. El modo de vida también refleja los valores y <u>comportamiento</u> del individuo, ya sean conscientes o inconscientes.

Los indicadores de desarrollo de los países también son un factor importante para entender el estilo de vida de cada región. Por lo general, el estado económico de cada nación afecta el estado anímico de sus ciudadanos y, a su vez, su estilo de vida.

1. Entre estos, ¿cuál se acerca más a tu estilo de vida?

___típicamente americano ___bohemio ___sofisticado ___ecologista ___"geek" ___otro

2. Si pudieras elegir otro estilo de vida, ¿cuál sería? _____

Actividad 3 Estudia el siguiente gráfico de los indicadores de desarrollo de varios países americanos. Después escribe un resumen del contenido.

_____

_____

_____

_____

PIB = Producto Interior Bruto (Gross Domestic Product)   INB = Ingreso Nacional Bruto (Gross National Income)

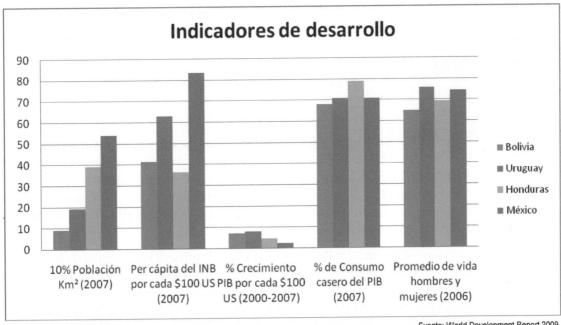

Fuente: World Development Report 2009

Según la definición de la Actividad 2, el estado socio-económico de cada nación afecta el estilo de sus ciudadanos. En grupos de tres o cuatro, estudien el gráfico y lleguen a un consenso del país en que la población tiene un mejor y un peor estilo de vida. Luego, comparen sus conclusiones con el resto de la clase.

El mejor estilo de vida se encuentra en _____ porque _____

_____

El peor estilo de vida se encuentra en _____ porque _____

_____

Actividad 4　Haz la siguiente actividad antes de leer un artículo acerca de lo que hace feliz a los españoles.

Antes de leer　Imagina que debes hacer una encuesta (*survey*) para saber qué hace feliz a las personas. Abajo escribe cinco preguntas que tú harías. Luego identifica las que crees que quizás tengan respuesta en la lectura.

1. _____

2. _____

3. _____

4. _____

5. _____

Lectura　Lee el artículo. Después de cada sección, contesta las preguntas.

© MANDY GODBEHEAR, 2009.
Shutterstock, Inc.

Informando... tu revista cultural

¿Qué hace feliz al español?

Un estudio reciente llevado a cabo por una compañía internacional de refrescos ha dado los siguientes datos sobre la felicidad y los españoles. Según las respuestas de los 3.000 encuestados, los españoles más felices están entre los 26 y 35 años, son casados o mantienen unas relaciones estables, tienen uno o dos hijos, no sufren apuros económicos y residen en las provincias de Aragón, Cataluña, Navarra o Extremadura.

Salud, dinero y amor. El propósito de la encuesta fue identificar las razones de la felicidad de los españoles y la medida en la que influyen los factores sociales, familiares o económicos en su felicidad o descontento. Entre los resultados sobresale que el género no condiciona la felicidad. No obstante, entre las personas que aseguran ser "muy felices" hubo un porcentaje superior de mujeres (59%) frente a los varones (41%). Otras cifras revelan que la salud (37%), el amor (32%) y el dinero (17%) son los ingredientes principales de la felicidad. Como es de esperar, la edad y el sexo alteran esas prioridades. La economía preocupa más a los más jóvenes; la salud, a los mayores. Tanto las mujeres como los hombres la consideran como factor principal para ser feliz, pero las mujeres dan más valor al amor y los hombres a la economía.

1. ¿Por qué se hizo esta encuesta? _____

2. ¿Qué les hace más feliz? _____

3. ¿Qué les preocupa a los jóvenes? _____

4. ¿Tienes tú esa misma preocupación? _____

¿Solos o acompañados? ¿Ricos o pobres? El tener una pareja estable también es factor muy importante: del 73% de los encuestados que la tienen, ocho de cada diez son muy felices y siete querrían tener hijos. A pesar de los quebraderos de cabeza que a veces se asocian con los hijos, es mayor el porcentaje de felicidad entre los grupos con familias de tres o cuatro miembros que entre el 5% de los "muy felices" que vive solo. Para aquellos que anteponen el aspecto físico a la familia, las respuestas dieron que siete de cada diez encuestados "muy felices" no cambiarían nada de su físico aunque pudieran.

Como era de esperar, el nivel socioeconómico también ayuda a ser feliz. Los resultados de la encuesta apuntan a que las clases media, media alta o alta muestran índices de felicidad mayores que las clases desfavorecidas. No se apreciaron diferencias de felicidad a partir de ingresos de 20.000 euros anuales por hogar, así que todo depende de lo que considere "desfavorecido".

Para pasar el tiempo, los encuestados "muy felices" habitualmente escuchan música, leen o van al cine o al teatro. Les gusta disfrutar de las vacaciones en compañía y darse caprichos como ir de compras, celebrar los cumpleaños y la Navidad y dormir la siesta. Me pregunto, ¿quién se puede permitir el lujo de dormirla?

5. ¿Prefieren los encuestados tener hijos? _____ ¿Les hace feliz el dinero? _____

6. ¿Qué tono se sugiere en la palabra "desfavorecido"? _____

7. ¿Cuál de los pasatiempos compartes con estos encuestados? _____

Buen ambiente laboral. Otra encuesta, enfocada más en la felicidad laboral, dio los siguientes resultados. Un buen ambiente en el trabajo es fundamental para estar a gusto y, de hecho, un 77% de los encuestados se lleva bien con los compañeros y el 65% tiene buena relación con sus superiores. Otro factor primordial es sentirse valorado por la labor que se realiza: un 69% de los trabajadores españoles se siente contento porque considera que se reconoce su esfuerzo. Esto seguramente influye en que un 67% de los trabajadores tiene una percepción positiva de su empresa. Entre las tareas que han de realizar, las creativas, las de tipo intelectual y las que se corresponden con los estudios realizados, aumentan el grado de felicidad de los trabajadores. Estos prefieren ir al trabajo en su propio vehículo y pasar menos de 15 minutos en el trayecto. Gran sorpresa para todos fue que el horario laboral no parece influir en la felicidad de estos encuestados.

8. En general ¿están contentos los españoles con su trabajo? _____

9. ¿Trabajas? _____ ¿Estás a gusto? _____ ¿Crees que se valora lo que haces? _____

10. En una oración, resume el punto más importante de esta lectura. _____

_____

_____

Después de leer   Con un compañero, pónganse de acuerdo en tres cosas que los harían más felices.

Ejemplo: *–Yo sería más feliz si no tuviera tantos préstamos. ¿Y tú?*
   –No tengo préstamos, pero me gustaría tener novia.

Paso 1. Descubriendo la gramática...

Actividad 1 ¿Quién lo diría? Escucha y decide a quién corresponde cada estilo de vida.

(a)

(b)

(c)

(d)

(e)

Estilo de vida #1 ___B___

Estilo de vida #2 ___E___

Estilo de vida #3 ___C___

Estilo de vida #4 ___d___

Estilo de vida #5 ___a___

Actividad 2 Mira de nuevo las fotos de la Actividad 1. Lee las siguientes declaraciones y, basándote en lo que dicen, identifica cada foto con el nombre correspondiente.

Foto

e

c

a

b

d

César:	Me piden constantemente que <u>regrese</u> a la oficina. Me ofrecen el doble del sueldo, pero prefiero pasear por la playa con la familia.
Franco:	Me <u>sentiré</u> tranquilo cuando <u>tenga</u> por lo menos cinco millones de dólares en la cuenta de ahorros suiza y otros tantos en el Caribe.
Jaume:	Aquí les <u>traigo</u> estas rocas para que las <u>exhiban</u> en el museo, junto a las piedras lunares. No hay que olvidar lo que tenemos bajo los pies.
Cris:	<u>Es bueno</u> que <u>muestres</u> respeto al hablar de la naturaleza. No en balde se le conoce como la Madre Tierra: es la que nos da vida y nutre.
Tito:	<u>No había</u> casa que no <u>pudiera</u> restaurar. Solo necesitaba un equipo preparado y los fondos necesarios para hacer un buen trabajo.

Actividad 3 El tiempo del subjuntivo guarda relación al verbo principal. Vuelve a las frases anteriores e identifica los tiempos subrayados.

Ejemplo: Me piden constantemente que <u>regrese</u>. *presente indicativo* *presente subjuntivo*

1. <u>Me sentiré</u> tranquilo cuando <u>tenga</u>...   future   present subj

2. <u>Traigo</u> estas rocas para que las <u>exhiban</u>.   present ind.   pres subj.

3. <u>Fue</u> bueno que <u>mostraras</u> respeto.   past   past subj.

4. No <u>había</u> casa que no <u>pudiera</u> restaurar.   Imperfec   pluscaimperfect.

Actividad 4 Imagina que han pasado diez años y los cinco personajes reflexionan sobre lo que hacían en el momento de sus fotos. Subraya el verbo indicativo y pon un círculo al subjuntivo.

César:	Me <u>pidieron</u> que regresara a la oficina, pero <u>dije</u> que no. No me he arrepentido.
Franco:	En aquel entonces, no <u>quería</u> que mi familia ocupara mi tiempo. Solo pensaba en ganar dinero.
Jaume:	Les traje más rocas para que las exhibieran, pero quizás sea la última vez.
Cris:	Parecía increíble que la gente destruyera tanto la naturaleza. Afortunadamente, ahora cuidamos más el medio ambiente.
Tito:	Me encantaba que las casas salieran en revistas de decoración. Me sentía el rey del buen gusto.

Actividad 5 Ahora, fíjate en los verbos de las oraciones de las actividades 3 y 4. Completa las declaraciones con todas las respuestas correspondientes.

1. En oraciones que llevan el subjuntivo, si la principal tiene el verbo en presente o en futuro, la oración subordinada tendrá el verbo en (elige la que corresponda)
   - a. presente de subjuntivo
   - b. imperfecto del subjuntivo

2. En oraciones que llevan el subjuntivo, si la principal tiene el verbo en pasado (pretérito o imperfecto), la oración subordinada tendrá el verbo en (elige la que corresponda)
   - a. presente de subjuntivo
   - b. imperfecto del subjuntivo

☙ MI REGLA ☙

¿Cuál es la secuencia de tiempos? (1)

1. **Si la acción del verbo principal está en**

   Tiempo indicativo   **Tiempo subjuntivo**

   presente o futuro   →   *presente Subj.*

2. **Si la acción del verbo principal está en**

   Tiempo indicativo   **Tiempo subjuntivo**

   pasado (pretérito o imperfecto) →   *pluscaimperfecto*

Paso 2. Practicando la gramática 1...

Actividad 1 Escucha las oraciones siguientes y marca si hablan de una acción en el pasado, una acción en el presente o una acción en el futuro. A continuación transcribe la número 1 y la número 8.

Acción	1	2	3	4	5	6	7	8
Presente								
Pasado								
Futuro								

1. _____

8. _____

Actividad 2 Conecta las frases de la listas para completar las oraciones. Fíjate en los tiempos verbales.

A la hija de César le gusta	hasta que termine la casa.
Jaume pidió	que exhibieran las rocas.
A Cris le molesta	una mujer que tenga mucho dinero.
Tito trabajará	que no cuiden el medio ambiente.
Franco nunca estaba contento	que la lleve a la playa.
A César le agradó	a menos que tuviera la cuenta bancaria llena.
Franco está buscando	que le llamaran para regresar a la oficina.

Actividad 3 Completa este diálogo con los tiempos de subjuntivo correctos.

Pepe: Mira, en esta revista hay una encuesta para saber si eres feliz. Te voy a hacer unas preguntas y luego comprobamos tu grado de felicidad. Es como un "felizómetro", ja, ja.

Pepa: Bueno, pero no prometo decir la verdad. No me gusta que me _entreviste_ (entrevistar).

Pepe: Bueno, puedes mentir, pero seguro que es imposible que yo no _me dé_ (darse cuenta) de ello porque soy muy intuitivo. Primera pregunta: ¿Qué valoras más el trabajo o el amor?

Pepa: ¡Qué pregunta! Ya sabes que soy una romántica. Te recuerdo que cuando era más joven me pareció una locura que mi novio de la universidad me _abandonara_ (abandonar) una temporada para irse a estudiar con una beca Erasmus.

Pepe: Ay, Pepita, y ¿recuerdas que yo te dije que no era bueno que te _deprimieras_ (deprimirse) porque se había ido una temporada? Luego regresó y lo abandonaste tú. Bueno, segunda pregunta: ¿crees que tener mucho dinero da la felicidad?

Pepa: Claro que no. Cuando _me haga_ (hacerse) millonaria, te demostraré que no voy a ser más feliz que ahora.

Pepe: Entonces, ¿para qué vas a hacerte millonaria?

Pepa: Para salvar la Tierra. Pienso emplear el dinero para que las organizaciones ecologistas _lleven_ (llevar a cabo) sus planes de conservación de animales y plantas.

Pepe: Buena idea. ¿Me podrás nombrar entonces presidente de alguna de las asociaciones?

Pepa: Claro que no. Eso sería nepotismo. No es legal que la gente que tiene poder o dinero _dé_ (dar) a sus amigos puestos de poder.

Pepe: Tercera pregunta: ¿Cuál fue tu momento más feliz el año pasado?

Pepa: Me hizo muy feliz que mi hermana _se casara_ (casarse), así que fue el día de su boda.

presente

¡Gramaticando! La secuencia de tiempos II

Actividad 1 En las frases abajo, determina si la acción del subjuntivo ocurre antes o a la misma vez / después de la acción del verbo principal.

a la misma vez / después	antes	
X	☐	Me piden que <u>regrese</u>.
☐	☐	Traigo esta rocas para que las <u>exhiban</u>.
☐	☐	Estaré tranquilo cuando <u>haya acumulado</u> millones.
☐	☐	Espero que <u>hayas decidido</u> respetar la naturaleza.
☐	☐	Cuando <u>vayan</u>, ya habré terminado el proyecto.
☐	☐	Me encantaba que me <u>dejaran</u> trabajar en casa.
☐	☐	Nunca dudé de que <u>hubiera tomado</u> un buen camino.

Actividad 2 Toma los verbos de las oraciones de la actividad anterior y completa la tabla siguiendo el ejemplo. Después completa las oraciones.

Verbo principal	Verbo subjuntivo	antes / después / a la misma vez	Tiempo del subjuntivo
piden	regrese	después	presente

1. Si la acción del verbo subjuntivo ocurre a la misma vez o después de la acción del verbo principal, uso el _____ (elige dos).
   - a. presente del subjuntivo
   - b. presente perfecto del subjuntivo
   - c. pasado del subjuntivo

2. Si la acción del verbo subjuntivo ocurre antes de la acción del verbo principal, uso el _____ (elige dos).
   - a. presente del subjuntivo
   - b. presente perfecto del subjuntivo
   - c. pluscuamperfecto del subjuntivo

☙ MI REGLA ☙

Secuencia de tiempos (2)

1. Si la acción del subjuntivo ocurre a la misma vez o después que la del verbo principal, uso el _____ o _____ del subjuntivo.

   Ejemplo: _____

2. Si la acción del subjuntivo ocurre antes que la del verbo principal uso el _____ _____ o _____ _____ del subjuntivo.

   Ejemplo: _____

   Recuerda: Cuando la acción del subjuntivo ocurre antes de la acción del indicativo, se usa el auxiliar "haber". Espero que <u>hayas decidido</u> respetar la naturaleza. Nunca dudé que <u>hubiera tomado</u> un buen camino.

Paso 2. Practicando la gramática 2...

Actividad 1 De las opciones, elige la forma correcta del verbo para completar la conversación.

Paco: ¿Viste los resultados de la encuesta?

Laura: ¿Qué encuesta?

Paco: La que habla de lo que hace feliz al español. Lástima que no la (leas / hayas leído). Le dije a Miguel que te la (trajera / hubiera traído) esta mañana.

Laura: No creo que se le (haya olvidado / hubiera olvidado). Mira, allí llega corriendo.

Miguel: Perdona que no te (dé / haya dado) este artículo como me pidió Paco. Se me olvidó por completo.

Paco: Ay, Miguel. No cambias. Tú siempre tan despistado.

Laura: No (seas / hayas sido) malo, Paco. Ahora ya lo tengo, y tan pronto como (llegue / hubiera llegado) a casa, lo leo. ¿Vale?

Paco: De acuerdo. Pero fíjate bien en lo que nos hace "muy felices".

Miguel: Mira Paco, a menos que (cambies / hayas cambiado) mucho últimamente, para ti ser "muy feliz" supone el dinero. Pero para mí [*mirando a Laura tiernamente*] es el amor.

Paco: Qué cursi que eres. No sé cómo lo aguantas, Laura.

Laura: [*molesta*]. ¡Mira tú, solo ha dicho la verdad!

Actividad 2 Lee estas situaciones sobre pequeñas cosas que nos hacen infelices y completa las oraciones con los tiempos correctos del subjuntivo.

¡Cuánto ronca! En cuanto _tenga_ (tener) dinero, me construyo una habitación para mí misma y, aunque ya _haya operado_ (operarse) la nariz dos veces este año, sigue roncando. No hay solución.

¡Y me molestaba que mi ex-novio no _lavara_ (lavar) los platos de la cena! Al menos no invitaba a su mamá a cenar todas las semanas. Ayer me puso de mal humor que ya le _hubiera dicho_ (decir) a su madre que viniera a casa sin avisarme. Mañana cuando ella _vaya_ (irse), vamos a tener una conversación seria.

Les voy a poner una multa de $500 para que no _tiren_ (tirar) basura en el bosque nunca más. Ayer me sorprendió que el contenedor _estuviera_ (estar) vacío. Me quejaré también al alcalde para que les _obligue_ (obligar) a limpiar todo lo que ensuciaron.

Me tocó la lotería el año pasado, y cuando mi ex – esposa se enteró, quiso la mitad. Lo que más me enojó es que ya _hubiera compraro_ (comprar) un coche antes de que yo recibiera el dinero. Ahora dice que debo pagar su coche, pero yo creo que no. Ya no es mi esposa.

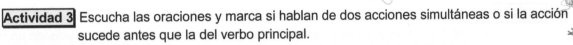

Actividad 3 Escucha las oraciones y marca si hablan de dos acciones simultáneas o si la acción sucede antes que la del verbo principal.

Acción	1	2	3	4	5	6	7	8
Simultánea al verbo principal	✓	✓			✓		✗	✓
Anterior al verbo principal		✗	✗	✓		✓		

Actividad 4 Forma oraciones con las siguientes partículas. Fíjate en la forma y tiempos verbales que debes usar.

1. expertos / aconsejar / que (nosotros) llevar / vida sana para / ser / felices

Los expertos aconsejan que llevemos una vida sana para ser felices.

2. Cuando era pequeña, mi abuela siempre / exigir / que (yo) realizar / tareas creativas

_____

3. Me / sorprender / que / horario laboral / no influir / en la felicidad

_____

4. Antes, todos / dudar / que nadie / querer / cambiar su aspecto físico

_____

5. Con tal de que / (tú) disfrutar / la vida, / ser / igual que / ganar o no ganar / dinero

_____

6. No había nada que me / hacer / tan feliz como / ir / de vacaciones cada verano

_____

7. Ser / imposible que la empresa / no reconocer / la importancia de un buen ambiente

_____

Actividad 5 Escribe algo que te haya hecho feliz este año y algo que te hiciera feliz el año pasado y después en grupos compartan sus respuestas. Usa el subjuntivo.

Ejemplo: Este año me ha hecho feliz que mi padre me haya regalado un viaje

Este año: _____

El año pasado: _____

Actividad 6 Marta, una estudiante de la universidad, tiene un día reflexivo y ha escrito en el muro de Facebook algunas oraciones para que sus amigos las vean. Ha pasado un mes y ha cambiado algunas de sus opiniones, pero está recordando sus ideas del pasado. Completa sus oraciones.

Marta Rupérez
Hace dos horas

1. Estudio para que mis padres estén felices conmigo.
2. Es posible que me gradúe en diciembre, pero no estoy segura.
3. Me molesta que la profesora de español hable muy rápido.
4. No es lógico que el gobierno recorte el presupuesto de educación.
5. Cuando el gobierno recorte el presupuesto, me reducirán la beca de estudios.
6. Lo que más me gusta de los profesores es que estén disponibles en horas de oficina.
7. Quiero encontrar un apartamento que tenga cable y que esté cerca del campus.
8. Espero que mi amigo Carlos tenga tiempo esta noche para estudiar conmigo.
9. Siempre pido a mis compañeros que nos reunamos para estudiar, pero hoy no me ha respondido nadie. ¿Dónde están?

 Te gusta esto.

Un mes después:

1. Estudiaba para que _____

_____

2. Era posible que _____

_____

3. Me molestaba que _____

4. No era lógico que _____

5. Pensaba que cuando el gobierno _____

6. Lo que más me gustaba de _____

7. Quería encontrar _____

8. Esperaba que _____

9. Siempre pedía que _____

Actividad 1 Toma la siguiente mini-prueba para comprobar tus conocimientos de la secuencia de tiempos.

1. When the verb in the main clause is in the present or future indicative, the

_____ or _____ subjunctive

is generally used in the subordinate clause.

2. When the verb in the main clause is in the past indicative, the _____

or _____ subjunctive is generally used in the

subordinate clause.

3. When the action of the subjunctive occurs ___at the same time or after___ the action of

the main verb...

- if the main verb is in the present, I will use the _____ subjunctive.

- if the main verb is in the past, I will use the _____ subjunctive.

4. If the action of the subjunctive occurs ___before___ the action of the main verb...

- if the main verb is in the present, I will use the _____ subjunctive.

- if the main verb is in the past, I will use the _____ subjunctive.

Actividad 2 Basándote en tu rendimiento en la mini-prueba, completa la siguiente auto-evaluación.

	excellent	good	weak
My understanding of when to use the present or the present perfect subjunctive is...			
My understanding of when to use the past or past perfect subjunctive is...			

Actividad 1 En esta sección vamos a hablar de diferentes tipos de viajes que los jóvenes pueden hacer para mejorar idiomas o para aprender de otras culturas.

A. Escribe tres lugares fuera de tu país que quieras visitar.

_____

_____

_____

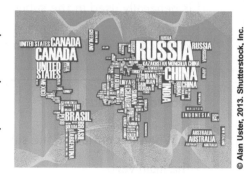

B. Escribe tres razones por las que quieres visitar esos tres lugares y compártelo con una persona de la clase.

_____

_____

_____

C. Mira estos tres carteles y en parejas hablen sobre qué les sugieren las fotos y los textos que aparecen debajo.

Becas Erasmus, haciendo una Europa unida

la poderosa
m e d i a   p r o j e c t

Transformando nuestras comunidades con cada historia

Viajando por el mundo, opciones de Study Abroad

Actividad 2 Lee los textos y a continuación haz las actividades relacionadas con ellos.

El programa ERASMUS, recibe su nombre oficial del acrónimo de *European Community Action Scheme for the Mobility of University Students* (Plan de Acción de la Comunidad Europea para la Movilidad de Estudiantes Universitarios). Es un plan creado en 1987 por un grupo de estudiantes europeos que tiene como fin la movilidad de estudiantes y profesores extranjeros dentro de la Unión Europea, así como Islandia, Liechtenstein, Noruega, Suiza y Turquía. El objetivo principal del proyecto es mejorar la calidad y fortalecer la dimensión europea de la enseñanza universitaria y fomentar la cooperación transnacional entre universidades, así como el reconocimiento de los estudios en toda Europa. Cualquier estudiante con una nacionalidad europea que esté cursando una carrera universitaria media o superior y haya superado el primer año puede optar a participar en el programa. Si el estudiante es elegido pasará entre tres meses y un año en otra universidad europea y se validarán los créditos que obtenga durante ese tiempo. Para la estancia en otro país se puede disfrutar de una beca y todos reciben clases del idioma del país en el que estén cursando sus estudios. Las becas son de diferente cuantía y, dependiendo de varios factores, van de 400 a 900 Euros. El programa Erasmus es para muchos estudiantes la primera ocasión de vivir en un país extranjero. Se ha convertido en un fenómeno social y cultural en toda Europa. Hay algunas películas basadas en estudiantes Erasmus como la francesa *L'Auberge espagnole* o la película argentina *Piso compartido*. La experiencia de Erasmus se considera una época de aprendizaje y de fomento de la vida social. Las "fiestas Erasmus" que se celebran en las ciudades anfitrionas son conocidas en los ambientes universitarios de toda Europa por ser acontecimientos bulliciosos y multilingües. Hoy en día se habla de "La generación Erasmus" refiriéndose a aquellos estudiantes que han creado lazos de amistad transfronterizos. El programa recibió el premio de Cooperación Internacional Príncipe de Asturias en 2004 por ser uno de los programas de intercambio cultural más importantes en el mundo.

La Poderosa Media Project es una organización fundada por Alejandra Zambrano, quien cursó su doctorado en la Universidad de Texas. Alejandra junto con otros miembros del equipo de la Poderosa organiza cada verano una estadía en Ecuador en la que participan varios alumnos de la Universidad de Texas y otras universidades. En Bahía de Caráquez el grupo de estudiantes de los EEUU, además de recibir clases de español y cultura, trabaja junto con el equipo de la Poderosa y un grupo de adolescentes ecuatorianos en un taller de creación de audiovisuales. Desde el 2009, 240 adolescentes, 30 estudiantes de la Universidad, más de 20 mentores y 9 países participantes han producido un considerable número de cortometrajes cinematográficos que han sido premiados en varios festivales en las Américas. Por ejemplo, en el año 2011 "Piolas, Paúl" ganó el premio al mejor cortometraje y mejor actor en el festival Manabí Profundo de Manta (Ecuador). Y lo más importante, *La Poderosa Media Project* se ha convertido en una plataforma para el intercambio igualitario transformando comunidades a través de sus películas. En sus propias palabras: "Nuestra misión es promover el empoderamiento, la empatía y la colaboración mediante programas comunitarios de artes visuales en Latinoamérica y Estados Unidos." Actualmente La Poderosa está implementando programas en otras partes de América Latina y Estados Unidos, además de Ecuador. Se puede encontrar más información sobre la organización en la siguiente página Web: http://www.lapoderosa.org. En la página tendrás la oportunidad de ver los videos que han realizado en sus sesiones anteriores.

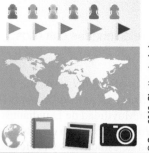

En todas las universidades del mundo existe la posibilidad de hacer un programa de intercambio o de viajar a un país extranjero para aprender lengua y cultura. Los departamentos de lenguas extranjeras lo consideran un componente importante de su programa para facilitar que los estudiantes sean hablantes competentes en la lengua extranjera. El Departamento de español de la Universidad de Texas ofrece en la actualidad programas de literatura y lengua en Guatemala, España y Argentina. Otros programas se irán sumando a la oferta del Departamento de Español en el futuro. Las estadías que se proponen son de aproximadamente seis semanas en las que los estudiantes cursan seis créditos- una o dos asignaturas- que son impartidas por profesores locales o por profesores de la Universidad de Texas. Los consejeros del departamento orientan a los estudiantes para que elijan las materias adecuadas a su especialidad en un país de habla hispana, así como de la posibilidad de solicitar una beca de estudios que ayude en los gastos del programa. Cada verano, ciudades como Santander (España), Antigua (Guatemala), Buenos Aires (Argentina) reciben a grupos de estudiantes texanos que aprenden la lengua y cultura del lugar. Esta experiencia constituye una vía más para que los estudiantes estén mejor preparados para un mundo profesional marcado por el ambiente globalizado de la sociedad actual. Los participantes, además de una inmersión en la lengua que estudian, reciben una lección de vida a través del contacto con otras culturas. Disfrutar de la experiencia con una mente abierta y dispuesto a vivir nuevas experiencias es básico para que la aventura académica sea un éxito.

Basándote en la información que leíste, di si estas afirmaciones son ciertas o falsas.

_____El departamento de español de la Universidad de Texas ofrece programas de cultura en Ecuador.
_____El proyecto de la Poderosa tiene como misión hacer intercambios de estudiantes.
_____La Poderosa ha ganado varios premios con sus largometrajes.
_____Los estudiantes europeos que participan en el programa Erasmus pueden estudiar en un país de la Unión Europea solamente.
_____Para viajar a un programa de Study Abroad se pueden solicitar becas.
_____Las fiestas de los estudiantes Erasmus son famosas en Europa.
_____La Poderosa enseña a estudiantes ecuatorianos a manejar medios audiovisuales.
_____Un consejero es una persona que te ayuda con problemas en los estudios, incluida orientación para elegir un programa de Study Abroad.

Escribe en dos líneas la información esencial de cada texto.

Erasmus: _____

_____

La Poderosa: _____

_____

Los programas de Study Abroad: _____

_____

Actividad 3 Vas a ver un video de gente que habla de sus experiencias en programas de estudios en el extranjero. Completa la información que se pide.

Video 1

¿Quién habla y en qué programa participó?	
¿Cuál es su recuerdo más importante del programa en el que participó?	
¿Cuál fue lo más provechoso de participar en el programa para esa persona?	
¿Se encontró con algún problema o malentendido y cómo lo resolvió?	
Escribe un dato que te haya sorprendido.	

Video 2

¿Quién habla y en qué programa participó?	
¿Cuál es su recuerdo más importante del programa en el que participó?	
¿Cuál fue lo más provechoso de participar en el programa para esa persona?	
¿Se encontró con algún problema o malentendido y cómo lo resolvió?	
Escribe un dato que te haya sorprendido.	

Video 3

¿Quién habla y en qué programa participó?	
¿Cuál es su recuerdo más importante del programa en el que participó?	
¿Cuál fue lo más provechoso de participar en el programa para esa persona?	
¿Se encontró con algún problema o malentendido y cómo lo resolvió?	
Escribe un dato que te haya sorprendido.	

¡Gramaticando! Oraciones de relativo

Paso 1. Descubriendo la gramática...

Actividad 1   Vas a escuchar a tres personas a las que les hacemos unas preguntas sobre sus viajes de estudios. Completa la tabla con los datos que escuchas.

1. Dos palabras en español sin las que es imposible sobrevivir en la ciudad
2. Dos lugares en los que podemos comprar objetos típicos del país
3. Dos restaurantes en los que podemos comer barato y típico
4. Dos prendas de ropa con las que la gente te mirará si las llevas en esa ciudad
5. Dos comportamientos con los que podrías tener problemas en la ciudad
6. Dos lugares a los que debo fotografiar porque son especiales
7. Dos personas de las que debo tener información si estoy en esta ciudad
8. Dos comidas con las que voy a disfrutar mucho
9. Dos costumbres que son características de la ciudad
10. Dos viajes turísticos cortos que debo hacer
11. Lo que más te sorprendió del país cuando llegaste
12. Lo que piensas que todo el mundo debería hacer en ese lugar

	Persona 1 Nombre: Giuliana Lugar al que viajó: Ecuador	Persona 2 Nombre: aaron Lugar al que viajó: Santander	Persona 3 Nombre: ___ Lugar al que viajó:
1. Palabras			
2. Lugares de compras			
3. Restaurantes			
4. Ropa que no debes llevar			
5. Comportamientos que debes evitar			
6. Lugares especiales			
7. Personas famosas			
8. Comidas			
9. Costumbres			
10. Viajes de un día			
11. Lo que le sorprendió			
12. Lo que piensa que todo el mundo debería hacer en ese lugar			

Actividad 2   Completa estas oraciones con la información que escuchaste.

1. Una palabra sin la que no se puede sobrevivir en el viaje de la persona 1 es _____

2. Una prenda con la que te mirarán en la calle en el viaje de la persona 2 puede ser _____

3. Una comida con la que disfrutarás en el viaje de la persona 3 es _____

4. Una persona de la que debes tener información en el viaje de la persona 3 es _____

5. Un viaje corto que debes hacer en el país al que viajó la persona 1 es _____

6. Un comportamiento que debes evitar en el país al que viajó la persona 2 es _____

7. Lo que más sorprendió a la persona del viaje 1 es_____

Actividad 3   En las oraciones anteriores subraya las preposiciones, los artículos y el relativo *que*. Escribe en qué orden aparecen siempre estos tres elementos gramaticales.

Primero	Segundo	Tercero

Actividad 4   Escribe en este cuadro todas las preposiciones que recuerdas en español.

a, con,

Actividad 5   Completa las oraciones con el artículo en el género y número adecuado, teniendo en cuenta la palabra a la que se refieren.

1. Una <u>comida</u> sin _____ que no puedes sobrevivir.

2. Un <u>restaurante</u> en _____ que debes comer.

3. Unas <u>prendas</u> con _____ que te pueden mirar por la calle.

4. Unos <u>viajes</u> cortos de _____ que vas a disfrutar.

5. Una <u>persona</u> sobre _____ que debes tener información.

Contesta o completa las siguientes oraciones.

1. ¿Con qué palabra debe concordar (*agree*) el artículo? _____

2. Traduce una de las oraciones anteriores al inglés: _____

_____

3. ¿En qué posición de la oración está la preposición? _____

4. ¿A qué se refieren las oraciones anteriores? (Elige una.)

   a) personas   b) cosas   c) ambas

☜ MI REGLA ☞

Las oraciones de relativo que tienen una preposición se organizan en este orden:

Primero: palabra a la que se refiere (antecedente)

Segundo: _preposición_

Tercero: _artículo_

Cuarto: _el pronombre relativo "que"_

Ejemplo: _la chica de la que hablas es mi prima_

El artículo que va después de la preposición siempre concuerda con _quien_

Ejemplo: _____

Se puede usar el pronombre relativo *que* para referirse a:

    a) objetos   b) personas   c) ambos

Ejemplo: _____

Actividad 6 Identifica y subraya el antecedente de *lo que* en el siguiente diálogo.

> **Ana:** (a su hijo, Alfonso): No visites lugares solitarios por la noche en un país extranjero.
> **Alfonso:** Muy bien, mamá. Eso haré.
> **Ana:** (después de un viaje de su hijo): ¿Visitaste la catedral?
> **Alfonso:** No, hice **lo que** (1) me dijiste.
> **Ana:** **Lo que** (2) te dije era que tuvieras cuidado en lugares apartados, no que no visitaras catedrales.
> **Alfonso:** Bueno, era una excusa porque no me gusta visitar catedrales. Es muy aburrido.
> **Ana:** Ah, claro. Normalmente no haces caso de **lo que** (3) te aconsejo.

¿El antecedente en número 1 y 2 está implícito o explícito? _implícito_

¿Y en número 3? _explícito_

¿A qué se refiere el pronombre relativo *lo qué*? Subraya todas las opciones correctas.
    a) Una idea, una abstracción b) las cosas en general c) un nombre masculino singular

¿Cómo se puede traducir *lo que* al inglés? _so that_

Actividad 7 Lee la siguiente información sobre los proyectos que leíste en la sección de Entrando en materia.

1. Alejandra Zambrano es <u>la persona que</u> fundó La Poderosa Media Project.

2. Un grupo de estudiantes, nacidos en diferentes lugares de Europa, fueron <u>las personas que</u> inventaron la idea de un intercambio internacional de universidades.

3. Los consejeros <u>son los trabajadores de la Universidad que ayudan</u> a los estudiantes a elegir un programa de estudios adecuado para su especialidad.

   - ¿La parte subrayada de la oración, se refiere a personas o cosas? _Cosas_

   - ¿Cuál es el relativo que usamos?

        (a) que

        b) quien

4. El estudiante <u>con quien</u> viajó mi amiga el año pasado a Ecuador ganó un premio de interpretación cinematográfica.

5. Algunos chicos de Bahía de Caráquez, <u>sobre quienes</u> grabaron un video, se pusieron muy contentos al verse en un cortometraje.

6. El director de los programas de Study Abroad, <u>quien dio</u> un discurso ayer para celebrar los diez años de la creación del programa, alabó el buen trabajo que todos hicieron el año pasado en todos los programas de verano.

   - ¿La parte subrayada de la oración, se refiere a personas o cosas? _personas_

   - ¿Cuál es el relativo que usamos ahora?

        a) que   (b) quien

Analiza las diferencias entre estas oraciones, respecto a los relativos.

1. Erasmo de Rotterdam, nacido en la ciudad del mismo nombre en Holanda, es <u>el filósofo que</u> sirve de imagen al programa de estudios europeo.

2. Los profesores del programa de La Poderosa, <u>con quienes</u> los estudiantes americanos trabajan en verano, organizaron una fiesta para recaudar dinero.

3. El director de la Oficina Internacional de la Universidad, <u>al que</u> hicieron un homenaje por su buen trabajo, recibió además un premio de los estudiantes.

4. El director de la película sobre los estudiantes Erasmus, <u>quien había sido</u> un estudiante del programa, se basó en sus propias experiencias para escribir el guión.

5. El estudiante <u>que hizo</u> un viaje de Study Abroad a España visitó varios países en Europa.

6. Los consejeros de los programas de Study Abroad, <u>quienes habían organizado</u> una sesión informativa para los estudiantes que iban a viajar el próximo verano, decidieron cancelarla porque muy pocos estudiantes se habían apuntado para asistir.

7. Una familia argentina <u>con quien</u> vivía uno de los estudiantes el verano pasado vino a Austin para visitarlo.

8. El director del programa de Study Abroad en Argentina <u>con el que</u> tuve una reunión el martes me contó cómo funciona el programa en Buenos Aires y me gustaron mucho sus ideas.

Clasifica las ocho oraciones según las tres categorías de la tabla.

La oración lleva coma inmediatamente antes del relativo (*que, quien*) cuando la frase explica:
6. Los consejeros de los programas de Study Abroad, <u>quienes habían organizado</u> una sesión informativa para los estudiantes que iban a viajar el próximo verano, decidieron cancelarla porque muy pocos estudiantes se habían apuntado para asistir. 4
La oración no lleva coma inmediatamente antes del relativo (*que*): 7, 8, 5
La oración tiene una preposición antes del relativo (*quien, que*): 3, 2, 1

❧MI REGLA ❧

Cuando nos referimos a una persona podemos usar los relativos _____ y _____.

Ejemplo: _____

Ejemplo: _____

Usamos *que* en:

a) la mayoría de los casos   b) la minoría de los casos

Usamos *quien* cuando antes hay una _____ o una _____.

Ejemplo: _____

Ejemplo: _____

Si hay una preposición y nos referimos a una persona, podemos usar el relativo *quien* o el artículo + *que*.

Ejemplo: _____

Recuerda: El uso de "quien" se aplica normalmente en un contexto formal. Siempre que es posible <u>se usa "que"</u>.

Paso 2. Practicando la gramática...

Actividad 1   A veces queremos hablar de cosas y no conocemos su nombre. Vas a relacionar estos objetos de uso común con su definición.

Un vaso	Un objeto con el que cortamos papel
Unas tijeras	Una cosa con la que unimos papeles
Un monedero	Un bolso de espalda en el que llevamos los libros
Una mochila	Una cosa con la que nos protegemos una herida
Una grapadora	Una cosa en la que bebemos
Un control remoto	Un aparato sin el que no podemos cambiar el canal de la televisión
Una curita	Una cosa en la que guardamos el dinero

Actividad 2 Vas a hacer un viaje de Study Abroad. En tu viaje de "Study Abroad" vas a encontrar o necesitar numerosos objetos para los que no tienes una palabra, porque no la sabes en español. En esta situación puedes definir el objeto. Define los siguientes usando la estructura del ejemplo y el verbo que se indica.

Imprimir

-Necesito esa cosa con la que se imprime.
-Ah, la impresora.

1. Grabar documentos   2. Unir papeles   2. Corregir   3. Borrar

1._____

2._____

3. _____

4._____

Actividad 3 Construye una sola frase con las siguientes. Mira el ejemplo.

Fui a un bar de tapas en España. El bar estaba en el centro.
El bar de tapas al que fui estaba en el centro.

1. Debes ir hasta la calle de la esquina. La calle se llama Paseo Florida.

_____

2. Hice las cosas según tus instrucciones. Esas instrucciones no eran correctas.

_____

3. Hemos viajado por una región. En esa región se hacía vino.

_____

4. El verano pasado no podía vivir sin un elemento esencial. Ese elemento es el antimosquitos.

_____

Actividad 4 Vas a completar este cuestionario y después en parejas intercambien sus respuestas. El objetivo del cuestionario es saber si tu compañero sería la persona ideal con quien compartirías el viaje de "Study Abroad".

Ejemplo: -Dime una cosa sin la que no puedes dormir.   -Yo no puedo dormir sin la radio.

Preguntas	Tú	Tu compañero
Una cosa sin la que no puedes dormir		
Una persona con la que hablas todos los días		
Un momento en el que te gusta estar solo		
Un animal con el que no puedes convivir		
Una acción con la que te pones de mal humor		
Una costumbre de la que quieres prescindir porque molesta a otras personas		

¿Tienen alguna cosa en común? _____

¿Creen que podrían viajar juntos en un programa de "Study Abroad"? _____

Actividad 5 Completa estas oraciones con *que*, *quien*, *quienes*, según las reglas que hemos estudiado anteriormente.

1. Las personas _____ viven en la costa van mucho a la playa.
2. La familia con la _____ vive mi amigo tiene un perro muy simpático.
3. La profesora _____ enseña la clase de cultura en el programa de Argentina se llama Patricia.
4. Los profesores de _quienes_ nos habló la Oficina Internacional son muy amables.
5. Los alumnos _____ no viajaron a la excursión del norte del país se perdieron una aventura muy emocionante.
6. El conferenciante de la clase de negocios, _que/quien_ ha publicado varios libros sobre economía, nos dio una charla muy interesante.
7. Los responsables del programa de Guatemala, _____ habían organizado una visita al Museo de Antropología, no pudieron hacerla porque el autobús se rompió.
8. La mamá con la _que_ vive mi amiga en Madrid cocina muy bien.
9. Los hijos de la familia, _quien_ tienen 20 años, salieron todas las noches con los estudiantes.
10. La profesora _____ enseña negocios nos puso una película en clase que nos gustó.

11. Los chicos _____ trabajan en la Universidad de Buenos Aires son estudiantes graduados.
12. La gente _____ trabaja en el Museo de Antropología es muy amable.
13. Todas las personas a las _____ conocí en mi viaje se han hecho amigos míos en Facebook.

Actividad 6 Cambia estas oraciones con el relativo *quien* a una oración con *artículo + que*.

1. La profesora <u>con quien</u> fuimos de excursión se puso enferma.
   La profesora con la que fuimos de excursión se puso enferma.

2. La familia <u>con quien</u> vive Ryan tiene una casa en el campo y nos invitó a visitarla.

   _____

3. El alumno <u>con quien</u> se enojó la profesora no había hecho la tarea.
   El alumno con el que _____

4. La persona <u>de quien</u> te hablé está enfrente de ti. No mires.

   _____

5. La profesora <u>para quien</u> hicimos el trabajo nos puso una A.
   para la que hici _____

6. El director de estudios <u>a quien</u> escribimos para pedir información nos respondió muy amable.

   _____

7. Los únicos <u>para quienes</u> compramos regalos fueron nuestros padres.

   _____

8. Michael fue alguien <u>en quien</u> confiar durante el viaje. Es muy sensato.
   _____ en el que confiamos

Actividad 7 Elige el relativo correcto para estas oraciones.

1. Anduvimos todo el día, _____ nos cansó mucho. (que, lo que, por el que)
2. No me dijiste _____ te había contado María sobre el viaje. (la que, lo que, el que)
3. Es el chico con _____ viajé en el avión cuando volvía de Ecuador. (lo que, el que, la que)
4. Para _____ haces, es mejor que no me ayudes. Yo puedo hacerlo sola. (la que, lo que, la que)
5. Estos pantalones son con _____ fui a la fiesta. (lo que, las que, los que)
6. No me digas que no estás de acuerdo con _____ observé en el viaje del año pasado. Tengo razón. (la que, lo que, el que)
7. Por _____ yo haría una locura es por Alfonso. Es tan guapo. (la que, lo que, el que)
8. Pues a mí _____ no me gusta de Alfonso es que siempre quiere dominar las situaciones. En el viaje del año pasado tuvimos muchos problemas. (el que, lo que, los que)
9. No, no son las camisetas con _____ me hice las fotografías. Las otras me las robaron en el aeropuerto al llegar a mi país. Me dio mucha pena. (los que, lo que, las que)
10. Este es Enrique, el chico contra _____ jugué un partido de tenis y me ganó. (el que, el quien, la que)

Actividad 8 Estas oraciones que definen objetos de uso cotidiano en una casa están desordenadas. Ordénalas y adivina qué objeto definen. Para ayudarte separa las palabras en el recuadro de abajo.

Es una cosa con la que abrimos botellas.

cosa Es botellas una la que abrimos con.

Abrebotellas

para Es conectar eléctricos cosa que sirve una aparatos.

_____

Es que bebemos en una cosa café la o té.

_____

una cosa la que Es el agua a la pasta quitamos con.

_____

una cosemos cosa la que con Es.

_____

lavarse Es dientes sirve cosa que una para los.

_____

abrebotellasenchufetazaescurridoragujacepillodedientes

Actividad 1 Toma la siguiente mini-prueba para probar tus conocimientos de oraciones de relativo.

1. True / False   In sentences that use a relative pronoun preceded by a preposition, the

   article agrees with the preposition.

2. True / False   The relative *que* can refer to both people and things.

3. True / False   The relative *quien* can only refer to people.

4. Relative sentences that contain a preposition use the following order after the antecedent:

   1st _____ 2nd _____ 3rd _____*que*_____

   OR

   1st _____ 2nd _____*quien*_____

5. I can use *quien* to refer to people when it is preceded by a _____ or a

   _____.

6. *Quien* is normally used in a formal / informal context.

7. *Lo que* in English could be translated by _____ or _____

Actividad 2 Basándote en tu rendimiento en la mini-prueba, completa la siguiente auto-evaluación.

	excellent	good	weak
My understanding of when to use <u>que</u> is...			
My understanding of when to use <u>quien</u> is...			
My understanding of the relative pronoun I need to use after a preposition is...			

Actividad 1   Lee este poema y tradúcelo al inglés.

Soy

mis ideas,

mis pensamientos,

mis sueños

y todo lo que me han enseñado.

Pero lo que pienso, imagino

sueño y aprendo

solo te lo comunico

con lo que digo.

    _____

    _____

    _____

    _____

    _____

    _____

    _____

    _____

    _____

¿Qué porcentaje de tu personalidad crees que eres de lo que te han enseñado? _____

Comenten en parejas sus respuestas.

Actividad 2   Haz las siguientes actividades relacionadas con la lectura del blog de un antropólogo que habla de la comunicación entre culturas.

Antes de leer   A) El comunicarnos con todo tipo de personas requiere un esfuerzo. Hay que respetar otras maneras de ser y actuar, y tener un grado de empatía para lograr una buena comunicación interpersonal. Lee y completa este cuestionario para conocer tu nivel de aceptación intercultural. Después pregunta a dos de tus compañeros.

Contesta sí / no	Tú	Compañero 1	Compañero 2
¿Estás orgulloso/a de tu propia cultura?			
¿Antes de viajar lees sobre el lugar que vas a visitar?			
¿Cuando viajas intentas pensar como las personas del lugar que visitas?			
¿Cuando estás en un país extranjero te enojas si la gente no te entiende?			
¿Cuándo estás en un país extranjero comes los productos típicos del país, aunque no los conozcas?			
¿Te fijas en los gestos de las personas del país que visitas para intentar comprender lo que dicen?			
¿Crees que otros países tienen costumbres bárbaras?			
¿En tu propio país te molesta que la gente no hable bien tu lengua?			
¿Te casarías con una persona de otra cultura?			

Según tus respuestas afirmativas en el cuestionario, comprueba cuál es tu nivel de aceptación intercultural. Comparte tu respuesta con tus compañeros.

Entre 9 y 7	Entre 6 y 4	Entre 3 y 1	Ninguna
Eres muy flexible. Siempre estás dispuesto a conocer otras culturas y no tienes problemas de adaptación.	Te adaptas bien a otras culturas, pero primero te gusta conocer y analizar. Cuando analizas ya te relajas y consigues comunicarte con éxito.	Te cuesta mucho aceptar otras culturas. Si te lo explican, puedes entenderlo, pero expresas cierta desconfianza.	No estás dispuesto a aceptar otra cultura que no sea la tuya. Cuando viajas lo haces solo con la lente de tu mundo. Esto te impide sentir la vida al 100%.

B) Busca entre las expresiones o palabras subrayadas del texto del blog el significado de las siguientes frases.

1. Dijo con énfasis	
2. Feliz de algo que tienes o conoces	
3. Actuar en una situación determinada	
4. Imágenes del mundo	
5. El saber	
6. Poner atención	
7. Poner cuidado porque algo puede ser peligroso	
8. Ha vivido con	
9. Tenía una cosa en común con otras personas	
10. Hacer algo para ganarse el respeto de la gente	
11. Estaban obligados a	
12. Pensaré en un momento en algo antes de actuar	
13. Ser miembro de	
14. De un lado a otro	

Lectura Lee lo que ha escrito un antropólogo en su blog sobre una conferencia de comunicación entre culturas.

EL BLOG DEL ANTROPOLOGO INOCENTE

¿Cómo comunicarme con otra persona de una cultura diferente sin hablar una lengua común? En una conferencia en una universidad americana, el antropólogo George Grumberg, austriaco que <u>ha convivido</u> con pueblos autóctonos de Amazonas, Guatemala y Paraguay, habló de los siguientes puntos sobre la comunicación entre culturas:

1. Dijo que era necesario <u>ponerse alerta</u> para entender un código diferente. Insistió en que había que <u>fijarse</u>, olvidarse de uno mismo y despertarse.

2. En el segundo punto explicó que había que poner atención a los elementos comunes que todo ser humano, <u>independientemente de su cultura</u>, <u>compartía</u> con otro ser humano. Por ejemplo, los sentimientos o la afinidad de género.

3. El conocido antropólogo <u>recalcó</u> que comprender a otra persona de una cultura diferente, será más fácil si se tiene un alto concepto de la cultura propia. Esto quiere decir que si yo me voy a vivir a otro lado y me siento <u>orgulloso</u> de mi cultura, comprenderé mejor cómo

"comportarme" en otro país, pero conscientemente tendré presente de dónde vengo y quién soy.

El ejemplo que puso eran los nicaragüenses que con educación formal se veían obligados a irse a trabajar a Estados Unidos. Dijo que por el orgullo a su cultura, rápidamente se insertaban en el ambiente estadounidense, no para olvidarse de sus orígenes sino para darse a respetar como seres humanos.

4.Grumberg reconoció que lo más difícil era aceptar que otras personas tuvieran cosmovisiones distintas en las que uno no forma parte, pero de todas maneras se deben respetar porque tienen el mismo derecho a existir que las de cada uno.

5.El profesor añadió que la lengua es la característica humana por excelencia a través de la que se transmite el conocimiento de manera simbólica. Además es necesario fijarse en el lenguaje no verbal y mostrar una gran capacidad de empatía. Una persona que se acerca a otra cultura con respeto, entenderá por qué, a veces, se producen malentendidos, y los aceptará con sentido del humor.

Después de leer   A) Elige la respuesta adecuada según el contenido del texto.

1. Según el texto del blog, nos podemos entender mejor con otras culturas si…
    a) nos fijamos en los elementos comunes de los seres humanos, por ejemplo los sentimientos.
    b) tratamos a las personas según su género.
    c) no tenemos en cuenta el género de las personas.
    d) hablamos la misma lengua.

2. Según el texto, es más fácil entender una nueva cultura si…
    a) viajo mucho a lugares extranjeros.
    b) soy una persona inteligente y educada.
    c) estoy orgulloso de mi propia cultura.
    d) tengo amigos extranjeros.

3. Según Grumberg, ¿por qué se insertan bien los nicaragüenses en la cultura estadounidense?
    a) Porque desean ganar más dinero.
    b) Porque quieren ser respetados como seres humanos.
    c) Porque se olvidan rápido de sus orígenes.
    d) Porque tienen una cultura similar por ser americanos.

4. Según Grumberg, es difícil aceptar otras visiones del mundo porque…
    a) no las entendemos porque son raras.
    b) no las respetamos porque no son como las nuestras.
    c) no formamos parte de ellas, pero debemos respetarlas.
    d) queremos pertenecer a ellas, pero no es posible.

B) Lee algunos comentarios que se han hecho sobre el Blog.

Entender otros modos de vida solo se logra al acercarse a cualquier comunidad con mucho respeto y apertura a las nuevas ideas. (Silvia, Nicaragua)

Los malentendidos culturales pueden ser los inicios de algunos conflictos internacionales. (Jorge, México)

No me creo ninguno de los puntos que escribe este señor en el Blog. ¿Por qué tengo que conocer otras culturas si la mía es la mejor? (Chelo, España)

Grumberg dijo que era necesario hablar inglés para triunfar en la vida. Yo estaba en la conferencia. No creo que tenga razón. (Héctor, Costa Rica)

C) ¿Con qué comentario estás de acuerdo y con cuál en desacuerdo? ¿Por qué? Comenta con tus compañeros.

_____

_____

D) Escribe tu propio comentario sobre comunicación entre culturas.

_____

_____

Actividad 3   Completa las oraciones con las palabras del recuadro.

> comportamiento – orgulloso – fijarse – convivir –formar parte de – a través de – recalcar
> tener presente – conocimiento – darse a respetar – ponerse alerta - cosmovisión

1. Para comprender otras culturas, es necesario estar _____ de la tuya propia.

2. Todos queremos _____ nuestra sociedad. El sentimiento de aceptación es muy importante en nuestras culturas.

3. Podemos aprender mucho de otras costumbres _____ los libros y las películas.

4. Nuestro _____ en situaciones diversas demuestra nuestra educación.

5. Debemos _____ el pasado de un país para no repetir los errores.

6. Lo bonito de muchos países es que muchas culturas _____ en el mismo espacio y se respetan mutuamente.

7. Hay que _____ en las costumbres de los lugares a los que viajamos.

8. El ministro del interior _____ que la convivencia en paz es el objetivo del gobierno el próximo año.

9. La palabra _____ significa la visión del mundo.

10. Si tenemos educación, _____ en nuestra sociedad. La gente nos respetará siempre.

11. Cuando en una sociedad se percibe intolerancia y violencia, el gobierno debe _____.

12. _____ del mundo y las culturas se puede tener leyendo y viajando.

Actividad 4 Traduce la siguiente cita. Luego, basándote en el ejemplo, escribe un malentendido cultural que has escuchado o que has vivido.

«Cuando cometemos errores gramaticales o empleamos palabras incorrectas, la gente piensa que *hablamos mal;* cuando los errores son culturales, piensan que lo malo es *nuestro comportamiento.*»
Edith Harding y Philip Riley: *La familia bilingüe*

Ejemplo: En los años 90 la esposa de un presidente de un país viajó a China en una misión oficial con su marido. En un restaurante donde comió con su delegación, la señora dejó una propina muy generosa. Este hecho fue muy comentado y casi arruinó la reputación de la misión diplomática puesto que en China se considera una ofensa dar una propina en un lugar público. La señora del presidente debería haberse informado antes de actuar de esa manera.

Paso 1. Descubriendo la gramática...

Actividad 1 Lee estos comentarios que han escrito tres estudiantes que están participando en un viaje de Study Abroad y escribe en qué países están.

1. Scott: _____

2. Hanna: _____

3. Daniel: _____

Algunos de los estudiantes han viajado de "Study Abroad" y están comunicándose constantemente con su celular en Twitter. Estos son algunos de los comentarios que hemos encontrado. Léelos y subraya todos los verbos de los textos.

twitter ¿Qué estás haciendo? **140**

Scott - UT Hola, desde el norte de Argentina. Chicos, esto es increíble. Estamos en un autobús y vimos un grupo de alpacas. Tomamos mate cinco veces al día y hoy dormimos en un albergue en el campo. Pero, qué tontos, ¿por qué se lo perdieron? Esto es "chévere", como dicen aquí. Vengan el próximo año. No se lo pierdan.

Escrito hace 2 horas

Hannah –guay No te puedes creer dónde estoy yo. Estoy tumbada en una playa magnífica. Delante de mí está pasando un barco enorme. Voy a tomar una foto. Pero, no lo van a creer, casi todas las mujeres van sin la parte de arriba del biquini. ¡Qué raro! Me siento incómoda. Yo solo traje un bañador de una pieza.

Escrito hace 45 minutos

Daniel Boom Soy el más culto. Estamos viendo el museo de antropología más interesante que se pueden imaginar. Ayer fuimos a un restaurante donde comí las enchiladas más ricas de mi vida. Lo mejor fue que Katie comenzó a cantar con un mariachi y nos invitaron al postre por ser simpáticos. Estábamos muy contentos en el restaurante.
¡COOOOOOOL!

Escrito hace 3 horas

Actividad 2 No todos los estudiantes son miembros de Twitter; Lucy no lo es. Ayer se encontró con Mark que sí lo es y tuvieron la siguiente conversación. Léela y subraya todas las oraciones que se refieren a los comentarios originales de Scott, Hannah y Daniel.

Lucy -Hola Mark. ¿Qué tal? ¿Sabes algo de nuestros amigos de "Study Abroad"?

Mark -Pues, precisamente ayer entré en Twitter y leí lo que habían escrito.

Lucy - Cuenta, cuenta.

Mark.- Mira, Scott dijo que estaban en un autobús y que habían visto un grupo de alpacas. Por la noche dormían en un albergue. Me dio un poco de tristeza porque nos preguntó que por qué nos lo habíamos perdido. Tiene razón. Escribió que fuéramos el próximo año, que no nos lo perdiéramos.

Lucy - ¿Y qué decía Hannah? Ella no estaba muy convencida de ir a España.

Mark -Dijo que estaba tumbada en una playa muy bonita. Parecía contenta. Eso sí, comentó algo raro... que casi todas las mujeres en la playa iban sin el top del biquini. Añadió que se sentía incómoda y que ella se había llevado bañador de una pieza. Je, je.

Lucy – Hannah siempre está despistada.

Mark - Daniel nos contó que estaban en el museo de antropología y que la noche anterior los habían invitado al postre porque Katie había cantado con un mariachi. Ah, también habían ido a un restaurante y habían comido las enchiladas mejores de su vida. ¡Qué envidia! Dijo que estaban muy contentos en el restaurante. Claro, si los invitaron...

Lucy - Pues sí, me hubiera gustado ir.

Mark.- El próximo año.

Fijándote en el ejemplo, completa la tabla con las oraciones del diálogo entre Lucy y Mark.

Frase original	Estilo indirecto: Dijo que...
Estamos en un autobús y **vimos** un grupo de alpacas. Hoy **dormimos** en un albergue.	*Scott dijo que estaban en un autobús y que habían visto un grupo de alpacas.* *Por la noche dormían en un albergue.*
Vengan el próximo año.	
No se lo pierdan.	
¿Por qué se lo **perdieron**?	
Estoy tumbada en una playa magnífica	
Casi todas las mujeres **van** sin la parte de arriba del biquini. Solo traje un bañador.	
Me siento incómoda.	
Estamos viendo el museo de antropología más interesante que se pueden imaginar. Ayer **fuimos** a un restaurante donde **comí** las enchiladas más ricas de mi vida. Lo mejor fue que Katie **comenzó a cantar** con un mariachi y nos **invitaron.**	
Estábamos muy contentos en el restaurante.	

Completa con los tiempos verbales. Sigue el ejemplo.

Frase original	Estilo indirecto: Dijo que...
Presente	*Imperfecto*
Pretérito	
Imperfecto	
Un mandato (imperativo)	

Además del verbo *decir*, ¿puedes encontrar en el texto otros verbos que se usan para reproducir los mensajes de otras personas?

___*Dijo*___, _____, _____, _____, _____, _____.

¿Los pronombres y las personas de los verbos se han modificado? _____

Escribe un ejemplo: _____

¿Se ha modificado *traer*? _____ Escribe un ejemplo._____

¿Se ha modificado *venir*? _____ Escribe un ejemplo._____

Completa la tabla con los pronombres siguiendo el modelo.

<u>Alguien</u> dijo a ti= *Te dijo*	Dijo a él= *Le dijo*	Dijo a ella=	Dijo a nosotros=	Dijo a ellos=
<u>Yo</u> dije a ti=	Yo dije a él=	Yo dije a ella=		Yo dije a ellos=
<u>Nosotros</u> dijimos a ti=	Nosotros dijimos a él=	Nosotros dijimos a ella=		Nosotros dijimos a ellos=
<u>Ellos/as</u> dijeron a ti=	Ellos/as dijeron a él=	Ellos/as dijeron a ella=	Ellos/as dijeron a nosotros=	Ellos/as dijeron a ellos=

✎ MI **REGLA** ✎

Basándome en este ejemplo, los elementos que cambian en el estilo indirecto son:

¡No se lo pierdan (ustedes)! → *Dijo que (<u>nosotros</u>) no <u>nos</u> lo <u>perdiéramos</u>.*

                                                                 [a]   **[b]**   **[c]**

[a] _____   **[b]** _____   **[c]** _____

Usamos el verbo *decir* **u otros verbos como** _____, _____,

_____, _____, **etc.**

Los tiempos verbales se transforman de la siguiente manera:

- **Presente de indicativo →** _____
- **Pretérito →** _____
- **Imperfecto →** _____
- **Mandato →** _____

Ejemplo: _____

Ejemplo: _____

Ejemplo: _____

Ejemplo: _____

Los verbos como *ir, venir, llevar, traer* **pueden ser modificados. Cambian a:**

Venir → _____   **Ir →** _____

Traer → _____   **Llevar →** _____

Ejemplo: _____

Ejemplo: _____

Paso 2. Practicando la gramática...

Actividad 1 Estos comentarios son de estudiantes que viajaron a otros países y se sorprendieron por algo. Pásalos a discurso indirecto como en el ejemplo.

1. En Santander las abuelas llevan el pelo de colores.

   Dijo que en Santander las abuelas llevaban el pelo de colores.

2. En Xalapa la gente te hace preguntas en la calle sin conocerte.

   _____

3. En Córdoba el colectivo no para si no haces señas con la mano.

   _____

4. En España pides un pescado en un restaurante y lo ponen entero con cabeza y ojos.

   _____

5. En Argentina toman una hierba mate muchas veces durante el día.

   _____

Actividad 2 Un embajador extranjero vino a vivir a tu país. Tú eres su ayudante. En su lugar de origen su esposa no salía mucho de casa y ahora sale demasiado. Él, muy desconfiado, ha contratado a un detective privado para saber exactamente qué hace su esposa. Este es el informe que el detective le ha enviado. Léelo y subraya cualquier costumbre que tú crees que no se hace en tu país.

Informe de la Sra. Kukumuxu:

© Artem Efimov, 2009.
Shutterstock, Inc.

Ayer la Sra. Kukumuxu salió de su casa a las 10.00. Fue a desayunar con sus amigas a una cafetería en el centro. Una hora más tarde tomó el autobús y fue al centro comercial. Al entrar al centro comercial, se paró en la puerta y contó a todas las señoras que entraban lo que ella pensaba comprar. Después compró ropa y complementos y, a continuación, entró en un restaurante. En el restaurante, antes de sentarse en la mesa, entró en la cocina y abrió las cacerolas con la comida, las olió y le dijo al cocinero que algunos platos no le olían bien. A continuación se sentó en una mesa con un señor muy guapo y conversaron alegremente durante la comida. Al terminar la comida, gritó a todas las personas del restaurante: "No me gustó el segundo plato. Estaba muy salado. No lo pidan." A las 4.00 salió del restaurante sola y entró en la peluquería. Dentro de la peluquería comentó el peinado de todas las señoras que había dentro y les dijo que algunos de sus peinados no le gustaban. Se cortó el pelo y salió dos horas más tarde. Volvió a su casa y se quedó hasta las 7.00. A las 7.00 tomó su coche y fue al gimnasio. En el gimnasio se tumbó y durmió durante una hora en la máquina de los abdominales.

Tú debes contar al embajador lo que dijo el detective. Escríbelo para recordarlo.

El detective me dijo que la Sra. Kukumuxu había salido a las 10.00 y había ido a desayunar...

_____

_____

_____

_____

_____

_____

_____

_____

_____

_____

_____

_____

_____

_____

_____

Actividad 3   Completa estos verbos en pretérito y en pasado del subjuntivo en la persona que se indica.

	Pretérito 3ª plural	Pasado del subjuntivo
DECIR		(él)
PODER		(yo)
HACER		(nosotros)
DAR		(ellos)
TRAER		(tú)
IR		(ella)
SER		(usted)
VENIR		(ella)
ESTAR		(tú)
MENTIR		(nosotros)
LEER		(usted)
DORMIR		(yo)

Actividad 4   Hay algunas personas a las que les gusta mucho dar órdenes. Hannah vivió con una familia en la que la mamá era muy amable, pero le gustaba mucho dar órdenes a Hannah. Léelas y transmítelas a tus amigos para que se sorprendan. Pon una cruz en las que crees que tu mamá también daría.

Mi mamá me cuida mucho, pero, a veces, me da muchas órdenes.

© Yuri Arcurs, 2009. Shutterstock, Inc.

Esta niña es un cielo, pero hay que decirle las cosas porque si no las olvida.

© PKruger, 2009. Shutterstock, Inc.

1. Hannah, no olvides las llaves.
    La mamá le dijo a Hannah que no olvidara las llaves.

2. Lleva el paraguas; va a llover.

_____

3. No vayas mal vestida a la cena final del curso. Lleva tu vestido nuevo.

_____

4. No vengas muy tarde a casa.

_____

5. No leas con el documento muy cerca. Es malo para tu vista.

_____

6. Trae a la cocina tu ropa para lavar. Voy a poner la lavadora.

_____

7. No tomes bebidas muy frías. Es muy malo para la garganta.

_____

8. No nades muy lejos en la playa. Las olas son peligrosas.

_____

Actividad 5   **Intercambio de mensajes**. En un pedacito de papel escribe una pregunta para tu compañero. En otro pedacito de papel escribe una orden. Ponlos en dos grupos en la mesa del profesor. Cada persona toma un papel de pregunta y lo responde. Lo deja en el grupo. Agarra otro y debe adivinar quién lo respondió. Toma un papel de orden y lo guarda. Después debe dar esa orden a un compañero.

¿Cuál fue el último viaje que hiciste? Viajé a Cancún en vacaciones.

Dibuja a uno de tus compañeros en el pizarrón. Los demás adivinan quién es.

Ejemplo:

-Una persona preguntó que cuál era el último viaje que había hecho y la persona respondió que Cancún. Yo creo que la persona es Daniel.

- David, alguien de la clase te dijo que dibujaras a un compañero en el pizarrón.

Actividad 6 Ana y su amiga Pilar tuvieron un diálogo sobre un viaje que van a hacer al día siguiente. Transforma lo que dijeron al estilo directo.

Ana le preguntó a Pilar a qué hora iban a quedar en el aeropuerto.	*Ana: "¿A qué hora vamos a quedar en el aeropuerto?"*
Pilar le respondió que no muy temprano porque tenía que dejar a su perro en casa de su madre antes de salir.	
Entonces Ana le dijo que no llegara tarde porque tenían que estar dos horas antes en el aeropuerto.	
Pilar se enojó un poco y le recalcó que la que siempre llegaba tarde era ella.	
Ana se rió y reconoció que había llegado tarde en dos ocasiones.	
Finalmente Pilar dijo que se iban a ver en el aeropuerto a las 7.00 a.m.	

Actividad 7 Escucha el diálogo entre Ana y Pilar en el aeropuerto y completa la información.

Image © Alexander Chaikin, 2011. Used under license from Shutterstock, Inc.

Image © paul prescott, 2011. Used under license from Shutterstock, Inc.

www.shutterstock.com · 61810789

www.shutterstock.com · 55763347

1. ¿Quién de las dos amigas llega tarde Ana o Pilar?

_____

2. ¿Por qué llega tarde?

_____

3. ¿Qué le dijo la amiga que esperaba a la que llegó tarde?

_____

4. ¿Qué problema tienen con la aerolínea?

_____

5. ¿Qué le dijo la Srta. de información a las dos amigas?

_____

Paso 3. Reflexionando sobre la gramática...

Actividad 1   Toma la siguiente mini-prueba para probar tus conocimientos del estilo indirecto.

1. [True / False]   The elements that are modified when shifting from direct to indirect discourse include verb tenses and prepositions.

2. [True / False]   A command in direct discourse becomes subjunctive in indirect discourse.

3. Present indicative in direct discourse becomes _____ in indirect discourse.

4. Preterit indicative in direct discourse becomes _____ in indirect discourse.

5. Imperfect indicative in direct discourse remains _____ in indirect discourse.

Actividad 2   Basándote en tu rendimiento en la mini-prueba, completa la siguiente auto-evaluación.

	excellent	good	weak
My understanding of verb tense changes that may occur when using indirect discourse is...			
My understanding of changes in pronouns that may occur when using indirect discourse is...			
My familiarity with verbs of reporting, similar to _decir_, is...			
My mastery of past tenses in the indicative and subjunctive moods is...			

Actividad 1 Llena los espacios con la mejor opción del banco de palabras. ¡Cuidado con la concordancia y la conjugación verbal!

capricho	bullicioso	anteponer	entorno
estado anímico	anfitrión	prenda	fomentar
validar	cuantía	entretenimiento	cortometraje
fijarse	orgulloso	incómodo	habitante

1. Tener un buen _____ laboral es importante para estar feliz en el trabajo.

2. El gobierno quiere _____ el uso del transporte público para mantener limpia la ciudad.

3. Cuando pasé un año con una beca Erasmus, las fiestas más _____ eran las que organizaban los estudiantes italianos.

4. Me hizo una pregunta muy personal y me sentí _____.

5. No sé si me van a_____ los créditos de mis estudios en el extranjero.

6. Cuando viajé a Italia me compré un bolso de Prada. Fue un _____ muy caro.

7. Los españoles más felices _____ la familia al trabajo.

Actividad 2 Elige la forma correcta de los verbos en estas oraciones.

1. No quería que PENSARAN / PIENSEN que era extranjero. Quería integrarme en la cultura.

2. Me ordenó que LIMPIABA / LIMPIARA mi cuarto, pero yo creía que estaba limpio.

3. A Daniel le gusta que le DIJERAN / DIGAN que pronuncia muy bien el español.

4. Le pregunté que cuántos años TENÍA / TUVIERA y me dijo que eso no FUE / ERA asunto mío.

5. Es imprescindible que el presidente EXPLICARA / EXPLIQUE los problemas interculturales en algunas ciudades del país.

6. Me molestó que le HAYA DICHO / HUBIERA DICHO a mi amigo que yo no quería ir a ese viaje.

7. Traje estos fósiles al museo para que los EXPONGAN / EXPUSIERAN la semana pasada, pero no lo hicieron.

8. Me sentiré bien cuando HUBIERA TERMINADO / TERMINE el trabajo. El plazo de entrega es la próxima semana y quiero tenerlo ya hecho el jueves.

9. Dudó que TERMINARAS /HUBIERAS TERMINADO ya la tarea cuando le llamaste para salir.

Actividad 3   Pon un círculo en el pronombre relativo correcto.

1. El chico con EL QUE / QUE / QUIENES fui a Argentina me ha escrito un mail.

2. Es la computadora QUIEN / QUE / LA QUE compré de segunda mano.

3. Les presento al profesor Carreira, QUIEN / EL QUE / EL QUIEN recientemente ha publicado un artículo sobre la felicidad de los humanos. Bienvenido profesor.

4. Cuando vi la ciudad en QUIEN / LO QUE / LA QUE producen el mejor queso en España, me puse muy feliz y compré cinco quesos.

5. La familia QUIEN / QUE / LA QUE vive en la casa tan bonita cerca de la Universidad de Santander la ha vendido. Qué pena.

Actividad 4   Transforma las oraciones al estilo indirecto.

1. Cuando viajé a Ecuador, me di cuenta de lo bonito que es el país.

_____

2. No lleves mucho equipaje cuando viajes porque no es práctico.

_____

3. Me sentía tan feliz en el viaje que no quería regresar.

_____

Actividad 5   Hay un error en cada uno de los párrafos. De las tres opciones, selecciona el error y escribe la forma correcta en el espacio indicado.

1. Vivir aventuras es un riesgo, es un modo de vida al que no quiero que mi familia me **obligara** a renunciar. Si algo malo me ocurre, asumiré mi responsabilidad. Es importante que lo **sepan** y que me **respeten**.

   palabra incorrecta: _____   palabra corregida: _____

2. El amigo **quien vivo con** en los dormitorios de la universidad se ha comprado un auto **que** no funciona casi nunca. Es el auto **que** tenía su ex-novia.

   palabra incorrecta: _____   palabra corregida: _____

3. Cuando mi padre me dijo que no **pude** ir al viaje de "Study Abroad" este año me quedé muy decepcionado, pero él me prometió que **podía** ir el próximo año y que **tenía** dinero ahorrado para visitarme en Argentina.

   palabra incorrecta: _____   palabra corregida: _____

Actividad 6 Este párrafo ha sido escrito por un estudiante. Léelo detenidamente y clasifica los errores subrayados con su tipología en la tabla. Una raya significa que se omitió una palabra.

Crecía en Texas rural, me parecía que Austin fue un paraíso compara a mi pequeño escuela secundaria. Pero a otros, Austin era un lugar extranjero, que no comprendía su tipo de vida. Muchas personas consideran la ciudad de Austin quitado del estilo de vida tradicional en Texas, pero en realidad comparten muchas similitudes.

_Primero, es común por un persona de Texas rural a pensar que la gente de Austin son "hippies" o que el ciudad tiene mucho pobreza o personas sin techo. A el como tiempo, muchos ciudadanos de Austin consideran el resto de el estado de Texas un "basuratierra" de típica Americanos ignorante. Pero, en mi propia experiencia, las personas de Austin y las personas de _____ Texas rural no tan son diferente. Las maneras y hospitalidad que Tejanos son famosos por se encuentra en ambos partas de Texas. El verdad es que el gente de Texas es los mismos dondequiera que vaya._

Tipo de error	Ejemplo del párrafo
Léxico: palabras mal escritas o mal usadas	_quitado,_
Verbos: verbos que no se conjugan adecuadamente o que no están en el tiempo o modo correctos.	
Orden u omisión de las palabras:	
Preposiciones mal usadas:	
Concordancia: adjetivo sustantivo, artículo nombre, verbo sujeto	
Puntuación: comas que no se necesitan	

Actividad 7 Basándote en la explicación anterior, corrige todo lo subrayado.

Crecía en Texas rural, me parecía que Austin fue un paraíso compara a mi pequeño escuela secundaria. Pero a otros,

Austin era un lugar extranjero, que no comprendía su tipo de vida. Muchas personas consideran la ciudad de Austin

quitado del estilo de vida tradicional en Texas, pero en realidad comparten muchas similitudes.

Primero, es común por un persona de Texas rural a pensar que la gente de Austin son "hippies" o que el ciudad

tiene mucho pobreza o personas sin techo. A el como tiempo, muchos ciudadanos de Austin consideran el resto de el estado

de Texas un "basuratierra" de típica Americanos ignorante. Pero, en mi propia experiencia, las personas de Austin y las

personas de _____ Texas rural no tan son diferente. Las maneras y hospitalidad que Tejanos son famosos por se

encuentra en ambos partas de Texas. El verdad es que el gente de Texas es los mismos dondequiera que vaya.

Actividad 8 Corrige estas oraciones.

1. Hay son diferencias en las culturas de los dos países.

2. La país es mas conservadores y es seguro y el tomaño es muy grande pero la poblacion es pequeño.

3. En Canada, la mayoria de la gente tambian come tres veces, pero la comida es llamado diferente. Comen desayuno (breakfast), cena (dinner) y cena (supper).

Estrategia de lectura 4: Identificar la idea principal y las ideas de apoyo de un párrafo

Los párrafos de los textos a menudo presentan ideas que apoyan la tesis principal de un texto. Estas ideas de apoyo pueden incluir ejemplos, imágenes, hechos, razones etc. En un texto vamos a identificar las ideas principales y las ideas de apoyo.

IDEA PRINCIPAL, IDEA QUE LO APOYA

Antes de leer

Actividad 1 En parejas respondan las siguientes preguntas.

1. ¿Hay indígenas en tu país? ¿Qué sabes de ellos? ¿Dónde viven? ¿Qué lenguas hablan?

2. ¿Crees que son muy diferentes en su modo de vida al resto de la población del país? ¿Por qué?

3. ¿Crees que su cultura, lengua y tradiciones deben sobrevivir?

4. ¿Has oído hablar de indígenas de otros países? Piensa en algún ejemplo.

5. ¿Conoces la etnia de los yanomami? ¿Qué sabes de ellos?

Actividad 2 Ve al texto de la página siguiente y léelo. A continuación, ve a los párrafos que se indica y escribe delante de estas oraciones si es una idea principal (**P**) o si es una idea que apoya a la principal (**A**).

Párrafo 2

_____ Explica la constitución de la vivienda y familia de los yanomami.

_____ Si una familia se amplía se construye otra cocina.

_____ Todas las casas se sitúan en torno a una plaza.

Párrafo 3

_____ La miel es el producto muy preciado para los yanomami.

_____ Los yanomami utilizan diferentes medios para subsistir.

_____ El terreno de la comunidad es pobre para el cultivo.

Párrafo 5

_____ Los yanomami practican diferentes rituales.

_____ Un chamán expulsa a los malos espíritus.

_____ Los yanomami consumen tabaco.

Image © Shutterstock, 2011.

1. En la selva tropical al sur de Venezuela y norte de Brasil viven las comunidades indígenas yanomami. La mayoría de los miembros de la etnia se ubica en el lado venezolano, en los estados Amazonas y Bolívar. Los "yanomami" desde el punto de vista lingüístico se dividen en cuatro subgrupos: los que viven esencialmente en Venezuela (Estado Amazonas); los asentados en el Brasil y los sanema y los yanam, que se encuentran al norte de su territorio. Juntos constituyen la familia lingüística yanomami (o yanoama). Fueron inicialmente conocidos como waika (o guaica). El término "yanomami" significa "ser humano", "la gente".

2. Los yanomami comparten la vivienda. Varias familias u hogares se reúnen para constituir una casa comunal o "shapono". Un "shapono" es una construcción en espacios abiertos cubiertos con palma. Cada uno de ellos es ocupado por varias familias. Todos estos espacios están colocados en círculo rodeando a una plaza. Las familias pueden ser monógamas o polígamas, pero en este último caso cada esposa ocupa su propio espacio con sus hijos. Si la familia se amplía, se añade una cocina (fuego) en la que se instalan la mamá y los hijos mayores. En las casas colectivas pueden llegar a vivir hasta 200 personas. Cuando se casan, suelen hacerlo eligiendo a una persona de la misma casa o una cercana. En ocasiones se separan instalándose en las cercanías y conservando el mismo modelo de vida. Todas las comunidades son lideradas por una o varias personas.

3. Para subsistir cada comunidad explota su propio territorio y respeta el de sus vecinos. Los yanomami cultivan diferentes productos como plátano, ocumo, yuca, caña de azúcar, maíz y batata. El terreno en el que residen es pobre, lo que les obliga a moverse cada cuatro o cinco años para crear nuevas plantaciones. Además del cultivo, cazan, pescan y recolectan productos de la selva. En ocasiones se hacen nómadas para recoger productos estacionales de la selva o para buscar miel, un producto muy apreciado por ellos.

4. Los hombres yanomami acostumbran a adornarse con brazaletes de colores y plumas de pájaro llevando como ropa solo un taparrabos y las mujeres suelen llevar flores u hojas perfumadas en los agujeros de las orejas. Al igual que los hombres su indumentaria consiste en un guayuco de algodón.

5. Practican diferentes rituales como por ejemplo el mortuorio en el que se acostumbra a consumir las cenizas de los muertos, previamente molidas en un mortero funerario. Durante las ceremonias es frecuente el consumo ritual de tabaco y yopo. Así entran en contacto con el mundo sobrenatural, curan enfermedades y transmiten su memoria colectiva. El chamán del grupo se encarga de expulsar los malos espíritus que provocan la enfermedad y las desgracias.

| Después de leer | Con tus propias palabras escribe una oración que resuma el contenido esencial de cada párrafo. |

Párrafo 1: _____

Párrafo 2: _____

Párrafo 3: _____

Párrafo 4: _____

Párrafo 5: _____

Actividad 1   Haz las siguientes actividades relacionadas con un texto sobre la juventud en algunos países de habla hispana.

Antes de leer   Antes de leer el artículo, haz las siguientes actividades.

1. Ve al Internet y completa la siguiente tabla sobre la juventud norteamericana.

Porcentaje de jóvenes en la población norteamericana	Porcentaje que practica una religión	Actividades de tiempo libre favoritas	Porcentaje que consume alcohol o tabaco	Valores entre los jóvenes

2. Comenta estas preguntas con tus compañeros.

a) ¿Hasta qué edad se puede decir que una persona es joven?

b) ¿Cuáles son los problemas sociales que más te preocupan?

c) ¿Crees que los jóvenes tienen desventajas comparados con el resto de la sociedad? Si tu respuesta es afirmativa, ¿cuáles son?

3. Antes de leer el texto, busca las siguientes palabras en el diccionario y escribe su traducción al inglés.

Palabra	Traducción	Palabra	Traducción
Coetáneo		Delictivo	
Anhelar		Hurto	
Estafa		Paracaídas	
Timo		Impactado	
Hogareño		Abogar	

Lectura Lee el siguiente texto y haz las actividades correspondientes

¿Cómo son los jóvenes españoles?

Unos 1.700 jóvenes de toda España han sido entrevistados para averiguar sus estilos de vida. La investigación se ha centrado en tres aspectos concretos: la utilización del tiempo de ocio, los valores predominantes y las conductas de riesgo social.

Los jóvenes urbanos españoles muestran muchas similitudes con sus coetáneos europeos. La mayoría vive alejada de la religión y más próxima a otros aspectos del saber; se implica en la politización formal; siente un menor deseo de acceder a los estudios superiores y anhela cada vez autonomía personal.

El comportamiento adolescente centrado en el ocio del fin de semana y el ideal de los "verdaderos amigos" pervive hasta los treinta y muchos. Se inclinan hacia valores materialistas, adoptando globalmente una actitud pragmática. Existe un alto grado de tolerancia en los comportamientos que implican normas morales (aborto, eutanasia, etc.) y crítica ante las conductas agresivas.

El estudio presenta la siguiente tipología de jóvenes según los estilos de vida predominantes: estudiosos (42%), trabajadores (23%), marchosos (17%), consumistas (12%) y hogareños (6%). El grupo de los marchosos presenta el mayor consumo de alcohol, principalmente el fin de semana (82,12 centímetros cúbicos de alcohol entre viernes y domingo).

En cuanto a los problemas sufridos por los jóvenes, estos son los resultados: Un 28.8% ha sufrido algún robo sin violencia; un 13.2% ha sufrido algún tipo de agresión física, un 10.7% de los jóvenes ha sufrido atraco o robo con violencia; un 7.9% ha sufrido estafas o timos; un 0.2% ha sufrido una violación; un 0.4% ha sufrido abusos sexuales. En todos los casos, el mayor porcentaje de victimización se da entre los "marchosos".

Los jóvenes que han participado en algún acto delictivo presentan las siguientes estadísticas: En torno a un 22.9% se ha visto envuelto en peleas callejeras; El 20.18% ha comprado droga alguna vez; el 18.2% ha robado en algún tipo de establecimiento público. El 9.9% de jóvenes ha destruido mobiliario urbano; el 7.3% ha cometido algún hurto a compañeros o amigos; el 4.1% ha vendido droga alguna vez; el 1.5% de jóvenes ha robado algún tipo de vehículo.

¿Cómo son los jóvenes mexicanos?

En México hay 27.2 millones de jóvenes: 48% son hombres y 52% mujeres. Un 11% asiste a la universidad para obtener un título de postgrado. A diferencia de los jóvenes españoles, los mexicanos no se declaran alejados de la iglesia: el 70% de los jóvenes son seguidores de alguna de ellas. Las más populares son la iglesia de Jesucristo de los santos de los últimos días (mormones), católica, espiritualista y adventista del séptimo día; con una representación del 34.4% y 32% de sus fieles. Son menos los budistas y los judíos.

La distribución de su tiempo se muestra como sigue: De cada cien jóvenes de 12 a 29 años, 88 realizan entre sus rutinas alguna actividad doméstica como cocinar y preparar alimentos, limpiar la vivienda, lavar la ropa y realizar compras para el hogar, 41 cuidan niños o a otros miembros del hogar, 43 trabajan para el mercado, 6 realizan trabajo gratuito para la comunidad o para otros hogares, 43 realizan actividades educativas y 97 de ellos pasan tiempo en ocio, cultura y convivencia.

Un 21% de los jóvenes fuma. El alcohol no presenta un consumo alto: un 60% no lo ha probado nunca o no lo ha hecho el último año y solo un 3, 5% declara consumirlo con frecuencia.

Aunque los jóvenes urbanos mexicanos de nivel preparatorio están de acuerdo con la libertad de expresión y de religión, al ser consultados sobre el tema del aborto muestran opiniones divididas y 39,4% de plano rechaza esta opción.

¿Cómo son los jóvenes puertorriqueños?

Un estudio realizado sobre los jóvenes de entre 13 y 25 años de Puerto Rico los describió como una generación impactada por la tecnología, que trabaja para pagar su celular, que prefiere las carreras cortas y tener dinero. Para ellos el matrimonio no es una prioridad. El sueño y anhelo de estos jóvenes es terminar de estudiar (47%), tener dinero (8%), ser feliz (8%), tener un buen trabajo (8%) y casarse (6%). Lo que más les importa en la vida son sus padres (55%), estudiar (38%) y la pareja (24%). Lo más atrevido que harían es tirarse de un paracaídas (25%), escaparse de la casa (9%), tener relaciones sexuales (7%) o fugarse con la novia o el novio (7%). Mientras, los tatuajes (43%), las pantallas (38%) y la ropa (25%) es lo que está de moda entre estos jóvenes.

El 15% de los encuestados no ha probado drogas o alcohol, aunque un 40% tiene amigos que las han probado. De los que han consumido drogas, un 88% ha experimentado la marihuana, un 16% cocaína y un 8% heroína. En cuanto a cigarrillos y alcohol, el 17% fuma cigarrillos y el 38% consume alcohol. El alcohol preferido, con un 86%, fue la cerveza.

En cuanto a la religión, muchos de los jóvenes declararon tener como su héroe a Dios y buscarlo a través de la práctica de alguna religión. Además, a los encuestados les preocupa la criminalidad, las drogas, la corrupción y el exceso de política. Se muestran satisfechos consigo mismos y no les gustaría ser otra persona, sino lo que son.

Como la mayoría de los jóvenes del mundo, desean y abogan por una sociedad con más apoyo y oportunidades dirigidas específicamente a ellos. Oferta laboral, facilidades en la vivienda y el derecho a la educación y la sanidad son los temas más demandados por los jóvenes.

Después de leer Haz las siguientes actividades basándote en lo que leíste.

1. Escribe cuáles son en tu opinión las diferencias esenciales entre los datos de los jóvenes españoles y los jóvenes de tu país. Escribe como mínimo tres.

2. Escribe cuáles son en tu opinión las diferencias esenciales entre los datos de los jóvenes mexicanos y los jóvenes de tu país. Escribe como mínimo tres.

3. Escribe cuáles son en tu opinión las diferencias esenciales entre los datos de los jóvenes puertorriqueños y los jóvenes de tu país. Escribe como mínimo tres.

El tema en la literatura

Ramón J. Sénder es un escritor español nacido a inicios del siglo pasado. La guerra española le obligó a exiliarse a México, donde vivió tres años. Después se mudó a EEUU donde trabajó como profesor de literatura en varias universidades americanas. A la muerte de Franco regresó a España una temporada, pero terminó sus días en el continente americano, el lugar que le había acogido en sus malos momentos. Es autor, entre otras, de la novela *Réquiem por un campesino español,* en la que se relatan las injusticias cometidas durante la guerra civil española.

La tesis de Nancy presenta en un género epistolar la estancia en España, concretamente en Alcalá de Guadaira, en Sevilla, de una joven americana que reside allí para escribir su tesis doctoral, basada en el mundo gitano. Cada cierto tiempo Nancy escribe cartas a su prima Betsy, de Pensilvania, para narrarle sus experiencias andaluzas. Con un fino sentido del humor, Sénder presenta los choques culturales que la joven tiene en una España tradicional y no exenta de machismo y conservadurismo extremo.

Antes de leer

Actividad 1 Conecta los siguientes temas culturales españoles con su significado.

El cupón de la ONCE	Es un sistema de lotería que venden las personas ciegas para ganar un salario. Es frecuente que cuando una persona está en un bar, un ciego se acerque para vender su lotería. ONCE es la Organización Nacional de Ciegos.
Guerra de gorilas (guerrillas)	Un elogio que un hombre hace en la calle a una mujer desconocida que le parece bonita. Suelen ser imaginativos. Por ejemplo: «Eres lo mejor que he visto, ¿por qué no pasas tres veces?» «Tu mirada me mata». A veces pueden ser negativos: «Si las feas volaran qué lejos ibas a llegar.»
Cornudo	La guerra de guerrillas es una táctica militar de conflictos armados consistente en hostigar al enemigo en su propio terreno.
Piropo	Es un insulto, una palabra políticamente incorrecta que significa que tu esposa o novia fue infiel. El gesto que lo indica es el mismo que el de los "Longhorns".

Lectura Lee las primeras páginas de *La Tesis de Nancy* de Ramón J. Sénder.

Abanicos en Sevilla

Los Reales Alcázares. Sevilla

Vestidos de sevillana

NANCY DESCUBRE SEVILLA

Dearest Betsy: Voy a escribir mis impresiones escalonadas en diferentes días aprovechando los ratos libres.

1. Como sabes, he venido a estudiar a la Universidad de Sevilla. Pero vivo en Alcalá de Guadaira, a diez millas de la ciudad. La señora Dawson, de Edimburgo, que tiene coche y está en la misma casa que yo, me lleva cada día a la ciudad. Suerte que tengo, ¿verdad? Siempre he tenido suerte.

2. ¿Qué decirte de la gente española? En general, encuentro a las mujeres bonitas e inteligentes, aunque un poco..., no sé cómo decirte. Yo diría afeminadas. Los hombres, en cambio, están muy bien, pero a veces hablan solos por la calle cuando ven a una mujer joven. Ayer pasó uno a mi lado y dijo:

-Canela.

Yo me volví a mirar, y él añadió:

-Canelita en rama.

Creo que se refería al color de mi pelo.

3. En Alcalá de Guadaira hay cafés, iglesias, tiendas de flores, como en una aldea grande Americana, aunque con más personalidad, por la herencia árabe. Al pie de mi hotel hay un café con mesas en la acera que se llama La Mezquita. En cuanto me siento se acercan unos vendedores muy raros-algunos ciegos-, con tiras de papel numeradas. Dicen que es lotería. Me ofrecen un trozo de papel por diez pesetas y me dicen que si sale un número que está allí impreso, me darán diez mil. Yo le pregunté al primer vendedor que se me acercó si es que tenía él tanto dinero, y entonces aquel hombre tan mal vestido se rió y me dijo: <<Yo, no. El dinero lo da el Gobierno>>. Entonces resulta que todos esos hombres (y hay millares en Sevilla) son empleados del Gobierno. Pero parecen muy pobres.

4. ¿Sabes, Betsy querida? No hay gorilas en España. Cosa de veras inexplicable. No sé cómo han hecho su *guerra de gorilas* en el pasado por la cual son famosos los españoles en la historia desde el tiempo de los romanos. Tengo que preguntar por la Universidad esta tarde. Aunque me molesta hacer ciertas preguntas, porque hay gente a quien no le gusta contestar. Ayer me presentaron a dos muchachos en la calle de las Sierpes, y yo, que llevaba mis libros debajo del brazo y andaba con problemas de gramática, pregunté al más viejo: <<Por favor, ¿cómo es el subjuntivo del verbo airear?>> El chico se puso colorado y cambió de tema. ¿Por qué se puso colorado?

5. Me suceden cosas raras con demasiada frecuencia. Y no se puede decir que los hombres sean descorteses, no. Al contrario, se preocupan del color de mi pelo y hasta de mi salud. En la puerta del café hay siempre gente joven, y cuando vuelvo a casa veo que alguno me mira y dice:<<Está buena. >>

Yo no puedo menos de agradecerles con una sonrisa su preocupación por mi salud. Son muy amables, pero no los entiendo. A veces se ruborizan sin motivo. O se ponen pálidos. Sobre todo cuando les pregunto cosas de gramática.

6. De veras, a veces no entiendo las reacciones de la gente. Verás lo que me pasó en el examen de literatura clásica. Estaba sentada frente a tres profesores ya maduros con su toga y un gorro hexagonal negro —el gorro no en la cabeza, sino en la mesa–. Y uno de ellos se puso a hacerme preguntas sobre el teatro del siglo XVII. Tú sabes que en eso estoy fuerte. Bueno, voy a decirte exactamente lo que preguntó y lo que contesté y tú me dirás si hay algo que justifique los hechos. El profesor me dijo:

-¿Puede usted señalar algún tipo de característica del teatro de capa y espada?

- El gracioso- dije.

-Bien. Otro.

-La dueña.

-Otro, señorita.

-El cornudo.

Y los tres profesores, que eran calvos, se pusieron terriblemente rojos, hasta la calva, hasta las orejas. Yo miré disimuladamente a ver si mi vestido estaba en desorden, y luego a mi alrededor por si había sucedido algo inesperado; pero todo era normal.

Actividad 1 ¿En qué párrafos aparecen los siguientes temas?

El cupón de la ONCE	Guerra de gorilas (guerrillas)	Cornudo	Piropo

Actividad 2 Responde a las siguientes preguntas sobre el texto.

1. ¿Por qué llaman a Nancy "canela" y "canelita en rama"?

_____

2. ¿Qué significa "está buena" en el texto?

_____

3. ¿Por qué Nancy confunde la palabra gorila con guerrilla?

_____

4. ¿Por qué crees que el chico al que Nancy preguntó un subjuntivo se puso colorado?

_____

5. ¿Por qué los profesores se pusieron colorados cuando Nancy dijo cornudo?

_____

6. Explica con tus palabras el significado de esta oración en el texto: "Yo no puedo menos de agradecerles con una sonrisa su preocupación por mi salud."

_____

7. ¿Cuál de las historias que cuenta Nancy te parece más chocante?

_____

8. ¿Crees que la novela resulta creíble hoy en día? ¿Por qué?

_____

El lenguaje vivo: Las variaciones dialectales

Si se toma en cuenta que más de 350 millones de personas en más de 20 países hablan español, es normal que existan diversas maneras de expresión, tanto en la pronunciación, como en el vocabulario o la estructura. En unos países se dice "vos" y en otros, "tú"; o se dice "auto" y en otros, "carro". Algunos dicen [eskuéla] mientras que otros dicen [ehkuéla] o [ekuéla]. Lo importante es que, ya sea "el sartén" o "la sartén", queriendo, se entiende la gente.

¿Sos Luis? Escuchá, vení esta tarde. ¿Podés?

El **voseo**, o sea, el usar *vos* en vez de *tú*, se oye mucho en Argentina, Uruguay, Paraguay, Guatemala, Nicaragua, Honduras, y un poco menos en Costa Rica, Bolivia y El Salvador. Por lo general, antes solo se usaba en forma oral, pero ya empieza a verse más en forma escrita. Como regionalismo aparece en Venezuela, partes de Colombia y Ecuador y el estado mexicano de Chiapas. Curiosamente, ha pervivido en el ladino, un dialecto de los judíos sefarditas.

Antiguamente, *vos* se usaba para hablar con los amigos, y *Vuestra merced* era formal. Eventualmente, el *vos* se perdió en España y *Vuestra merced* se convirtió en *usted*. *Vosotros*, que en efecto es una combinación de *vos* y *otros* (el "y'all" americano), sí se mantuvo en España.

Como pronombre, *vos* usa una conjugación diferente. Aunque hay variaciones dentro de las formas verbales que se usan con *vos*, en la siguiente tabla verás cómo cambia la manera en que se conjugan *hablar*, *comer* y *venir*.

hablar	Tú hablas. / Vos hablás.	Habla. / Hablá.
comer	Tú comes. / Vos comés.	Come. / Comé.
vivir	Tú vienes. / Vos venís.	Ven. / Vení.

Igual que *tú*, *vos* contrasta con el *usted* formal, pero lo apropiado de su uso depende de cada región y dialecto. De hecho, en ladino no existe *usted*, así que *vos* se usa tanto de manera formal como informal. Afortunadamente la noción de que el *voseo* era incorrecto ha desaparecido; hoy en día se acepta como un variante dialectal.

¿Vos, tú o usted? Aunque en partes de Colombia se usa el voseo, es aun más interesante la cuestión de *tú* vs. *usted.* Como en muchos lugares, *usted* se usa para denotar respeto y también para crear una cierta distancia. Pero en algunas regiones se usa para hablar con amigos y familiares, mientras que con los empleados se usa *tú.* La zona de Santander tiende más a usar *usted;* la de Cartagena, *tú.* Pero, ¡ojo! como con cualquier generalización, hay excepciones. Lo mejor: al viajar a cualquier lugar, fíjate bien en cómo se habla la gente entre sí y ajústate a su manera de tratarse.

¿Qué tú dices? Si escuchas esta pregunta, casi seguro que hablas con un caribeño o con alguien que ha pasado largo tiempo en esa zona tan bella. Seguramente te preguntas: "¿No me enseñaron que en preguntas el verbo se antepone al pronombre sujeto? Y además, después del primer semestre me insistían en que no usara tanto los pronombres personales." Lo más probable es que hayas aprendido esto. Pero, igual que otras zonas tienen sus propias características, el Caribe, también. Los caribeños suelen anteponer el pronombre al verbo cuando hacen preguntas: "¿Qué tú piensas?" en vez de "¿Qué piensas (tú)?" También usan mucho los sujetos pronominales con los verbos; lo habitual de otras zonas es omitirlos. Así que, la próxima vez que escuches "¿Qué tú quieres?" piensa en las refrescantes aguas cristalinas y las bellas palmeras cocoteras caribeñas, y, quizás, quizás, tú también termines diciendo, "¿Qué tú sueñas?"

| **Actividad** | Identifica los países a los cuales corresponden las siguientes banderas. Luego, escribe la variación dialectal que escucharías allí. |

_____   _____   _____

Conferencia

Vas a escuchar una conferencia sobre las ventajas e inconvenientes de hacer un viaje de estudios al extranjero. Al final escribe un resumen que contenga las ideas principales.

Apuntes:

Puntos para incluir en el resumen:

Ve al internet y busca información sobre las costumbres de dos países que te interesan (horarios, comidas, hábitos de entretenimiento, edad en la que se independizan los jóvenes, etc.). Escribe las que te parecen más interesantes.

3 Sentences

Costumbres

Horarios:

Comidas:

Entretenimiento:

Independencia de los papás:

© sonia.eps, 2009. Shutterstock, Inc.

haya leído
haya pagado
hubiera   eSter

Mejorando el discurso: Palabras que ayudan a referir

Actividad 1 Encuentra en la sopa de letras los verbos que se indica.

```
Q  B  S  D  J  Y  K  O  B  K  U  H  I  R  M
E  R  Z  U  I  R  C  O  N  T  A  R  M  E  I
I  A  O  X  B  D  E  C  L  A  R  A  R  C  K
S  A  K  R  I  R  R  N  R  F  N  V  L  A  R
Q  P  Y  A  F  B  A  A  O  T  L  O  M  L  I
D  N  J  T  D  F  M  Y  E  P  O  N  U  C  R
C  R  F  S  Z  R  Y  N  A  X  X  N  N  A  E
H  G  P  E  I  Z  E  E  A  R  B  E  N  R  F
X  B  R  F  B  R  A  R  U  G  E  S  A  P  E
N  C  N  I  N  F  X  F  K  A  G  M  J  T  R
V  O  L  N  B  B  A  B  X  P  R  J  I  Q  E
C  J  E  A  Q  V  V  W  M  I  V  O  Q  U  G
H  O  P  M  I  F  Y  K  F  H  F  N  D  P  T
M  W  F  Y  B  X  B  A  T  Z  J  Z  K  Z  R
T  L  E  L  L  K  J  U  Z  J  A  M  Z  G  W
```

AFIRMAR   ASEGURAR   CONFIRMAR   CONTAR   DECLARAR   EXPONER

MANIFESTAR   MANTENER   RECALCAR   REFERIR   SUBRAYAR

Actividad 2 Todos los verbos son sinónimos del verbo DECIR, pero tienen algunos matices. Lee los matices y completa las vocales de los verbos. Fíjate en los símbolos de cada grupo de verbos.

__f__rm__r __s__g__r__r c__nf__rm__r	Asegurar y afirmar algo que se dice ◘
c__nt__r	Referir un evento, real o fabuloso ◘◘
d__cl__r__r __xp__n__r m__n__f__st__r	Hablar de algo para hacerlo público ♥
m__nt__n__r	Defender una opinión o idea ♦
r__c__lc__r s__br__y__r	Decir las palabras de manera lenta y exagerada para atraer la atención o no dejar dudas ♠♠♠

Actividad 3 Una periodista asistió a una conferencia de un político que habla de la convivencia intercultural en su ciudad. Lee la entrevista original. A continuación revisa el artículo y coloca un verbo correspondiente a los símbolos del cuadro.

Periodista: Buenos días, alcalde. Díganos cuáles son los planes para integrar a los nuevos ciudadanos que vienen de otros países y que parece que solo habitan un barrio de la ciudad.

Alcalde: Sí, mire… el primer objetivo del ayuntamiento es que no se formen guetos.

Periodista: ¿Y qué piensan hacer para evitarlo?

Alcalde: Lo primero… crear escuelas para que los niños aprendan la lengua; lo segundo, crear talleres de formación de empleo para que todas las personas logren un trabajo. Esos talleres los viví cuando era joven en un campamento de ayuda y le aseguro que fue un éxito.

Periodista: ¿Qué puede decirnos de los últimos acontecimientos violentos que sucedieron en el barrio?

Alcalde: Creo que fueron hechos aislados. No se puede generalizar. En el barrio no hay violencia. Quiero repetirlo… son hechos casuales; en el barrio no hay violencia.

Periodista: ¿Cuál es el mensaje que quiere dar a sus ciudadanos?

Alcalde: Primero que piensen que convivir con personas de otros países es una gran ventaja; nos permite aprender de otras culturas. Segundo, entre todos estamos construyendo una ciudad próspera, segura y dinámica. Y, por último, que me voten en las próximas elecciones porque mi equipo y yo somos el progreso.

Periodista: ¿Nos puede informar de quién estará en su equipo?

Alcalde: Como suponían, el actual responsable de sanidad será mi primer ayudante. Es un político de raza. Y estoy orgulloso de que forme parte de nuestro equipo.

¡Vótenme! Somos el progreso

Con estas palabras cerró ayer el alcalde la entrevista que nos concedió con motivo de los enfrentamientos en uno de los barrios de nuestra ciudad. El jefe de nuestra ciudad ♥ _____ su confianza en una convivencia pacífica cuando le preguntamos por los últimos incidentes violentos. ♠♠♠ _____ que en nuestra ciudad no existe la violencia. Ante la pregunta de cómo evitar guetos ♥ _____ que debían crear escuelas para niños y talleres para adultos. ▫▫ _____ que había vivido la formación de talleres que habían sido un éxito. ▫ _____ que el responsable de sanidad será su primer ayudante y ▫_____ que era un político de raza.
¡Suerte alcalde en su nueva aventura política!

Nuestra tarea final: Un ensayo

© Scott Maxwell/LuMaxArt, 2009.
Shutterstock, Inc.

UN ENSAYO

Tomando los datos que has buscado en "¡A investigar!" y que has escuchado o leído durante el capítulo, vas a escribir un ensayo. El tema del ensayo es una comparación entre tu cultura y otra cultura diferente. Sigue los pasos de las actividades para obtener un buen resultado.

Actividad 1 Hagan una lluvia de ideas de los siguientes temas y elijan uno para su ensayo.

Estilos de vida	Experiencias en otra cultura	Malentendidos entre culturas

Actividad 2 Un buen ensayo contiene una introducción, un desarrollo y una conclusión.
El **ensayo de comparación** considera el tema en cuanto a su **relación con**
otros temas, generalmente resaltando los elementos **en común** y destacando
las **diferencias**. Puedes organizarlo de dos maneras: describiendo un
elemento y luego el otro, o yendo de un elemento a otro, punto por punto.

¿Cuál de estas dos oraciones compara y cuál contrasta el cine europeo y norteamericano?
- **El cine europeo presenta una postura más realista y cruda de la vida que el cine
  norteamericano. _____**
- **Tanto en el cine europeo como en el norteamericano triunfan las películas que llegan al
  corazón del espectador. _____**

Actividad 3 EL BOSQUEJO. Completa un bosquejo para tu ensayo. Apunta las ideas; no hace
falta escribir oraciones completas, todavía.

Introducción: Ideas que vas a presentar. La tesis que presenta tu posición.
  Transición. Idea o punto que hace una transición al siguiente párrafo.
Párrafo 1: Datos del tema que vas a comparar.
  Transición. Idea o punto que hace una transición al siguiente párrafo.
Párrafo 2: Datos del tema que vas a contrastar.
  Transición. Idea o punto que hace una transición a la conclusión.
Conclusión: Opinión o ideas que dan cierre a tu ensayo.

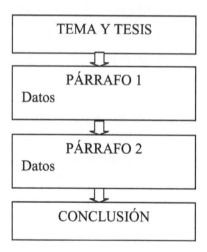

Actividad 4 EL BORRADOR.
  a) Toma el bosquejo y escribe oraciones para cada parte (tesis, datos, transiciones y
  conclusión).
  b) Ponle un título llamativo al ensayo que sintetice el contenido.

Actividad 5 EL ENSAYO. Sigue las instrucciones de tu instructor para escribir tu ensayo.

Secuencia de tiempos

In sentences that require the subjunctive mood, the relationship between the action of the main verb and the verb in the subordinate clause determines the tense used in the dependent clause.

PRESENT OR PAST?

A) Generally, if the verb in the main clause is present or future, the verb in the dependent clause will be in the present or present perfect subjunctive.

Quiero que **vayas** conmigo.	*I want you to go with me.*
Esperaré hasta que **llegues**.	*I'll wait until you arrive.*
Dudo que **haya comido**.	*I doubt he has eaten.*

B) Likewise, if the verb in the main clause is in a past tense, the verb in the dependent clause will generally be in past or past perfect subjunctive.

Quería que **fueras** conmigo.	*I wanted you to go with me.*
Dudaba que **hubiera comido**.	*I doubted he had eaten.*

> **OJO:** Remember that dependent clauses introduced by conjunctions of time (THE CD: *tan pronto como, hasta que, en cuanto, cuando, después de que*) use the indicative if the action of the main verb is in the past (i.e. if the action is not pending).

Esperé <u>hasta que</u> **llegaste**.	*I waited until you arrived.*

SIMPLE OR COMPOUND?

A) If the action of the verb in the dependent clause takes place at the same time or after the action of the main verb, use a simple tense.

Es una lástima que **llueva** tanto.	*It's a shame it rains so much.*
Era una lástima que **lloviera** tanto.	*It was a shame it rained so much.*

B) However, if the action of the verb in the dependent clause takes place before the action of the main verb, use a compound (perfect) tense.

Es una lástima que **haya llovido** tanto.	*It's a shame it has rained so much.*
Era una lástima que **hubiera llovido** tanto.	*It was a shame it had rained so much.*

Oraciones de relativo

A relative pronoun refers back to a noun from the main clause and introduces a relative (adjectival) clause. In English the relative pronoun is often omitted, but in Spanish it must be included.

El libro que leímos ayer era muy interesante. *The book (that) we read yesterday was really interesting.*

Relative pronoun	Variations	Can be used for
que	[none]	people and things
el que	la que, los que, las que	people and things
quien	quienes	people

QUE   *Que* is the most commonly used relative pronoun; it is used to refer to things and people. It can be used after a preposition or alone (with or without commas).

La silla en la que me senté estaba rota.   *The chair I sat in (in which I sat) was broken.*
La silla que compré es muy cómoda.   *The chair I bought is really comfortable.*

EL QUE / EL CUAL   The forms *el que* and *el cual* (and their variations) are interchangeable. *El cual* is more formal than *el que*. Both forms can be used after a preposition or when its clause is set off by commas.

La prueba para la que estudio es mañana.   *The test I'm studying for (for which I'm studying) is tomorrow.*
La prueba para la cual estudio es mañana.   *The test I'm studying for (for which I'm studying) is tomorrow.*
Es la chica a la que conocí en la fiesta.   *That's the girl I met at the party.*
Es la chica a la cual conocí en la fiesta.   *That's the girl I met at the party.*

QUIEN   The form *quien* can only refer to people. It is can be used after a preposition or when its clause is set off by commas. *Quien* is typically used in a more formal context.

Ese es el amigo con quien estudio.   *That's the friend I study with (with whom I study).*
Mi amigo, quien vive en Chicago, llegó anoche.   *My friend, who lives in Chicago, arrived last night.*
Mistral, quien escribió Tala, recibió el premio   *Mistral, who wrote "Tala," was awarded the Nobel Prize.*
    Nóbel. (más formal)

El estilo indirecto

Indirect discourse is used when we report statements made by other people without direct quotes. Typically it requires past tenses. For example, the sentences "He said that his parents had already paid for the tickets" and "She told me that there were a lot of people in the restaurant" both contain indirect speech. In this type of discourse, it is necessary to 1) use a verb of reporting in the main clause and 2) modify certain grammatical elements.

VERBS   Keep in mind that there are many verbs of reporting (verbs that function like "*decir*"):

        EX: *comentar, contar, explicar, recalcar, insistir,* etc.

TENSES   The shift in verb tenses from direct to indirect discourse is as follows:

        - present   →   imperfect
        - preterit   →   pluperfect (past perfect)
        - imperfect   →   imperfect
        - command   →   past subjunctive

PEOPLE   References to people (subjects, indirect objects, possessives) must often be changed.
        EX: "Trae tu pasaporte." → Me dijo que trajera mi pasaporte.
        EX: "Mis padres me pagaron el vuelo." → Explicó que sus padres le habían pagado el vuelo.

Estilos de vida

SUSTANTIVOS

el ambiente	ambiance
el apuro	hardship
el capricho	whim
el consumo	consumption
el crecimiento	growth
la cuenta bancaria	bank account
el desarrollo	development
la empresa	company
el/la encuestado/a	person surveyed
el entorno	surrounding
el estado anímico	morale
el lujo	luxury
la percepción	perception
el promedio	average
el quebradero de cabeza	headache
el valor	value

VERBOS

anteponer	to give preference
apreciar	to appreciate
asegurar	to assure
convivir	to live together
dar valor	to value
disfrutar	to enjoy
restaurar	to restore
sobresalir	to stand out
valorar	to value

ADJETIVOS

desfavorecido/a	disadvantaged
estable	stable
generacional	related to generations
laboral	related to work
primordial	essential
valorado/a	valued

Viajar para conocer, viajar para aprender

SUSTANTIVOS

el ambiente	setting, surrounding area
el/la anfitrión/a	host
el aprendizaje	apprenticeship, learning
la carrera	career, studies
el cortometraje	short film
la cuantía	quantity, amount
el empoderamiento	empowerment
la época	epoch, period of time
la estadía	stay, sojourn
la estancia	stay, sojourn
el éxito	success
el intercambio	exchange
el lazo	bond, link, tie
el reconocimiento	recognition, acknowledgment
la vía	way, method, means

PREPOSICIONES

mediante	by means of

VERBOS

cursar	to study, take a course
fomentar	to encourage, foster
fortalecer	to strengthen
mejorar	to make better
premiar	to reward
proponer	to propose
sumarse	to join, enlist
superar	to excel, overcome
validar	to validate, accept

ADJETIVOS

actual	current
bullicioso/a	noisy, bustling
cualquier	any
igualitario/a	equalizing
poderoso/a	powerful
propio/a	one's own, peculiar
transfronterizo/a	beyond borders

Comunicación entre culturas

SUSTANTIVOS

la aceptación	*acceptance*
la afinidad	*affinity, connection*
el código	*code*
la cosmovisión	*world view*
el esfuerzo	*effort*
la empatía	*empathy*
el gesto	*gesture*
la interacción	*interaction*
el malentendido	*misunderstanding*
el sentimiento	*feeling*
el ser humano	*human being*

ADJETIVOS

común	*common, mutual*
dispuesto/a	*ready, willing*
diverso/a	*diverse*
incómodo/a	*uncomfortable*
interpersonal	*interpersonal*
mutuo/a	*mutual*
ofensivo/a	*offensive*
orgulloso/a	*proud*
propio/a	*(of one's) own*
verbal	*verbal*

VERBOS

acercarse	*to approach, get close*
adaptarse	*to adapt*
compartir	*to share*
convivir	*to coexist*
demostrar	*to demonstrate*
enfrentarse	*to confront, face*
fijarse	*to pay attention*
insertarse	*to become part of*
recalcar	*to stress, emphasize*
respetar	*to respect*

Palabras y expresiones útiles

a través de	*through*
darse a respetar	*to garner respect*
es de esperar	*it's to be expected*
formar parte (de)	*to be a part (of)*
ponerse alerta	*to be on alert*

Mis propias palabras

_____   _____

_____   _____

_____   _____

_____   _____

_____   _____

_____   _____

_____   _____